कैसे जीतती है भाजपा

कैसे जीतती है भाजपा

भारत की सबसे सशक्त चुनावी मशीन पर एक नज़र

प्रशांत झा

अनुवाद

अनूप कुमार भटनागर

juggernaut

जगरनॉट बुक्स
केएस हाउस, 118 शाहपुर जाट, नई दिल्ली 110049

प्रथम प्रकाशनः जगरनॉट बुक्स 2017

10 9 8 7 6 5 4 3 2 1

ISBN 9789386228512

टाइपसेट : कम्प्यूटेक सिस्टम, शाहदरा, दिल्ली

मुद्रकः मणिपाल टेक्नॉलजीस़ लिमिटेड़, भारत

रुही को

मेरा किनारा बनने के लिए

नॉर्थ कैंपस में उन लंबे वॉक्स के लिए

और

तब से ज़िंदगी के लिए

अनुक्रम

परिचय

2014 : एक नया मोड़

यदि मध्य दिल्ली भारत की सत्ता का केन्द्र है तो विन्डसर प्लेस का गोल चक्कर इसकी गतिविधियों का मुख्य केन्द्र है।

पश्चिमी छोर से रायसीना रोड पर आइये तो आप शीघ्र ही भारत की संसद भवन के सामने होंगे। गोल चक्कर के जरिये एक ओर जाने वाला जनपथ आपको राजपथ, इंडिया गेट और राष्ट्रपति भवन की ओर ले जाएगा तो इसका दूसरा छोर शहर के पुराने केंद्र कनॉट प्लेस की ओर। फीरोजशाह रोड आपको अनेक राजनीतिज्ञों के आवासों से गुजारते हुए मण्डी हाउस पर खत्म होता है, जो भारतीय रंगमंच और कला का गढ़ है। थोड़ी ही दूरी पर शास्त्री भवन है जिसमें कई प्रमुख मंत्रालय हैं।

12 मार्च, 2017 की शाम को नरेन्द्र मोदी इस गोल चक्कर पर अशोक रोड से भारतीय जनता पार्टी के मुख्यालय की ओर बढ़ते हुए सड़क के दोनों ओर खड़ी जनता का अभिवादन करते हैं। इससे पहले वाले महीने में पांच राज्यों में विधान सभा चुनाव हुए थे। अब इनमें से चार राज्य भाजपा की झोली में थे। एक दिन पहले ही पार्टी ने उत्तर प्रदेश विधान सभा चुनाव में तीन चौथाई से अधिक सीटें जीतकर शानदार विजय हासिल की थी। भाजपा ने उत्तराखंड में भी विजय पताका फहराई और गोवा तथा मणिपुर में भी वह सरकार बनाने वाली थी। सिर्फ पंजाब में, लगातार दो बार सत्ता

में रहने के बाद भाजपा और उसके सहयोगी अकाली दल की पराजय हुई।

'मोदी-मोदी' नारे की गूंज सड़कों से होती हुई पार्टी कार्यालय तक पहुंच गई जहां प्रधान मंत्री चुनाव में शानदार विजय हासिल करने के अवसर पर अपने दल के नेताओं और काडर को संबोधित करने वाले थे।

उन्होंने होली पर्व के अवसर पर सभी को शुभकामनाएं देते हुए अपना संबोधन शुरू किया। उन्होंने कहा कि चुनाव सरकार बनाने के लिए सिर्फ जीतने का एक साधन मात्र नहीं है बल्कि यह भारतीय लोकतंत्र में जनता के विश्वास को और अधिक मजबूत करने में मदद करता है।

और फिर, उन्होंने चुनाव में मिली जबर्दस्त सफलता पर अपना भाषण शुरू किया।

मोदी ने कहा, 'मैं पांच राज्यों के नतीजों को, विशेषकर उत्तर प्रदेश जिसमें अपने विशाल आकार के कारण भारत को नई दिशा, ताकत और प्रेरणा देने की क्षमता है, नए भारत की शुरुआत के रूप में देखता हूं।' इसके साथ ही उन्होंने इसे 'भाजपा का स्वर्णिम काल' बताया। उन्होंने इस उपलब्धि के लिए भाजपा की चार पीढ़ियों के नेताओं, हजारों कार्यकर्ताओं और पार्टी अध्यक्ष अमित शाह तथा उनकी टीम की भूमिका की भूरि भूरि सराहना की, जिनके कार्यों ने आज भाजपा को इस स्थान पर पहुंचाया है।

निश्चित ही यह भाजपा का स्वर्णिम काल है। दस साल से भी कम समय पहले पार्टी को हाशिए पर रखा जा रहा था। अनेक लोगों ने घोषणा की थी कि पार्टी के दिल्ली में सत्ता में लौटने की संभावना बहुत ही कम है। पांच साल पहले तक ऐसा सोचा भी नहीं जा सकता था कि भाजपा न सिर्फ राष्ट्रीय चुनाव में ही स्पष्ट बहुमत से जीत हासिल कर पाएगी बल्कि देश के 13 राज्यों में उसके मुख्यमंत्री भी होंगे।

आज ये सवाल पूछा जा रहा है कि क्या भाजपा को कभी निकट भविष्य में सत्ता से बेदखल भी किया जा सकेगा। उसने भारतीय लोकतंत्र में परखी गई प्रक्रिया—चुनावों के माध्यम से यह स्थान हासिल किया है और यह तो सिर्फ अभी शुरुआत है। अमित शाह के नेतृत्व में भाजपा देश भर

में न सिर्फ अपनी उपस्थिति दर्ज कराना चाहती है बल्कि संसद से लेकर पंचायत स्तर तक के सभी तरह के चुनाव में जीतना भी चाहती है।

इस पुस्तक में यह बताया गया है कि भारतीय जनता पार्टी कैसे इन चुनावों में विजयी रही, वह क्यों हारी, ऐसा कब हुआ और भविष्य में क्या होगा।

*

2014 के लोक सभा चुनावों ने भारतीय राजनीति को नए सिरे से परिभाषित किया है। 1984 के बाद से किसी भी पार्टी ने राष्ट्रीय चुनावों में पूर्ण बहुमत हासिल नहीं किया था, और अब आम तौर पर यह मान लिया गया था कि इसके बाद गठबंधन की राजनीति ही चलेगी जिसमें दो ध्रुवों पर दो कमजोर राष्ट्रीय पार्टियां होंगी जिनके इर्द-गिर्द क्षेत्रीय दल जुटे रहेंगे और गठबंधन की सरकारें बनती रहेंगी।

एक चुनाव ने सब कुछ बदल दिया।

भारतीय जनता पार्टी ने लोकसभा चुनाव में 282 सीटों पर जीत हासिल की। लोकसभा की 543 सीटों में से उसने 428 सीटों पर चुनाव लड़ा और शेष सीटें राष्ट्रीय जनतांत्रिक गठबंधन के दलों के लिए छोड़ दी थीं। इसका मतलब यह हुआ कि चुनाव में पार्टी ने हर तीन में से उन दो सीटों पर जीत हासिल की जिसमें उसकी सीधी टक्कर थी।[1] यह शानदार प्रदर्शन था।

राष्ट्रीय स्तर पर इसको हासिल वोट प्रतिशत 31.1 था, परंतु जिन सीटों पर उसने अपने उम्मीदवार खड़े किए थे, उनमें उसके वोट 40 प्रतिशत के पास थे। यह 1991 से पहला मौका था जब किसी पार्टी को 30 प्रतिशत से अधिक वोट मिले थे। उसने 137 सीटों पर 50 प्रतिशत से ज्यादा, 132 सीटों पर 40 प्रतिशत से ज्यादा मत हासिल किए और निर्वाचन क्षेत्रों में भाजपा की जीत का औसत अंतर 17.9 प्रतिशत था जो विजयी उम्मीदवार और पराजित होने वाले निकटस्थ प्रत्याशी के बीच काफी अधिक था। अतः इन चुनाव में भाजपा ने न सिर्फ अधिकांश सीटें जीतीं, बल्कि उसने जबर्दस्त जनादेश के साथ यह विजय हासिल की।

भौगोलिक आधार पर भाजपा ने हिन्दी भाषी प्रदेशों हिमाचल प्रदेश, उत्तराखंड, उत्तर प्रदेश, बिहार, झारखण्ड, छत्तीसगढ़, मध्य प्रदेश, राजस्थान और दिल्ली में 44 प्रतिशत मत प्राप्त किए और 225 सीटों में से 190 पर जीत हासिल की। राजग के घटक दलों के साथ उसने इन सीटों में से 201 पर विजय प्राप्त की। गैर हिन्दी भाषी राज्यों में भाजपा को 22 प्रतिशत मत मिले और उसने 318 सीटों में से 92 पर जीत हासिल की, परंतु राजग के घटक दलों के साथ वह 42 फीसदी सीटों पर कब्जा करने में सफल रही। उसे अपने प्रभाव वाले मूल शहरी भारतीय इलाकों के इतर अर्ध शहरी और ग्रामीण भारत के इलाकों में भी जीत मिली।

इस बड़े पैमाने की जीत सिर्फ एक व्यक्ति नरेन्द्र मोदी की वजह से ही संभव हुई जिसने गठबंधन को एक इन्द्रधनुष में पिरो दिया था।

*

वह एक हिंदू नेता थे। वे 'गुजरात मॉडल' के लिए जिम्मेदार एक विकास पुरुष थे। वह एक सख्त प्रशासक थे जिन्हें राहुल गांधी की तुलना में सरकार चलाने का 13 साल का अनुभव था। राहुल गांधी को शासन चलाने का कोई व्यक्तिगत अनुभव नहीं था और उनके साथ घोटालों से भरी पंगु संयुक्त प्रगतिशील गठबंधन-2 (यूपीए-2) का बोझ था। मोदी ऐसे नेता थे जो 'पाकिस्तान को सबक सिखाने' के राष्ट्रवादी सपने को पूरा करनेवाले थे।

सवर्ण जातियों के लिए मोदी एक ऐसी पार्टी का प्रतिनिधित्व कर रहे थे जो मोटे तौर पर उनकी आकांक्षाओं के अनुरूप थी और जिससे वो उम्मीद करती थीं कि यह स्थिरता, व्यवस्था और प्रगति लाएगी; पिछड़े वर्गों के लिए मोदी उनमें से ही एक थे जो, उन्हें लगता था कि वे उनके साथ न्याय करेंगे। उच्च मध्यम वर्गों और मध्यम वर्गों के लिए, जो उनका ठोस आधार था, मोदी ऐसे व्यक्ति थे जो उदार आर्थिक नीतियों के माध्यम से उन्हें गुजरात की तरह ही संपन्न बनाएंगे; सबसे वंचित तबके लिए वह एक चाय वाले व्यक्ति थे जिसने बड़ी सफलता प्राप्त की परंतु अभी भी अभिजात वर्ग उनके पीछे पड़ा हुआ है। सबके लिए, वे आशाएं लेकर आए थे।

हालांकि 'भाजपा के साथ उच्च जातियों और मध्यम वर्ग की बेमिसाल एकजुटता थी', परंतु राष्ट्रीय स्तर पर पहली बार भाजपा को दलितों और आदिवासियों के वोट कांग्रेस से ज्यादा मिले।[2] वास्तव में किसी भी अन्य दल की तुलना में दलितों और आदिवासियों ने भाजपा को अधिक वोट दिए और पार्टी को मिले कुल मतों में 40 प्रतिशत अन्य पिछड़े वर्गों से आए थे। यह भारतीय राजनीति का एक महत्वपूर्ण मील का पत्थर है।

यह सब 2014 के चुनाव में भाजपा की विजय और इसके बाद से इसकी सफलता तथा विफलता के राज के बारे में स्पष्ट इशारे करते हैं। जब उसका यह फार्मूला सही होता है तो वह विजयी रहती है। जब यह सही नहीं रहता तो असफल हो जाती है।

मोदी के अनेक अवतारों ने 2014 में तो काम किया परंतु 2015 में यह कामयाब नहीं रहे और भाजपा दिल्ली और बिहार जैसे दो प्रमुख राज्यों में विधान सभा चुनाव हार गई। राहुल गांधी ने पिछले तीन साल में अपने सबसे तीखे राजनीतिक हमले में मोदी सरकार को 'सूट बूट की सरकार' कहा। अचानक ही एक साल के भीतर नरेन्द्र मोदी समस्त भारतीयों का नेता होने के स्थान से एक ऐसे व्यक्ति बन गये जिन्हें रईसों के हिमायती के रूप में देखा जाने लगा और जो अपना सारा समय देश के बाहर गुजारते हैं।

परंतु एक चतुर और कुशाग्र बुद्धि राजनेता होने के नाते मोदी ने इस छवि के जाल में फंसने के खतरों को पहचाना और खुद को नए रूप में ले आए। कुछ नीतियों और घोषणाओं के माध्यम से और फिर से कल्याणकारी शासन पर ध्यान केन्द्रित करते हुए उन्होंने खुद को अब 'गरीबों के नेता' के रूप में स्थापित कर लिया।

यह पुस्तक उस कहानी को बयान करती है कि कैसे मोदी की छवि में बदलाव आया; मोदी कैसे उच्च मध्यम वर्ग को अपने साथ रखते हुए भारत के गरीब और निम्न मध्यम वर्ग के एक तबके की पहली पसंद बन गए; और कैसे इस प्रक्रिया के दौरान भारतीय जनता पार्टी के वर्गीय आधार

का धीरे-धीरे विस्तार हो रहा है। इस बदलाव ने भाजपा को हाल ही में उत्तर प्रदेश सहित कुछ राज्यों में संपन्न चुनावों में कैसे जबर्दस्त सफलता दिलाई।

*

2014 के लोक सभा चुनाव में भाजपा को कुल सीटों का छब्बीस प्रतिशत उत्तर प्रदेश से मिला। इससे तीस सालों में किसी भी पार्टी द्वारा पहली बार अपने बूते पूर्ण बहुमत हासिल हुआ।

उत्तर प्रदेश में इस विजय के पीछे मोदी के नजदीकी सहयोगी अमित शाह की बड़ी भूमिका थी जो गुजरात में चुनाव लड़ने और इसके प्रबंधन का दो दशकों का अनुभव उप्र में लाये थे, उन्होंने प्रदेश की राजनीति और जातीय जटिलताओं को समझने में समय लगाया, पार्टी के मौजूदा नेताओं का प्रबंधन देखने के साथ ही उप्र इकाई की बागडोर अपने हाथ में ली, सहयोगियों को एकसूत्र में पिरोया और सबसे महत्वपूर्ण संगठन की नई व्यवस्था का खाका तैयार किया।

2014 की सफलता ने शाह की पार्टी के राष्ट्रीय अध्यक्ष पद पर पदोन्नति करा दी। इस नई हैसियत में शाह के पास देश भर में संगठन का व्यापक तंत्र खड़ा करने का अवसर था। उन्होंने इस संबंध में कोई वक्त जाया नहीं किया।

शाह ने पार्टी की मशीनरी का विस्तार किया, नए सदस्य बनाए, जन संपर्कों पर ध्यान दिया, और निचले स्तर को–बूथ स्तर पर, जहां मतदान होता है–पार्टी का दिल और आत्मा बना दिया। इस प्रक्रिया में उन्होंने एक संस्थान का गठन किया, जिसे अमित शाह का चुनावी प्रबंधन स्कूल कहा जा सकता है।

यह पुस्तक बताती है कि अमित शाह ने किस तरह भाजपा का कायाकल्प कर दिया। सामने से नजर नहीं आने वाले संगठन के वे लोग जिन्होंने जमीन पर इन कोशिशों को साकार किया, और प्रचार तथा चुनावों के दौरान इस व्यवस्था ने कैसे काम किया। यह किताब इस पर नजर डालती

है कि भाजपा कैसे यही तरीके अपनाकर दूसरे क्षेत्रों में आगे बढ़ रही है। अमित शाह के जाने के लंबे समय बाद भी उनका योगदान भाजपा को राष्ट्रीय दल बनाने में और चुनाव लड़ने की सबसे दुर्जेय रणनीति तैयार करने और चुनाव लड़ने को पुनःपरिभाषित करने में मददगार साबित होता रहेगा।

*

जिस तरह मोदी ने अपनी छवि बदली, भाजपा ने भी वैसा ही किया।

आज, अगर कोई व्यक्ति भाजपा को सिर्फ उच्च जाति की पार्टी के रूप में देखता है तो वह अतीत में ही जी रहा है। भाजपा सबसे निचले तबके, जिसमें व्यापक हिंदू आधार शामिल है, सहित विभिन्न समुदायों का समर्थन हासिल करके एक समावेशी हिंदू पार्टी बन रही है।

2014 में, नरेन्द्र मोदी की अपील और प्रतिनिधित्व के वायदे के कारण पार्टी इन्हीं हाशिए वाले तबकों का समर्थन हासिल करने में सफल रही थी। 2014 के बाद पार्टी के लिए अपने चरित्र में लाए गए इस बदलाव पर अपनी नीतियों, बयानों और संगठन के ढांचे के जरिए कायम रहना एक चुनौती थी ताकि हिंदू समाज की विविधता की इसमें झलक मिले।

वह जब ऐसा करने में विफल रही तो वह चुनाव हार गई। बिहार विधान सभा के लिए 2015 में चुनाव में पार्टी को पिछड़े वर्गों और दलितों के प्रति वैमनस्यपूर्ण रवैए का सामना करना पड़ा क्योंकि राष्ट्रीय स्वयंसेवक संघ के प्रमुख मोहन भागवत ने सुझाव दिया था कि आरक्षण की समीक्षा होनी चाहिए; हाशिए में समुदायों ने भाजपा के अपना अक्स और नेताओं को नहीं देखा। उत्तर प्रदेश में 2017 के विधान सभा चुनाव में भाजपा की शानदार सफलता का श्रेय खुद को पिछड़े वर्गों और दलितों की पार्टी के रूप में पेश करने की उसकी क्षमता को जाता है।

यह पुस्तक पार्टी के एक अधिक समावेशी हिंदू पार्टी के रूप में बदलाव की कहानी बताती है। पार्टी के भीतर अपनी जड़ें जमाए उच्च जातियों के हित इस बदलाव के प्रति पूरी तरह सहज नहीं थे और भाजपा में बदलाव की यह प्रक्रिया न तो बहुत आसान थी और न ही सीधी सरल थी। भाजपा

की परीक्षा तो पार्टी के पुराने और नए समर्थकों के बीच व्याप्त विरोधाभासों में तालमेल कायम करने में उसकी क्षमता को लेकर होगी।

*

अधिकांश लड़े गए चुनावों में भाजपा के लिए संघ परिवार का समर्थन एक महत्वपूर्ण पहलू रहा है। परंतु 2014 से पहले शायद ही कभी संघ परिवार ने अपनी समूची संगठनात्मक संरचना, संसाधन, कार्यकर्ताओं और संगठन को इतने बड़े पैमाने पर चुनाव में लगाया हो।

सत्ता हासिल करने के प्रयास में सहयोग करना एक बात है; सत्ता हासिल करने के बाद इसमें एक सीमा तक मिल जाना अलग बात है। अटल बिहारी वाजपेयी के नेतृत्व वाली पिछली राजग सरकार में संघ नेतृत्व और प्रधान मंत्री में मतभेद साफ नजर आते थे। इसका बाहर असर भी नजर आता था, चुनावों के दौरान संघ अक्सर निष्क्रिय बना रहा या फिर उसने इतनी ऊर्जा नहीं लगाई जितनी भाजपा को आशा थी। नरेन्द्र मोदी जब सत्ता में आए तो यह संभावना भी थी, क्योंकि उनके पास अपना बहुमत था और उनके आसपास व्यक्ति पूजा भी चल रही थी और बताते हैं कि संघ इससे असहज महसूस करता था।

इसके बाद भी, व्यक्तित्व, मुद्दों और चुनाव प्रबंधन को लेकर मतभेदों के बावजूद संघ और भाजपा मोटे तौर पर एकसाथ ही रहे। चुनावों में जाने से पहले भाजपा को संघ की अधिक जरूरत हो सकती है और भाजपा के सत्ता में आने के बाद संघ को उसकी अधिक जरूरत होती है परंतु उन्होंने एक साथ बहुत अच्छी तरह काम किया।

यह पुस्तक बताती है कि कैसे नरेन्द्र मोदी और मोहन भागवत ने सरकार और संघ के बीच मधुर रिश्ते बनाए रखना सुनिश्चित किया; भाजपा की तरह ही संघ ने कैसे हिंदू जातियों के प्रति और अधिक समावेशी दृष्टिकोण अपनाने की आवश्यकता महसूस की, परंतु हमेशा ही अपनी रूढ़िवादी वैचारिकता के प्रति सतर्क रहा, और उत्तर प्रदेश में चुनावों तथा प्रचार के दौरान कैसे संघ के तंत्र ने, जिसमें उसका काडर भी शामिल है परंतु उससे

भी अधिक महत्वपूर्ण उसके समर्थकों का व्यापक परिवेश है– एक समान लक्ष्य 'हिंदू एकता' बनाये रखने के लिए भाजपा के प्रयासों में मदद की।

✳

2014 में, मोदी ने हिंदू भावनाओं का तो आह्वान किया परंतु खुद को स्पष्ट रूप से मुस्लिम विरोधी नजर आने से बचाने के प्रति बहुत सावधान रहे। उन्होंने एक होशियारी भरा तरीका अपनाते हुए पहले तो पलायन करने वाले हिंदुओं और दूसरे धर्म के अनुयायियों के बीच फर्क किया, फिर वे जिसे 'पिंक रिवॉल्यूशन' कहते हैं उस पर आए, जिसमें गाय की हत्या और मांस के निर्यात में बढ़ोतरी का आरोप लगाया गया।

लेकिन लोक सभा चुनावों के दौरान सभाओं को कवर करने वाला कोई भी व्यक्ति इसकी पुष्टि करेगा कि मोदी के भाषण के पहले होने वाले दूसरे भाजपा नेताओं के भाषण चरम राष्ट्रवाद, एक धर्म वाले राष्ट्र और मुस्लिमों के 'तुष्टिकरण' जैसे भाजपा के पुराने संदेशों से ओतप्रोत होते थे। चूंकि राष्ट्र ने सिर्फ मोदी के भाषणों को टीवी पर देखा, उनसे पहले बनाया गया माहौल अक्सर ही जानकारी में नहीं आ पाता था।

पार्टी ने पश्चिमी उत्तर प्रदेश में मुजफ्फरनगर दंगों का भी फायदा उठाया, अमित शाह ने स्पष्ट शब्दों में कहा कि यह चुनाव 'बदला' लेने के लिए ही हैं। इस समूचे इलाके में भाजपा का तंत्र 'मुसलमानों को सबक सिखाने' संबंधी संदेश के साथ हिंदू, विशेषकर जाट एकजुटता बनाए रखने में जुट गया। यह कारगर भी रहा। सेन्टर फॉर द स्टडी ऑफ डेवलपिंग सोसायटीज़ के आंकड़ों के अनुसार भाजपा ने 77 प्रतिशत से अधिक जाटों के वोट हासिल किए।

2014 से ही भाजपा ने अगल अलग तरह से हिंदू कार्ड खेला है। हिंदू कार्ड बिहार में नहीं चला। इससे पता चलता है कि धुव्रीकरण की राजनीति के व्यापक परिप्रेक्ष्य में यह एक मुद्दा है परंतु सभी परिस्थितियों में यह काम नहीं कर सकता है। परंतु उत्तर प्रदेश में यह सफल रहा, जहां भाजपा–प्रधान मंत्री नरेन्द मोदी तक ने–अपने शब्दाडंबरों के सहारे अपने हमले तेज करते

हुए कहा कि किस तरह से इस सरकार ने मुसलमानों का 'तुष्टीकरण' किया था।

यह पुस्तक बताती है कि कैसे, विशेषरूप से उत्तर प्रदेश में, भाजपा ने धीरे धीरे नीचे से ऊपर तक इस कहानी का जाल बनाया कि यहां बहुसंख्यक कैसे पीड़ित हैं जबकि अल्पसंख्यकों के बारे में कहा कि उन्हें सिर पर चढ़ा दिया गया है। यह किताब ये भी बताती है कि कैसे दबे हुए दुराग्रहों को और भी पैना बनाया और झूठ फरेब के मायाजाल के जरिए नफरत की भावना को भड़काया गया। इस काम में विपक्षी दलों और उनकी नीतियों ने और मुसलमानों के बारे में उनकी भाषणबाजी ने भी भाजपा की मदद की। निश्चित ही, तर्क दिया जा सकता है कि उप्र के 2017 के चुनाव में भारतीय राजनीति के अभी तक के सुपरिभाषित शब्द 'धर्मनिरपेक्षता' का अंत हो गया।

*

2014 से ही नरेन्द्र मोदी और अमित शाह का दृष्टिकोण साफ है कि उन्हें अपनी सफलता वाले क्षेत्रों पर काबिज रहते हुए इसे मजबूत बनाना है और शेष भारत में इसका विस्तार करना है। भाजपा अब जैसे सिर्फ उच्च जातियों की पार्टी नहीं रह गई वैसे ही यह अब सिर्फ उत्तर भारत की पार्टी भी नहीं है।

अपने गढ़ों के अलावा सबसे असंभावित जगहों जैसे जम्मू-कश्मीर से लेकर मणिपुर तक इसने अपना विस्तार किया है। इन प्रयासों को एक और नेता ने आगे बढ़ाया जिसकी जड़ें संघ में हैं और वह हैं राम माधव। 2014 की जीत के बाद पार्टी में आने से पहले, संघ के दिल्ली स्थित प्रवक्ता के रूप में माधव ने संघ और भाजपा के बीच में एक अहम पुल के रूप में काम किया।

पार्टी के विस्तार का आधार तीन मुख्य रणनीतियां रही हैं—कांग्रेस के पूर्व प्रतिद्वंद्वियों समेत मौजूदा राजनीतिक अभिजातों को अपने में मिला लेना; अपने विचारधारात्मक चेहरे को छुपा कर एक ऐसी पार्टी के रूप में

पेश करने की कोशिश करना जो विविधता का सम्मान करती है और एकरूपता नहीं लाना चाहती; और विभिन्न क्षेत्रों की विशेषताओं के अनुकूल खुद को ढालना। यह किताब बताती है कि कैसे माधव ने पार्टी को सचमुच राष्ट्रीय बनाने में मदद की और कैसे विभिन्न रणनीतियों ने श्रीनगर, गुवाहाटी और इम्फाल में भगवा सरकारें स्थापित कीं।

*

इस किताब में शुरू से आखिर तक एक ही बात मिलेगी और वो है विपक्ष की अनेक नाकामियां। कोई भी नेता नरेन्द्र मोदी का मुकाबला नहीं कर पाया है और राहुल गांधी के कमजोर प्रयास जनता का मामूली ध्यान ही आकर्षित कर सके हैं। कोई भी राजनीतिक दल अमित शाह की टक्कर का संगठन नहीं बना सका। कोई भी दूसरा दल अपने सामाजिक गठबंधन एक या दो मुख्य जातियों के आगे विस्तार नहीं कर सका। कोई भी अन्य दल पुराने 'धर्मनिरपेक्ष बनाम सांप्रदायिक' होने के तर्क से आगे नहीं जा पाया, जिसका असल में मतलब 'मुस्लिम वोट' पर अत्यधिक निर्भर होना हो जाता है और इस तरह से यह सिर्फ भाजपा की ही मदद करता है। और इनमें से अधिकांश ने भाजपा के खिलाफ अलग अलग चुनाव लड़ा और जब विपक्षी एकता कमजोर हो तो भाजपा को परास्त करना मुश्किल है।

जब विपक्ष एकजुट हो गया तो कहानी अलग थी। दिल्ली में, आम आदमी पार्टी के पास एक ऐसा नेता था जिसकी व्यापक अपील थी, एक दलील थी, एक संगठन था और एक सामाजिक गठबंधन था। कांग्रेस की हताशा ने भी इसमें योगदान किया था जिसके वोट आप पार्टी की ओर चले गए थे। असल में भाजपा ने अपना मतों का प्रतिशत बचाए रखा था, परंतु वह सिमट कर रह गई। इससे बेहतर उदाहरण तो बिहार का है जहां विपक्षी गठबंधन ने व्यापक सामाजिक आधार पर जोर दिया और उसने सांप्रदायिक ध्रुवीकरण का कोई भी मौका नहीं देने की सावधानी बरती।

इन दो हथियारों के साथ, विशेषकर जब नीतीश कुमार जैसे एक भरोसेमंद नेता से मुकाबला हो, तो भाजपा की यह दुर्जेय मशीनरी चरमरा

सकती है। यह एक दूसरा मामला है कि जुलाई 2017 में बिहार की राजनीति में उलट-फेर हो गया। नीतीश कुमार ने लालू प्रसाद को धता बता दिया और अपनी पुरानी सहयोगी भाजपा के साथ हाथ मिला लिया और पार्टी चुनाव हारने के बावजूद सत्ता में आ गई। इसने नरेन्द्र मोदी और अमित शाह की भूख को ही उजागर किया, लेकिन यह किताब मुख्यतः 2015 की चुनावी पराजयों तक और उनसे भाजपा द्वारा सीखे गए सबकों तक ही सीमित है।

*

भाजपा की वृहत सफलता को समझने के लिए इस पुस्तक में उत्तर प्रदेश में पार्टी के सूक्ष्म स्तर पर हुए कायाकल्प पर ध्यान केन्द्रित किया गया है। भारत के इस सबसे बड़े राज्य में हुए राजनीतिक मंथन पर विशेष ध्यान देने की मजबूत वजहें हैं।

उत्तर प्रदेश की राजनीति भारत की राजनीति की दिशा तय करती है। यह भले ही बहुत घिसी पिटी बात हो, परंतु इसमें बहुत कुछ सच्चाई भी है कि दिल्ली का रास्ता लखनऊ होकर ही जाता है। इसकी वजह ये है कि संसद में इसका वजन ज्यादा है।

यह राज्य भाजपा के एक राष्ट्रीय संगठन के रूप में उत्थान का केन्द्र भी रहा है। जब कभी भी पार्टी ने उप्र में सफलता हासिल की तो वह राष्ट्रीय स्तर पर भी फली-फूली है। जब भी राज्य में उसका प्रदर्शन खराब हुआ तो वह बहुत ही बुरी तरह सत्ता से भी बाहर हुई।

पार्टी की राजनैतिक और वैचारिक परियोजना यहां आकर मिलती है। इसके दोनों प्रधान मंत्री अटल बिहारी वाजपेयी और नरेन्द्र मोदी इसी राज्य से निर्वाचित हुए। इसका संरक्षक संगठन राष्ट्रीय स्वयंसेवक संघ 1930 से ही उत्तर प्रदेश में ध्यान दे रहा है और इलाहाबाद विश्वविद्यालय और बनारस हिंदू विश्वविद्यालय जैसे संस्थानों से बड़े स्तर पर लोगों की भर्ती करता है। इसी राज्य में अयोध्या, काशी और मथुरा भी है। ये तीनों मंदिर 1980 और 1990 के दौरान भाजपा द्वारा चलाए गए आन्दोलन से संबद्ध रहे हैं।

विशेषकर राम जन्म भूमि आन्दोलन ने भारतीय जनता पार्टी को 1984 में लोकसभा में सिर्फ दो सीटों से 1991 में 120 सीटों तक पहुंचाया। इनमें से 51 सीटें उत्तर प्रदेश से ही थीं। उस समय अविभाजित उत्तर प्रदेश लोकसभा के लिए 85 सांसद भेजता था।

1996 में जब वाजपेयी पहली बार सत्ता में आए तो भाजपा ने इस राज्य में 52 सीटों पर विजय प्राप्त की थी। उसने इस पर अपना प्रदर्शन बेहतर किया और 1998 के चुनावों में 58 सीटें जीतीं।

1999 में इस राज्य से भाजपा सीधे गोता लगाते हुए सिर्फ 29 सीटों पर विजयी हुई। लेकिन इस पर गौर कीजिए कि तब भी यह उप्र में सबसे बड़ी पार्टी थी। एक बार फिर उसने सरकार बनाई। 2004 और 2009 में उप्र में भाजपा सिर्फ दस सीटें ही जीत सकी और वह लोक सभा में विपक्षी सीटों पर सिमट गई।

परंतु 2014 में भारतीय राजनीति में उत्तर प्रदेश की केन्द्रीयता फिर से स्थापित हुई। राज्य में भाजपा की जीत ने खेल के नियमों नए सिरे से गढ़े और नरेंद्र मोदी को भारत का सबसे ताकतवर प्रधान मंत्री बनने में सक्षम बनाया।

और 2017 में इसकी शानदार विजय के साथ ही भाजपा ने यह सुनिश्चित कर दिया कि तीन दशकों में पहली बार एक ही दल दिल्ली और देश के सबसे बड़े राज्य दोनों स्थानों पर शासन करेगा। इसने भाजपा को 2019 के आम चुनावों में बढ़त दे दी है। इसने पार्टी की राजनीतिक और सामाजिक परियोजना में आक्रामकता भी लाई है।

इस किताब के सभी प्रमुख विषय—मोदी की अपील, शाह का संगठन, भाजपा की सोशल इंजीनियरिंग, राजनीतिक ताकत बढ़ाने के लिए सांप्रदायिक ध्रुवीकरण और नफरत का इस्तेमाल, विपक्ष का छिन्न भिन्न होना और उसकी कमजोरियां—उप्र में दिखाई पड़ी हैं।

उत्तर प्रदेश पर ध्यान केन्दित करने की एक निजी वजह भी है। मैंने 2014 और 2017 में राज्य के चुनावों को व्यापक स्तर पर कवर किया था।

राज्य में विधान सभा चुनाव की तैयारियों के दौरान, एक साल से अधिक समय के भीतर, मैं राज्य में बदलते राजनीतिक समीकरणों पर निगाह रखने के इरादे से लगभग हर महीने यहां आया। और मतदान शुरू होते ही मैंने सहारनपुर से मिर्जापुर के पश्चिम और पूरब, तराई में श्रावस्ती से लेकर उत्तर में नेपाल के सीमातर्वी क्षेत्र से बुंदेलखंड के चित्रकूट तक करीब एक महीने में राज्य में पांच हजार किलोमीटर की यात्रा की।

लेकिन यह किताब सिर्फ उत्तर प्रदेश के बारे में नहीं है। इसमें एक अन्य राज्य बिहार के चुनावी समर में पार्टी की पराजय को भी रेखांकित किया गया है जिसकी मैंने पांच साल तक रिपोर्टिंग की है। इसमें इस बात का भी परीक्षण किया गया है कि उत्तरी और पश्चिमी भारत के दूसरे क्षेत्रों में किस तरह से पार्टी की विस्तार की रणनीति ने काम किया। यह किताब इसकी पड़ताल भी करती है कि भाजपा कैसे नई नई रणनीतियों के जरिए आज अनपेक्षित इलाकों जैसे कि पूर्वोत्तर में भी, एक प्रभुत्वशाली पार्टी बन गई है।

*

यह किताब इस बात पर गौर करती है कि भाजपा चुनाव कैसे जीतती है। यह इस विषय पर गौर नहीं करती है कि चुनाव जीतने के बाद क्या करती है और इस तरह इसने भाजपा के शासन के तहत हाल में होने वाली अधिक विवादास्पद कार्रवाइयों और घटनाओं से खुद को दूर रखा है।

यह किताब भविष्य के लिए कोई भविष्यवाणी भी नहीं करती है। जटिल समाज के बीच नियमित चुनाव और बहुदलीय प्रतिस्पर्धा में राजनीतिक प्रक्रिया के बारे में कुछ भी नहीं कहा जा सकता है। और यह तथ्य कि आज भाजपा प्रमुख दल के रूप में है, इसका मतलब यह नहीं है कि उसे हराया नहीं जा सकता। निश्चित ही, पिछले तीन सालों के दौरान भाजपा हारी भी है और उसकी तमाम कमजोरियां भी उजागर हुई हैं।

चुनावों की लोकतांत्रिक प्रक्रिया के माध्यम से भाजपा का उत्थान समकालीन भारत की सबसे अधिक दिलचस्प कहानियों में से एक है। इसने

राजनीति की धारा ही बदल दी है और नए सामाजिक गठबंधन बनाए हैं, पुरानी खामियों को पीछे छोड़ दिया है, नए टकरावों को जन्म दिया है, कुछ को सशक्त बनाया तो अन्य को अलग-थलग किया है और अब सरकारी संस्थाओं पर उसका पूरा प्रभाव है। जब एक ताकतवर राष्ट्रीय नेता, एक विकटरण नीतिकार, एक वैचारिक एवं संगठनात्मक ढांचा, कुटिल सामाजिक गठबंधन, धर्म की राजनीति और एक निर्मम महत्वाकांक्षा, तथ्यात्मक और लचीली संस्कृति का विलय होता है तो राजनीति और लोकतंत्र अभूतपूर्व तरीके से बदल सकता है। और शायद इस कदर बदल सकता है कि उसे पलटा नहीं जा सकता।

2

मोदी हवा

उत्तर प्रदेश के चुनाव में भारतीय जनता पार्टी ने नहीं, राज्य के नेताओं ने नहीं, उम्मीदवारों ने नहीं और न ही राष्ट्रीय स्वयंसेवक संघ बल्कि सिर्फ एक व्यक्ति ने राज्य में भाजपा को विजय दिलायी और वह व्यक्ति प्रधान मंत्री नरेन्द्र मोदी हैं।

मुसलमानों के अलावा, उत्तर प्रदेश के प्रत्येक समुदाय ने उन्हें अपना माना और दिल्ली और लखनऊ दोनों जगहों के लिए उन पर ही भरोसा किया। यह भरोसा 2014 के चुनावों में भी साफ नजर आ रहा था।

यह आश्चर्यजनक है कि तीन साल बाद भी नरेन्द्र मोदी के खिलाफ कोई विरोधी लहर नहीं है। वास्तविकता तो है कि सत्ता ने उनकी अपील को और बढ़ा दिया है। वह अपने पूरे करियर के दौरान इसी तरह रहे हैं।

मोदी ने 2001 के अंत में गुजरात विधान सभा में मुख्यमंत्री के रूप में प्रवेश किया और राज्य में एक भी चुनाव कभी नहीं हारे। उन्होंने लोकसभा में प्रधान मंत्री के रूप में प्रवेश किया और दिल्ली तथा बिहार में मिले झटके के बावजूद उनका जो रिकार्ड है उससे कोई भी दूसरा ईर्ष्या करेगा। सत्ता मिलने के कारण संतोष करने और अपनी संभावनाओं का क्षरण करने की बजाये इसने निरंतर मोदी की लोकप्रियता बढ़ाई है।

उत्तर प्रदेश के शहरों, गांवों और सड़कों पर अधिकांश लोगों, जिन्होंने

का समर्थन किया, इस समर्थन के लिए कोई स्पष्ट कारण नहीं बता सके अथवा नहीं बताया। यह एक अकेले व्यक्ति के प्रति अभूतपूर्व आस्था, नीयत में भरोसा, मंशा और ईमान तथा निष्ठा ही थी।

इस भरोसे को आगे लाने में बहुत ही सावधानी से बनाई गई, एकदम नई छवि थी। यदि वह 2002 से हिंदू हृदय सम्राट थे तो मोदी ने बहुत ही सावधानी के साथ 2007 से अपनी छवि को विकास पुरूष में तब्दील किया और विकास के लिए 'गुजरात मॉडल' पेश किया। इन्हीं दो छवियों को मिलाने का नतीजा ही 2014 में उनकी विजय थी।

अब एक तीसरा अवतार लिया है, जिस पर कम ध्यान दिया गया है, नरेन्द्र मोदी अपने पहले के दो अवतार बनाये रखते हुए आज गरीबों के नेता हैं। इस छवि के साथ उन्होंने 'सूट बूट वाली सरकार' के आरोपों को ध्वस्त कर दिया है।

*

आठ नवंबर, 2016 को जब राम सुधार मिर्जापुर के जमुई बाजार स्थित अपने घर में टेलीविजन देख रहा था तो उसने प्रधान मंत्री नरेन्द्र मोदी को यह घोषणा करते सुना कि 500 और 1000 रुपए के नोट आधी रात के बाद से वैध मुद्रा नहीं रह जाएंगे।

उसे इस कदम के नतीजों को समझने में कुछ क्षण लगा।

राम सुधार की बाजार में बिजली के सामान की छोटी सी दुकान है और उसका कारोबार सामान प्राप्त करना और उसे बेचने का है जो अधिकतर नकदी पर ही निर्भर करता है। अब यह कैसे चलेगा?

दो दिन बाद वह बिजली के सामान की उसे आपूर्ति करने वाले दुकानदार से बिजली के तार, केबल और बल्ब आदि लेने बनारस गया। उसने उसे वह नकदी दी जो अब गैरकानूनी मुद्रा हो चुकी थी। उसके आपूर्तिकर्ता ने, एक पुराना संपर्क, इसे लेने से मना कर दिया परंतु उससे कहा कि वह 50,000 रुपए तक का सामान लेकर इसका भुगतान बाद में कर सकता है।

लेकिन अब जब सामान की आपूर्ति की बंदोबस्त हो गई, मांग की समस्या बरकरार रही। जमुई बाजार में सिर्फ दो ही बैक हैं, इनमें नई मुद्रा अभी पहुंची नहीं थी, एटीएम भी बंद पड़े थे, इस सबका मतलब यही था कि लोगों के पास नकदी नहीं है। और इस वजह से राम सुधार की दुकान में बिक्री तेजी से कम हो गई। रोजाना 4000 रुपए तक का कारोबार करने वाला राम सुधार अब सिर्फ 1000 रुपए तक का ही सामान बेच रहा था।

अब वह एक परेशानी में पड़ गया था। उस पर अपने आपूर्तिकर्ता का बकाया था परंतु उसे पर्याप्त आमदनी नहीं हो रही थी। सरकार ने उसकी जिन्दगी में व्यवधान पैदा कर दिया था और उसके छोटे से धंधे की अर्थव्यवस्था को डांवाडोल कर दिया था। परंतु इसके बावजूद प्रधान मंत्री में सुधार का विश्वास कम नहीं हुआ था।

उसने मुझसे कहा, 'भईया, यह प्रतिबंध नहीं है। यदि यह प्रतिबंध होता तो तो हम बर्बाद हो गये होते। उन्होंने तो हमसे सिर्फ यही कहा है कि पुरानी मुद्रा अपने खातों में जमा कराओ और हमें ऐसा करने के लिए समय भी दिया है। मैं समझता हूं कि यह बहुत अच्छा कदम है। यदि हमारे जवान 24 घंटे हमारी सुरक्षा के लिए अपनी जान जोखिम में डाल सकते हैं, क्या हम राष्ट्र हित में कुछ घंटे लाइन में खड़े नहीं हो सकते?'

उसने दलील दी, 'पैसा बैंकों में वापस आएगा। जिनके पास काला धन है वे पकड़े जायेंगे। अर्थव्यवस्था स्वच्छ और साफ हो जायेगी।' और फिर, एक मुस्कुराहट के साथ राम सुधार यह भी जोड़ता है, 'मोदी ने कुछ समय मांगा है। यह सारी परेशानियां, असुविधाएं कुछ सप्ताह में खत्म हो जायेंगी। हमें उन पर भरोसा है।'

राम सुधार अकेला अपवाद नहीं था। नवंबर, 2016 में समूचे पूर्वांचल-वाराणसी, मिर्जापुर, आजमगढ़, जौनपुर में भारत की सबसे गरीब पट्टी में से एक इस सूबे में आम नागरिकों का यही कहना था। विमुद्रीकरण से असुविधाएं हुई हैं परंतु वे इसका समर्थन करते हैं।

जौनपुर में एक बैंक की लंबी कतार में खड़ी एक वृद्ध महिला कहती

है कि वह परेशानी महसूस कर रही है। वह कहती है, 'मेरे पास एक भी पैसा नहीं है। मोदी सरकार ने नई मुद्रा चलाई है।' इसके बावजूद वह महसूस करती है कि सरकार ने सही काम किया है। 'यदि बड़े लोगों को परेशानी हो रही है, यदि मुझे दिक्कत हो रही हो इससे क्या फर्क पड़ता है।'

मिर्जापुर के राजगढ़ में एक छोटा कारोबारी परिवार में विवाह की तैयारियों में व्यस्त था। वह कुछ भुगतान तो चेक से करने में सफल रहा जबकि दूसरी जरूरतों के लिए उधार पर निर्भर रहा। फिर भी, वह इस नीतिगत पहल का प्रशंसक था। वह कहता है, 'यह ईएमआई घटाएगी। यह लोगों को चेक का इस्तेमाल करने के लिए बाध्य करेगी। रियल इस्टेट के दाम भी नीचे आयेंगे। यह एक अच्छी पहल है।'

छोटी खेतीबाड़ी वाले एक दलित किसान को आगामी बुवाई के सत्र के लिए बीज खरीदने के लिए नकदी की आवश्यकता थी। परंतु वह भी शिकायत नहीं कर रहा था। वह कहता है, 'यह अस्थायी तकलीफ है। एक या दो महीने में नोट वापस आ जाएंगे। लोग कह रहे हैं कि रईसों से लिए गये धन का गरीबों में निवेश किया जायेगा।'

भारतीय अर्थव्यवस्था के हाल के इतिहास में कोई अन्य कदम आम नागरिकों की रोजमर्रा की जिन्दगी में इतना अधिक व्यवधान डालने वाला नहीं हुआ जितना कि विमुद्रीकरण का निर्णय। किसी अन्य कदम की वजह से रोजगार नहीं गये और न ही असुविधाएं हुईं। फिर भी, इस कदम के प्रति उत्साह स्पष्ट था।

यह अपेक्षा कि यह कदम अर्थव्यवस्था को स्वच्छ बनायेगा, यह खुशी की संपन्न लोगों को इससे सबसे ज्यादा मुश्किल हो रही है, इस उम्मीद से कि अतिरिक्त संसाधनों को और अधिक समतापरक समाज की अपेक्षा करने वाले गरीबों के लिए हस्तांतरित किया जायेगा, अनेक कारणों से सरकार के इस कदम को लोगों का समर्थन मिला। इसके कुछ महीनों बाद ही यह उत्साह धीरे धीरे गायब हो गया परंतु इसने कभी भी शत्रुता का रूप नहीं लिया।

जनता के आक्रोश के कारण इतने व्यापक पैमाने पर होने वाली अव्यवस्था से उत्पन्न अपरिहार्य जनाक्रोश का बहुत ही कम लोकतांत्रिक अथवा दबंग नेता सामना करने में सक्षम होते। परंतु नरेन्द्र मोदी ने न सिर्फ इस आक्रोश को शांत किया बल्कि वह और अधिक ताकतवर होकर ऐसे व्यक्ति के रूप में सामने आए जिसकी प्रतिबद्धता गरीबों के प्रति थी और जिसने भ्रष्ट और संपन्न प्रतिष्ठान के खिलाफ ईमानदारी का संघर्ष छेड़ रखा था।

*

जब जनता विमुद्रीकरण के परिणामों से रूबरू हो रही थी तो उस दौरान मोदी ने उत्तर प्रदेश में छह जनसभाएं कीं।

दिसंबर की शुरुआत में मोदी ने पीतल उद्योग के लिए प्रसिद्ध मुरादाबाद, जो विमुद्रीकरण से बुरी तरह प्रभावित हुआ था, में ऐसी ही एक जनसभा को संबोधित किया। करीब 50 मिनट के अपने भाषण में मोदी ने दर्जनों बार 'गरीब' और 'गरीबी' का उल्लेख किया। यह ऐसा भाषण था जिसके राजनीतिक संदेश को समझने के लिए इसके वाक्यविन्यास को विस्तार से अलग अलग करके समझना उपयोगी होगा, प्रधान मंत्री ने किस तरह से अपनी राजनीतिक प्रतिष्ठा का इस्तेमाल किया और किस तरह वह सभास्थल पर उपस्थित हजारों लोगों के साथ तालमेल बिठा सके।

मोदी ने बताया कि उन्होंने कैसे उप्र का चुनाव लड़ा था, क्योंकि वह गरीबी के खिलाफ युद्ध छेड़ना चाहते थे। भारत की गरीबी को खत्म करने के लिए पहले उत्तर प्रदेश की गरीबी दूर करनी होगी।

और फिर अपने आकर्षक अंदाज में मोदी ने भीड़ को इसमें शामिल कर लिया और उससे पूछा कि क्या वे अपनी मुट्ठियां उठाकर पूरी ईमानदारी से उनके सवालों के जवाब देगी।

उन्होंने सवाल किया, 'क्या भ्रष्टाचार ने देश को बर्बाद कर दिया है? क्या इसकी वजह से लूट हुई है? क्या इसने सबसे ज्यादा नुकसान गरीबों को पहुंचाया है? क्या इसने गरीबों के अधिकारों को छीना है? क्या भ्रष्टाचार

ही सारी समस्याओं की जड़ है?'

भीड़ ने जवाब दिया, 'हां'।

मोदी ने फिर कहा, 'अब आप ही मुझे बतायें, क्या भ्रष्टाचार रहना चाहिए या इसे जाना चाहिए? जाना चाहिए कि नहीं?'

जनता का जवाब आया, जाना चाहिए, इसे जाना ही चाहिए।

'तो फिर आप मुझे बताइये, क्या यह अपने आप चला जायेगा? क्या यह कहेगा कि मोदी जी आप आ गये हैं; मैं डर गया हूं, मैं जाऊंगा?'

एक बार फिर जनता का स्वर उभरा, 'नहीं, नहीं।'

'तो फिर हमें भ्रष्टाचार को हराने के लिए डण्डे का इस्तेमाल करना होगा या नहीं? क्या हमें कानून का सहारा लेना होगा या नहीं? क्या हमें भ्रष्टाचार से निबटना होगा या नहीं?'

'हां'

क्या हमें यह काम करना चाहिए या नहीं?

'हां।'

मोदी ने आगे कहा, 'यदि कोई ऐसा काम करता है तो क्या वह अपराधी या दोषी है? क्या भ्रष्टाचार के खिलाफ लड़ना अपराध है?'

'नहीं।'

मोदी ने एक बार फिर जनता को कुरेदा।

'मैं आपके लिए लड़ाई लड़ रहा हूं। ज्यादा से ज्यादा, ये लोग मेरा क्या कर सकते हैं? आप बतायें, ये मेरा क्या कर सकते हैं?' थोड़ी खामोशी के बाद वह जवाब देते हैं, 'मैं तो एक फकीर हूं, मैं अपना थैला उठाकर चला जाऊंगा।' इसके प्रत्युत्तर में जनता ने जबर्दस्त तालियां बजाईं और मोदी मोदी के नारे लगाये। 'और यही फकीरी है जिसने मुझे गरीबों के लिए लड़ने की ताकत दी है।'

मोदी ने बात यहीं पर खत्म नहीं की।

मोदी ने कहा कि जब उन्होंने गरीबों के लिए जनधन खाता खोलने का अभियान शुरू किया तो लोगों ने उनका मजाक बनाया। परंतु आज,

पैसे वाले अब गरीबों के घर आ रहे हैं, पुराने संबंधों की याद दिला रहे हैं और फिर उनसे दो तीन लाख रुपए अपने बैंक खाते में जमा करने के लिए कह रहे हैं।

वह सवाल करते हैं, 'क्या आपने पहले कभी देखा कि पैसे वाले गरीब के दरवाजे पर आयें और झुकें? आज, भ्रष्ट लोग गरीब जनता के घरों के आगे लाइन लगाये हैं।'

इसके बाद उन्होंने गरीबों का सार्वजनिक रूप से आह्वान किया।

'मैं सभी जनधन खाता धारकों से कहता हूं–जिसने भी आपको अपना पैसा दिया है, इसमें से एक रुपया भी मत दीजिए। आप देखेंगे कि ये रोजाना आपके दरवाजे पर आयेंगे; आप कुछ मत कहिये। आप उनसे कहिये कि उन्हें धमकायें नहीं, वरना आप मोदी को लिख कर भेजेंगे। उनसे कह दीजिये-आप सबूत दीजिये कि आपने मुझे पैसा दिया था। वे फंस गये हैं। आप पैसा अपने पास रखिये और इसका रास्ता मैं निकालूंगा। मैं उन उपायों पर विचार कर रहा हूं कि जिन्होंने गैरकानूनी तरीके से पैसा जमा किया है, वे जेल जायेंगे और यह पैसा गरीब के ही पास रहेगा।'

अपने भाषण के अंत में शरारतपूर्ण मुस्कान के साथ यह कहते हैं कि पैसे वाले दिन भर 'मनी, मनी मनी कहते थे। अब वे सिर्फ 'मोदी, मोदी, मोदी' कहेंगे।'

मोदी के भाषण में एक बात साफ नजर आ रही थी कि वह विमुद्रीकरण से उत्पन्न परेशानियों को समझ रहे थे।

मोदी कहते हैं, 'इस देश के लोगों को जब यह पता चलता है कि इसमें मंशा अच्छी है, ईमानदार प्रयास है और उन्हें भरोसा है तो यह देश कुछ भी सहने के लिए तैयार है। क्या कोई यह सोचता है कि सभी 125 करोड लोगों को भ्रष्टाचार के खिलाफ इस लड़ाई की जिम्मेदारी उठानी होगी? मैं आपको नमन करता हूं।'

भाषण को तार तार करना आसान है। क्या विमुद्रीकरण से भ्रष्टाचार खत्म हो जायेगा? क्या काले धन एक बहुत ही छोटा हिस्सा नकदी में था?

क्या यह एक पेचीदगी भरे राजनीतिक निर्णय को पेश करने का गलत तरीका था? क्या अर्थव्यवस्था का पैमाना इसके लाभों की तुलना में कहीं ज्यादा प्रभावित था? मोदी को कौन अपराधी मान रहा था? क्या लोगों को पैसा नहीं लौटाने के लिए कह कर उन्हें इस बात के लिए प्रेरित करना उचित था कि वे समझौते को तोड़ें जो उन्होंने दूसरों के साथ स्वेच्छा से किया है?

परंतु ये सब यहां प्रासंगिक नहीं है। इसकी बजाए, प्रासंगिक यह है कि वह भाषण में क्या कहते हैं।

वह अपने समय के सबसे महत्वपूर्ण नीतिगत निर्णय को साधारण और समझ में आने वाले शब्दों में बता रहे हैं। वह सही और गलत के बीच में इसे पेश करते हैं। वह खुद को एक ऐसे व्यक्ति के रूप में पेश करते हैं जो बुरे लोगों के शोषण का शिकार हुई जनता की ओर से एक अच्छी लड़ाई लड़ रहा है। लेकिन लड़ाई की इच्छा जताते हुए भी वह खुद को एक ऐसे नेता के रूप में पेश करते हैं जो जब कुछ छोड़ सकता है जिसमें उसका कोई निहित स्वार्थ नहीं है और खोने के लिए कुछ नहीं है। वह पीड़ा को भी महसूस करता है परंतु वह इसे न्याय परायणता, त्याग के भाव और नागरिकों को यह अहसास कराता है कि वे एक महत्वपूर्ण राष्ट्रीय मिशन में हिस्सा ले रहे हैं।

फिर वह इससे आगे की बात करते हैं।

वह इस बात से प्रसन्नता व्यक्त करते हैं कि पैसे वाले परेशान हो रहे हैं और वह उनका मखौल बनाने के लिए जनता को प्रेरित करते हैं। वह लोगों की ईर्ष्या को भुना रहे हैं, वह उनके आक्रोष को भुना रहे हैं और वह इस तरह का संदेशपेश करते हैं कि पैसेवालों का नुकसान ही गरीबों का लाभ होगा। वह आकर्षक और समतामूलक भविष्य, जहां चंद लोग ही संपदा को अपने पास नहीं रख सकेंगे, का वायदा करके लोगों की मौजूदा परेशानियों को निष्प्रभावी कर देते हैं।

मोदी ने नवंबर से जनवरी के दौरान अपनी सभी जनसभाओं में यही किया। इसके दो प्रमख निहितार्थ थे।

पहला तो, इससे जनता की भावनाओं को संभालने में मदद मिली। एक वरिष्ठ सरकारी अधिकारी ने मुझसे कहा, ''हर बार जब उन्होंने भाषण दिया, हम जानते थे कि उन्होंने कुछ और सप्ताह का समय हासिल कर लिया है। यदिउनकी विश्वासनीयता नहीं होती तो ऐसा कोई तरीका ही नहीं था जिसमें जनाक्रोष और दंगों का सामना किए ही बगैर सरकारी तंत्र इस पर अमल कर पाता। नौकरशाही इस चुनौती के पैमाने को लेकर हतप्रभ थी जिससे व्यवस्था को रूबरू होना था। यह दीगर बात थी कि निर्णय सही था या गलत। परंतु उन्होंने एक निर्णय लिया, उन्होंने इसे स्वीकार किया और इसके कार्यान्वित करने के लिए उन्होंने एक राजनीतिक माहौल बनाया।'' नरेन्द्र मोदी की वाकपटुता इतनी प्रभावशाली थी कि जो उन्होंने कहा था कि इस कदम को न्यायोचित ठहराने के लिए नागरिकों को उसे अक्षरशः दोहराते हुए देखा जा सकता था।

लेकिन इसका दूसरा निहितार्थ अधिक गंभीर था, प्रधान मंत्री के भाषण सिर्फ अल्पकालीन असंतोष को संभालने के लिए ही नहीं थे। यह समझने के लिए कि आखिर यह कहां से आ रहे थे तो इसके लिए 2015 में लौटना होगा।

उस वर्ष अप्रैल में लोकसभा में कांग्रेस उपाध्यक्ष राहुल गांधी ने सरकार पर जबर्दस्त धावा बोला था। राहुल गांधी ने अपने भाषण में कहा, ''आपकी सरकार किसानों की समस्याओं को नजरअंदाज कर रही है, कामगारों की नहीं सुन रही है। यह सरकार तो उद्योगपतियों की है। यह तो सूट बूट की सरकार है।'' एक ऐसा व्यक्ति जिसने मितव्यता और भौतिक सुखों से दूर रहते हुए अपनी बनायी हो, मोदी ने जनवरी 2015 में अमेरिकी राष्ट्रपति बराक ओबामा के सम्मान के समय अपने नाम की लिखावट वाला सूट पहन कर अपनी छवि को बहुत ही अधिक नुकसान पहुंचा दिया था। इस व्यंग्य ने उन्हें व्यक्तिगत रूप से आहत किया।

नीति उसी तरह से चलती रहती है जैसे कि शुरू में भूमि अधिग्रहण कानून में संशोधन पारित किए जाने को 'अमीर समर्थक-किसान विरोधी'

बताया गया था। इस बात की संभावना थी कि मोदी सरकार को भी वैसी ही कठिनाइयों का सामना करना पड़ेगा क्योंकि पारंपरिक रूप से भाजपा को सिर्फ संपन्न लोगों की पार्टी के रूप में ही देखा जाता रहा है जो चुनावी दृष्टि से आत्मघाती नजरिया है।

यह अफसाना बिहार के गांवों में नीचे तक पहुंच गया था।

आप उन्हें एक ग्रामीण चिकित्सक या फिर उसे नीम हकीम भी कह सकते हैं।

अमरेश कुमार बिहार के समस्तीपुर जिले के बासुदेवपुर में राजमार्ग के किनारे अपने क्लीनिक के बाहर बैठा हुआ था। जिला अस्पताल में छह दिन के प्रशिक्षण के बाद सिविल सर्जन अमरेश कुमार सरीखों को ग्रामीण इलाको में बुनियादी चिकित्सा सुविधा उपलब्ध कराने के लिए प्रमाण पत्र देते हैं। बिहार विधान सभा चुनाव से दो महीने पहले 2015 के अगस्त महीने के अंत में वह भावी राजनीतिक पसंद को लेकर चिंतन कर रहा था।

"हां, मोदी जी जो हैं, बड़ा घूमते हैं। मोदी जी बहुत यात्राएं करते हैं। उन्होंने 14 महीने में 16 देशों की यात्रा की है और पांच साल का कार्यकाल पूरा होने तक वह इस देश को विदेशियों के हवाले कर देंगे। भारत में सारा माल विदेशी निर्मित होगा।"

चुनावों के दौरान उत्तरी बिहार के इलाकों के दौरे में उन लोगों के लिए सबसे विस्मित करने वाली बात यह थी कि जिन्होंने इस क्षेत्र में 2014 के लोकसभा चुनावों को देखा था, मोदी की लोकप्रियता में तेजी से गिरावट आयी थी। वह अब जनता के नेता नहीं रह गये थे।

वरिष्ठ पत्रकार और बिहार के मामलों में पुख्ता जानकारी रखने वाले शंकर्षण ठाकुर ने बहुत ही सटीक तरीके से इसे रेखांकित किया।[3]

लालू प्रसाद के गढ राघोपुर से राजू यादव को उद्धृत करते उन्होंने कहा, "बेवकूफ बनाया गरीब को। वोट ले गया, महंगाई दे गया। हर हर मोदी से अरहर मोदी।" दाल की कीमतें निश्चित ही आसमान छू रही थीं जिससे हर घर प्रभावित हो रहा था और यह लोगों को भाजपा से दूर कर

रहा था।

इस स्थिति में सुधार की आवश्यकता थी। निश्चित ही, राहुल गांधी ने सूटबूट की सरकार का प्रयोग करने वाले अपने उसी भाषण उन्होंने मोदी को सलाह भी दे डाली थी। उन्होंने कहा था, ''60 प्रतिशत जनता किसान और श्रमिक है। यदि वह अपना रास्ता बदलें तो राजनीतिक रूप से इससे प्रधान मंत्री को लाभ मिलेगा।''

विमुद्रीकरण ने जो किया और मुरादाबाद में प्रधान मंत्री के भाषण ने यह साफ कर दिया कि निश्चित ही यह उनके पक्ष में बदलाव में मददगार है। भाजपा के एक प्रवक्ता ने मुझसे कहा, 'इसने हमेशा के लिए, यह धारणा खत्म कर दी कि यह 'सूट बूट की सरकार' है।' हालांकि राहुल गांधी ने उप्र चुनावों के दौरान इसी रणनीति को दोहराया और उनके इस दावे का, ''कि विमुद्रीकरण गरीबों द्वारा खून पसीने से कमाये गये पैसे को रईसों के खातों में हस्तांतरित करने की बहुत बड़ी साजिश है और मोदी सिर्फ 50 भ्रष्ट परिवारों के लिए ही काम करते हैं,'' आरोपों में बहुत ही कम भरोसा किया गया।

प्रधान मंत्री आगे थे, उन्होंने संभावित अंतर को भी नोटिस किया और इस पर विचार किया। वह पहले ही अपनी नई छवि बना चुके थे और समाज में हाशिये पर रहने वाले मतदाताओं के बीच अपने लिए एक स्थान बना चुके थे।

*

आप वर्ग ईर्ष्या को अस्थायी रूप से भुना सकते हैं, परंतु आपको अपनी छवि को मतों में परिवर्तित करने के लिए वास्तव में आपको कुछ और पेशकश भी करनी होती है। विमुद्रीकरण से काफी पहले ही मोदी सरकार नेअपना ध्यान ग्रामीण भारत पर केन्द्रित कर दिया था।

लखनऊ के निकट उन्नाव जिले के ब्लाक प्रमुख अरूण सिंह समाजवादी पार्टी के एक प्रभावशाली स्थानीय नेता थे। हालांकि, वह सपा-कांग्रेस गठबंधन की संभावनाओं को लेकर बहुत अधिक आशान्वित नहीं थे। यह निर्वाचन

क्षेत्र कांग्रेस की झोली में चला गया था जिसे लेकर स्थानीय समाजवादी कार्यकर्ताओं में इस बात को लेकर असंतोष व्याप्त था कि उन्हें अपना प्रत्याशी उतारने का मौका नहीं दिया गया। सिंह के प्रति निष्ठा रखने वाले ग्राम प्रधानों का एक समूह राजनीतिक दिवालियापन की उनसे शिकायत कर रहा था, तभी एक मुस्लिम प्रधान ने कहा, ''मैं भाजपा को कभी वोट नहीं दूंगा। परंतु यदि मुझे और मेरे लोगों को भाजपा को वोट देना पड़ा तो इसकी एक वजह गैस सिलेण्डर होगी।''

जनता के मूड के आकलन के लिए भाजपाा ने जिन स्वतंत्र एजेन्सियों की सेवायें ली थी, उन्होंने एक जैसी ही अंदरूनी रिपोर्ट दी। केन्द्र सरकार के तीन फैसले-गैस सिलेण्डर (उज्ज्वला योजना), शौचालय (स्वच्छ भारत) और जनधन खाते, बहुत लोकप्रिय थे, खासकर महिलाओं में।

उज्ज्वला योजना का मई 2016 में शुभारंभ करने के लिए उत्तर प्रदेश के बलिया जिले का चयन किया गया था। यह योजना सरल थी। इसके अंतर्गत, गरीबी की रेखा से नीचे जीवन यापन करने वाले परिवारों को 1600 रुपए प्रति कनेक्शन के सहयोग के साथ पांच करोड़ रसोई गैस के कनेक्शन दिए जाएंगे। ये कनेक्शन घर की महिलाओं नाम से पंजीकृत होंगे।

मुस्लिम प्रधान ने कहा, ''मैं उन्हें पसंद नहीं करता हूं। परंतु यह सही है कि मोदी इस तरह से दस साल के भीतर ग्रामीण इलाकों का कायाकल्प कर देंगे। जिन्हें इन लाभों की जरूरत है उन्हें सीधे मिल रहा है।''

संप्रग ने हालांकि गरीबों के हित वाली अनेक योजनाओं की पहल की थी और इन्हें उन तक पहुंचाने की व्यवस्था में सुधार की आवश्यकता भी महसूस की थी, परंतु मोदी ने ढुलमुल नौकरशाही को फिर से चुस्त दुरुस्त बनाते हुए इनमें से कई योजनाओं पर प्राथमिकता के आधार पर अमल करने के लिए आधार द्वारा उपलब्ध कराये गये नेटवर्क का इस्तेमाल करने के साथ ही अपने राजनीतिक अनुभव का सहारा लिया।[4]

सरकार की मदद के लिए सबसे अधिक जरूरतमंद घरों की पहचान के लिए 2012 में संप्रग-दो के कार्यकाल के दौरान शुरू की गई सामाजिक-आर्थिक

और जाति जनगणना में मिले आंकडों का इन कार्यक्रमों में बड़े पैमाने पर उपयोग किया गया। सामाजिक-आर्थिक और जाति जनगणना के बारे में तर्क दिया जाता है कि यह भारत में गरीबों के बारे में सबसे विस्तृत लेखा जोखा है।

इस जनगणना में बहुत ही सावधानी से बनाये गये अनेक मानदण्डों के आधार पर घरों को वंचित (या वंचित नहीं) के रूप में परिभाषित किया गया है। यह जनगणना चूंकि जनगणना कानून के दायरे से बाहर थी, इसलिए इसके आंकड़ों में वास्तव में व्यक्ति की पहचान सिर्फ संख्या के आधार पर नहीं बल्कि उसके नाम और पते के साथ की गई है। अंततः इसमें राष्ट्रीय स्तर पर करीब दस करोड़ घरों की पहचान वंचित के रूप में की गई। ये भारत के निर्धनतम नागरिक हैं और अब सरकार इन्हें ध्यान में रखते हुए ही इसमें हस्तक्षेप करेगी।[5]

यह बहस का मुद्दा है कि क्या भाजपा की कल्याणकारी योजनाओं का वास्तव में संप्रग की योजनाओं से अधिक असर होगा परंतु यह सवाल नहीं है कि मोदी इनके राजनीतिक महत्व को समझते हैं और इनका चतुराई से इस्तेमाल करते हैं। उन्होंने एक के बाद एक जनसभाओं में अपना ही रास्ता चुना और उज्ज्वला योजना को अपनी इच्छा बताते हुए कहा कि वह चाहते हैं कि उनकी मां की तरह खाना पकाते समय असुरक्षित और अस्वास्थ्यकर परिस्थितियों से दूसरी माताओं को रूबरू नहीं होना पड़े।

अथवा जनधन को ही ले लीजिए। चुनाव के अंतिम पड़ाव में मोदी की जनसभा के लिए जाते हुए मिर्जापुर शहर में ऑटो चलाने वाले एक युवा दलित ने मुझसे कहा कि वह भाजपा को वोट देगा।

उसका तर्क था-"मोदी जी ने खाते खुलवाये हैं।" उसे इससे फर्क नहीं पड़ता कि इन खातों में पैसा नहीं है। वह कहता है, "पैसा तो हमें कमाना है।" वह इस बात से खुश था कि उसका एक बैंक खाता है, इसने उसे सशक्त होने का अहसास कराया, और वह सरकार से यह अपेक्षा नहीं करता था कि वह आएगी और उसके स्थान पर काम करेगी।

उत्तर प्रदेश में भाजपा के एक रणनीतिकार ने कहा, "उज्ज्वला, शौचालय, जनधन बहुत लोकप्रिय हैं क्योंकि यह गरीबों को गरिमा प्रदान करते हैं। और वे इसके लिए मोदी जी को श्रेय देते हैं। या आप मुद्रा को ही ले लीजिये। इससे बाल काटने वाले, पान वाले आदि लघु ऋण ले रहे हैं। अभी तक किसी ने भी इन लोगों को निर्वाचन क्षेत्र का हिस्सा ही नहीं माना था।"

गरीब के हितों की परवाह को लेकर छिड़ी जंग में भाजपा ने बाजी मार ली थी। इस प्रक्रिया में भाजपा के वर्ग आधार में अभूतपूर्व विस्तार हुआ और इसने पार्टी को उन निर्वाचन क्षेत्रों में पैठ बनाने दी जहां पारंपरिक रूप से वह पहले कभी नहीं पहुंची थी।

*

यह बदलाव, हालांकि, अधूरा ही रह जाता परंतु मोदी अनिच्छा से ही सही इस वायदे के लिए तैयार हो गये।

'गरीब समर्थक' इन योजनाओं की लोकप्रियता को प्रमुखता से उजागर करने वाले सर्वेक्षणों में भाजपा नेतृत्व को यह भी दिखाया गया कि किसानों की कर्ज माफी मतदाताओं की एक प्रमुख मांग है। इन सर्वेक्षणों में बताया गया कि इस विषय में मतदाताओं का रुझान तीन प्रतिशत तक झुकाने की क्षमता है। राहुल गांधी ने 2016 में एक यात्रा के माध्यम से इस मांग के इर्द गिर्द जनमत तैयार करने में बड़ी भूमिका निभाई थी लेकिनउन्होंने वास्तव में इस मामले को अधिक महत्व नहीं दिया। परंतु नागरिकों को इस बात की एक झलक मिल गई थी कि यह संभव है।

अनेक नौकरशाहों ने इस बात का जिक्र किया कि मोदी की सोच कल्याण संबंधी सवाल पर उनके पूर्ववर्ती, विशेषकर सप्रंग शासन, से भिन्न है। वह गरीबों से राहत और 'रहमोकरम' की आवश्यकता वाले पीड़ितों के रूप में व्यवहार नहीं करना चाहते, वह संप्रग के दृष्टिकोण को इसी तरह देखते हैं, परंतु वह उन्हें स्वतंत्र शख्सियत के रूप में देखते हैं जिन्हें सशक्त और समक्ष बनाने की आवश्यकता है ताकि वे खुद प्रतिस्पर्धा कर सकें।

कर्ज माफी उनके इस नजरिये में फिट नहीं बैठती। यह एक तरह से 'मुफ्त की रेवड़ी' थी जिसे भाजपा और मोदी तिरस्कारपूर्ण मानते थे।

परंतु राजनीतिक दबाव बहुत अधिक था। प्रदेश इकाई और सर्वेक्षणों ने अमित शाह को यकीन दिलाया जिन्होंने इसे प्रधान मंत्री के साथ आगे बढ़ाया। और ऋण माफी तथा ब्याज रहित ऋण का वायदा अंततः पार्टी के संकल्प पत्र के एक हिस्से के रूप में शामिल किया गया। मोदी का सिर्फ यही निर्देश था कि इसमें सिर्फ उन्हीं तत्वों को शामिल किया जाये जिन्हें लागू किया जा सके। इसके मसौदे को तैयार करने में शामिल राजनीतिक नेताओं से कहा, "ऐसे वायदे मत करो जिन्हें हम पूरा नहीं कर सकें।"

वीरेन्द्र सिंह 'मस्त' ऐसे ही एक नेता थे जिन्होंने किसानों के कर्ज माफी पर जोर दिया था।

भदोही से भाजपा के सांसद, यह कद्दावर ठाकुर नेता पार्टी के किसान मोर्चा केराष्ट्रीय अध्यक्ष हैं। वह 1990 के दशक में उस समय सुर्खियों में आए जब वह एक बार फूलन देवी से संसदीय चुनाव हार गये और दूसरी बार उन्होंने उन्हें पराजित कर दिया। मस्त का इसी दौरान मोदी से परिचय हुआ जब मोदी दिल्ली में पार्टी के पदाधिकारी थे। भाजपा की अंदरूनी राजनीति और एक अन्य ठाकुर नेता के उदय को देखते हुए राजनाथ सिंह ने उन्हें हाशिये पर डलवा दिया। परंतु 2014 में अपनी सीट से विजय हासिल करने के साथ ही उनकी फिर वापसी हो गई। उत्तर प्रदेश के चुनावों में शाह ने उन्हें किसानों के मोर्चे की जिम्मेदारी सौंपी थी।

चुनाव के तुरंत बाद, मस्त मध्य दिल्ली में ली मरीडियन होटल के ठीक सामने अपने आवास में अपने संसदीय क्षेत्र के मेहमानों की आवभगत कर रहे थे। आरएसएस के द्वितीय सरसंघचालक गुरु गोलवलकर और संघ के श्रमिक मोर्चे के पथ प्रदर्शक दत्तोपंत ठेंगड़ी की तस्वीरें उनके आवास की दीवार पर लगी हुई थीं।

मस्त ने उत्तर प्रदेश में कृषि अर्थव्यवस्था और किसानों के केन्द्रीयता के बारे में बता रहे थे। उन्होंने कहा, "गाजियाबाद से लेकर गाजीपुर तक

समूची गंगा-यमुना की पट्टी किसान क्षेत्र है। मोदी किसानों की ताकत समझते हैं। दूसरी बड़ी कंपनियों से इतर ये किसान अपने कर्ज की अदायगी करते हैं। उन्हें कर्ज में रहना पंसद नहीं है। परंतु यह आवश्यक है कि जब वे गंभीर संकट में हों तो उनके लिए खड़ा हुआ जाये।'' इसके साथ ही उन्होंने सिंचाई को बढ़ावा देने, ग्रामीण विद्युतीकरण, फसल बीमा, ग्रामीण इलाकों में सड़कें और खेती के मवेशियों का उदाहरण करते हुए दावा किया कि किसानों के हितों के लिए सरकार द्वारा किए जा रहे अनेक प्रयासों में से यह तो सिर्फ एक है।

वह कहते हैं, ''मैंने ऐसा नेता कभी नहीं देखा जो मोदी के जैसा भरोसा पैदा करता हो। और जब वह कर्ज माफी का वायदा करते हैं, जब वह उत्तर प्रदेश में कृषि का चेहरा बदलने का वायदा करते हैं तो किसान उनका भरोसा करते हैं।''

चुनावों में 'गांव, गरीब, किसान' पर ध्यान देने से चुनाव में बढ़िया नतीजे मिलेंगे। यह नरेन्द्र मोदी की छवि को जमीन से जुड़े आदमी और गरीबों के नेता के रूप सुदृढ़ करने में मदद करेगी। परंतु इसकी परिणति चंद महीनों के भीतर ही भाजपा शासित महाराष्ट्र और मध्य प्रदेश की सरकारों के लिए बहुत बड़ी नीतिगत चुनौती पैदा करेगी क्योंकि इसी तरह से कर्ज माफी की मांग किसानों के बीच से उठेगी। परंतु उत्तर प्रदेश में विमुद्रीकरण के साथ ही केन्द्र सरकार द्वारा गरीबों के लिए योजनाएं शुरू करने की अनुभूति मोदी को उसी रूप में स्थापित करेगी जहां वह होना चाहते थे, गरीबों के मसीहा। यह एक ऐसी छवि है जिसे चार दशक पहले एक और मजबूत प्रधान मंत्री इंदिरा गांधी द्वारा आगे बढ़ाया गया था।

*

आंशिक रूप से मोदी हवा की वजह बिखरे और अविश्वसनीय विपक्ष की मौजूदगी भी है।

दिल्ली विश्वविद्यालय के हिंदू कालेज में स्नातक की पढ़ाई के दौरान के मेरा एक घनिष्ठ मित्र लखनऊ में आज का उभरता हुआ कारोबारी है।

मध्य उत्तर प्रदेश में पुराने कारोबार में दिलचस्पी रखने वाले पारंपरिक बनिया परिवार से आगे निकल कर वह खुद भी एक उद्यमी बनकर उभरा है। उसका परिवार पारंपरिक रूप से संघ और भाजपा का समर्थक रहा है।

हम आठ नवंबर की शाम को लखनऊ के एक होटल में रात्रि भोज कर रहे थे। जैसे ही हमने टेलीविजन चालू किया तो मेरे मित्र के पास संदेश और फोन आने शुरू हो गये। विमुद्रीकरण का यह शब्द अभी चलन में नहीं आया था उसके कारोबार से बड़ा संबंध था। परंतु वह शांत था बड़ा और इसके साथ भी सहज ही था। उसे लगता था कि यह उसके कारोबार सहित सारे कारोबार को अपनी कार्य प्रणाली ठीक करने के लिए बाध्य करेगा।

''दीर्घकालीन स्थिति के लिए यह अच्छा है यार। आखिर कब तक हम भी अपने कारोबार के काले अध्याय को लेकर चिंता करते रहेंगे? यह पुराने कारोबारों को भी वैध रास्ता अपनाने और आधुनिक बनने के लिए बाध्य करेगा। यह सही है।''

परंतु उसका परिवार ऐसा महसूस नहीं करता था।

अगले दो महीने में, जैसे जैसे वे अपनी नकदी को व्यवस्थित करने के तरीके खोज रहे थे वैसे वैसे मुझे उनमें बढ़ रहा असंतोष और आक्रोष सुनाई पड़ने लगा जो नरेन्द्र मोदी के खिलाफ पनपने लगा था। मेरे मित्र ने हंसते हुए कहा, ''वे सभी समझते कि भाजपा उनकी अपनी पार्टी है और यह समझ नहीं सके कि मोदी ने किस तरह उनके साथ विश्वासघात किया है।''

चुनाव संपन्न होने के बाद जब मैंने उससे बात की और पूछा कि उसके नाराज रिश्तेदारों ने किसे वोट दिया, उसका जवाब था, 'भाजपा।' मैं यह जानने के लिए उत्सुक था कि ऐसा क्या बदलाव हो गया था। उसने कहा, ''और किसको देते? राहुल गांधी को?''

एक और उदाहरण देखिए।

द प्रिन्ट, एक स्टार्ट-अप मीडिया, ने युवाओं के मूड के बारे में ख़बर लिखी।

इसने दो कालेजों कानपुर में आमतौर पर शहरी परिवेश वाले छात्रों और पूर्वी उप्र के भदोही, में ग्रामीण परिवेश के छात्रों के वीडियो इंटरव्यू किए। इन छात्रों से यह संकेत देने के लिए कहा गया था कि वे किस नेता के सबसे अधिक प्रशंसक हैं। इसका नतीजा एक जैसा ही था। मोदी के पक्ष में अधिसंख्य हाथ उठे; कुछ छात्रों ने अखिलेश यादव को पसंद किया; भदोही में एक हाथ मायावती के पक्ष में उठा। इनदोनों ही स्थानों पर किसी भी छात्र ने न तो राहुल गांधी की प्रशंसा की और न ही उनका समर्थन किया।

भारत के नागरिक राहुल गांधी को भरोसेमंद नेता के रूप में स्वीकार नहीं कर रहे थे। उत्तर प्रदेश में, जहां राहुल ने अभी तक अपने राजनीतिक जीवन का अधिकांश समय लगाया है वहां मुसलमानों के अलावा कोई अन्य सामाजिक समूह कांग्रेस उपाध्यक्ष को अपने नेता के रूप में नहीं देखता था जबकि मोदी ने अपनी बहुवर्गीय छवि का निर्माण कर लिया था।

उन्होंने लखनऊ के बनियों से अपील नहीं की, उन्होंने गोरखपुर के ठाकुरों से अपील नहीं की, उन्होंने मुरादाबाद के दलितों से अपील नहीं, मिर्जापुर के कुर्मियों से उन्होंने अपील नहीं की, बुन्देलखण्ड के ब्राह्मणों से उन्होंने अपील नहीं की, उन्होंने इलाहाबाद के कुशवाहा से अपील नहीं की, उन्होंने मुजफ्फरनगर के जाटों से भी अपील नहीं की, उन्होंने सहारनपुर के सैनी से अपील नहीं की, उन्होंने संपन्न कारोबारियों से अपील नहीं की, उन्होंने मध्यम वर्ग के शिक्षकों से अपील नहीं की, उन्होंने दिल्ली में टैक्सी चालक के रूप में काम करने वाले युवाओं से, जो वोट देने के लिए लौटे थे, अपील नहीं की, उन्होंने गरीबी की रेखा से नीचे जीवन यापन करनेवाली महिलाओं से अपील नहीं की, उन्होंने कालेज छात्र से भी अपील नहीं की जो रोजगार के लिए तैयार थे।

एक राज्य के बाद दूसरे राज्य में यही सिलसिला दोहराया गया। राहुल गांधी ने किसी समूह विशेष या वर्ग से अपील नहीं की। यदि इसका मतलब यह था कि वह सभी वर्गों और समुदाय तक व्यापक पहुंच वाले नेता थे

जिसने जवाहरलाल नेहरू, इन्दिरा गांधी और राजीव गांधी को एक अलग राष्ट्रीय नेता बनाया और अपने अपने क्षेत्र, जाति, धर्म से संबंधित दूसरे नेताओं पर उन्हें बढ़त दिलाई तो इसने नतीजे दिए होते। परंतु राहुल के मामले में, इसने उन्हें कहीं का नहीं छोड़ा। उनके पास भरोसा करने के लिए कोई अपना मूल आधार नहीं था और वह अपने परिवार के अन्य सदस्यों के जैसा अपना व्यापक आकर्षण भी पैदा नहीं कर सके थे।

राहुल गांधी के अपना आकर्षण बनाने में सफल नहीं होने की एक वजह यह भी थी कि जनता की राय में उन्होंने इसके लिए कुछ भी नहीं किया था।

किसी की भी दिलचस्पी संगठनात्मक सुधारों में नहीं है जो वह युवक कांग्रेस में लाए होंगे जिससे ऐसा नहीं लगता कि पार्टी को कोई लाभ मिला हो। किसी भी दिलचस्पी उनके पिता या उनकी दादी या उनके परनाना में थी। अधिकांश भारतीयों के जहन में इन नेताओं की कोई याद भी नहीं है और उनमें विरासत में मिले विशेषाधिकार को लेकर तिरस्कार की भावना ही बढ़ रहा है।

मतदाताओं की दिलचस्पी उनके रिकॉर्ड में है। और उनके पास दिखाने के लिए कोई रिकॉर्ड नहीं है। वह एक लचर सांसद रहे हैं; वह कभी मंत्री नहीं रहे और उनके पास दिखाने के दिखाने के लिए कोई प्रशासनिक क्षमता भी नहीं है; उनके पास ऐसी कोई महत्वपूर्ण पहल भी बताने के लिए नहीं है जिसका श्रेय वह ले सकें; उनकी मां को राष्ट्रीय ग्रामीण रोजगार गारंटी कानून बनाने के लिए जाना जाता है; और बेरोजगारी सहित सरकार की विफलताओं के संबंध में उनकी आलोचना खोखली लगती है। जनता भी सवाल करती है कि क्या राहुल गांधी दस साल तक सत्ता में नहीं थे? क्या उनका परिवार आजादी मिलने के बाद से अधिकांश समय सत्ता में नहीं था?

इनमें से कई कमजोरियों को सशक्त संगठन के माध्यम से दूर करना संभव हो सकता था।

परंतु ऐसा लगता है कि राहुल गांधी संगठनात्मक व्यक्ति भी नहीं है। अमित शाह ने पिछले तीन साल में जिस तरह से भाजपा का कायाकल्प, जिसे हम अगले अध्याय में देखेंगे, राहुल गांधी का उदय पिछले एक दशक में कांग्रेस पार्टी के खोखलेपन के साथ हुआ है। कांग्रेस उपाध्यक्ष यह तर्क पेश कर सकते हैं कि उनके पास पूरा नियंत्रण नहीं था और 'पुराने लोग', और कांग्रेस पार्टी के अपने हित उन्हें वह नहीं करने देंगे जो वह करना चाहेंगे। लेकिन, एक बार फिर यह नेतृत्व की ही विफलता है। यह उनके ऊपर निर्भर करता है कि वह पार्टी में अपने वर्चस्व वाली स्वाभाविक हैसियत का इस्तेमाल करें, नियंत्रण अपने हाथ में लें, अपना अधिकार दिखाएं, और सभी राज्यों में प्रत्येक स्तर पर एक संगठन तथा नेताओं का एक पूल बनाएं। ऐसा कुछ भी नहीं हुआ।

यदि राहुल गांधी के पास अपना करिश्मा और वाकपटुता का कौशल होता तो ठोस सामाजिक आधार और अपने किसी व्यक्तिगत रिकार्ड या संगठन के बगैर भी काम करना संभव होता। परंतु यह बानगी देखिए।

उत्तर प्रदेश विधान सभा चुनाव प्रचार के दौरान राहुल गांधी ने फरवरी, 2017 के मध्य में बरेली में एक जनसभा को संबोधित किया। अपराह्न करीब दो बजे भीड़ आनी शुरू हो गई थी परंतु कभी भी लहर की तरह नहीं बढ़ी और जब ढाई घंटे बाद राहुल गांधी का हेलीकॉप्टर पहुंचा तो खाली कुर्सियों की कतारें ही वहां थीं।

राहुल गांधी बरेली छावनी से कांग्रेस प्रत्याशी नवाब मुजाहिद खान के लिए प्रचार करने आए थे। इस निर्वाचन क्षेत्र में एक लाख से अधिक मुस्लिम थे। समाजवादी पार्टी के साथ गठबंधन की वजह से कांग्रेस ने सोचा कि उसके यहां कहीं अधिक बेहतर अवसर हैं।

मतदान दो दिन में था और निर्वाचन आयोग के दिशानिर्देशों के अनुसार चुनाव प्रचार शाम पांच बजे बंद होना था। राहुल गांधी जब पहुंचे तो नियमों को देखते हुए उनके पास अपना भाषण समाप्त करने के लिए सिर्फ आधा घंटा ही था। ऐसी स्थिति में जल्दबाजी ही संभव थी।

राहुल गांधी ने अपना भाषण सीधे इस संदेश के साथ शुरू किया कि भारत के सामने सबसे बड़ी चुनौती रोजगार की है। उन्होंने कहा, ''मोदी ने कहा था कि वह दो करोड़ रोजगार का सृजन करेंगे। मैंने संसद में उनसे पूछा, आपने कितने रोजगारों का सृजन किया? एक मंत्री ने कहा कि उन्होंने पहले साल में एक साल रोजगारों का सृजन किया। दूसरे साल में उन्होंने एक भी रोजगार का सृजन नहीं किया।'' उपस्थित भीड़ ने तालियां तो बजायीं लेकिन उसमें उत्साह नदारद था।

परंतु उपस्थित जनसमूह उनसे उस समय पूरी तरह भ्रमित हो गया जब वह एक कहानी बताने लगे जिसका पहली नजर में उनके पहले मुद्दे से कोई संबंध ही नहीं था। वह कहते हैं, ''मैं चीन गया था जहां एक स्थानीय नेता से दोपहर के खाने पर मेरी मुलाकात हुई। मैं उनसे चीन के बारे में पूछता रहा, वह मुझसे हिमाचल प्रदेश के बारे में पूछते रहे। मैं कहा कि अरे भईया भारत इतना बड़ा देश है, आप सिर्फ हिमाचल प्रदेश के बारे में ही क्यों पूछ रहे हैं? और उसने कहा कि हमारी प्रतिस्पर्धा हिमाचल के सेबों से है और वह दिन देखना चाहते हैं जब मेड इन चाइना वास्तुएं वहां बिकेंगी।''

राहुल फिर, ऐसा लगा, इस कहानी के बारे में पूरी तरह भूल गये और विमुद्रीकरण के बारे में बोलने लगे। उन्होंने भीड़ से पूछा, ''क्या आपको मालूम है कि मोदी जी ने नोटबंदी क्यों की? यह आपका पैसा लेकर उसे 50 रईस उद्योगपतियों को सौंपने के लिए।'' नोटबंदी के आर्थिक नतीजों की जानकारी देने के बाद राहुल अपनी कहानी पर लौटे।

उन्होंने अपने भ्रमित करने वाले निष्कर्ष में कहा कि उन्हें उस दिन का इंतजार है जब 'ओबामाजी, अब वह खाली हैं' और चीन में उनके दोस्त मेड इन बरेली, मेड इन उप्र के चिह्न वाले उत्पाद देखेंगे। ''बरेली को उसके मांझा के लिए जाना जाता है। मैं वह दिन देखना चाहता हूं कि जब मैं वापस चीन जाऊं और उसी नेता के साथ भोजन करते हुए हम बरेली के मांझे के बारे में बात करें।''

राहुल के भाषण के सार को समझा जा सकता था। उन्होंने मुख्य

समस्या के रूप में रोजगार के मसले की पहचान की थी। उनका मानना था कि स्थानीय उद्योगों को बढ़ावा और स्थानीय स्तर पर निर्माण इस रोजगार संकट से निबटने का एक रास्ता है। वह यह संदेश भी देना चाहते थे कि ये स्थानीय उत्पाद वैश्विक स्तर पर प्रतिस्पर्धात्मक हो सकते हैं।

अपने आप में यह न्यायोचित था। परंतु यहां तीन समस्याएं थीं।

अपनी कहानी को सरल बनाये रखने की बजाएं उन्होंने इसमें कई पहलुओं को जोड़ कर इसे उपस्थित भीड़ के लिए पेचीदा बना दिया। चीन, हिमाचल प्रदेश, ओबामाजी, सेब पर चर्चा के बाद वह बरेली की अपनी विशेषता पर आए यह निश्चित ही साधारण ही बात को समझाने का अधिक प्रभावी तरीका नहीं था। विमुद्रीकरण के बाद मुरादाबाद में मोदी के प्रदर्शन की तुलना में उनके भाषण में जनता की भावनाओं से जुड़ने वाली बात का अभाव था।

दूसरी समस्या मेड इन बरेली को लेकर थी जो मेक इन इंडिया के मोदी के अपने ब्राण्ड की नकल लग रही थी। कांग्रेस के एक नेता ने बाद में सफाई दी, ''कल्पना कीजिए यदि हमारे पास वास्तविक मेड इन कर्नाटक मॉडल था जिसकी पहचान भी थी, राहुल के लिए इसे बेचना संभव हुआ होता। परंतु इस समय तो ऐसा लगता है कि शायद हम बगैर किसी ठोस पेशकश के सिर्फ मोदी की नकल कर रहे हैं।''

और अंत में, राहुल के भाषण से नजर आता है और देखिए ऐसी स्थिति में मोहभंग के शिकार मेरे कारोबारी मित्र के रिश्तेदार इस ओर आकर्षित क्यों होंगे। वह न सिर्फ गरीब मतदाताओं में अपना पुराना जनाधार बरकरार रखने में ही विफल हो रहे थे बल्कि उनके पास उस मध्यम वर्ग के लिए कहने को कुछ नहीं था जो हो सकता है कि इस चुनाव में अपने विकल्पों को तोल रहा हो। यह ध्यान रखिये कि उप्र के शहरों और छोटे नगरों में बड़ी संख्या में मध्यम वर्ग रहता है।

भाजपा के एक युवा कार्यकर्ता ने राहुल के भाषणों और संदेशों की समस्याओं पर एक बारीक राय पेश की। 'आज का नौजवान अपनी जिंदगी

में 5-4-3-2-1 फॉर्मूला चाहता है–पांच अंक में सैलरी, चार पहिया गाड़ी, तीन बीएचके का फ्लैट, दो बच्चे और एक बीवी। जाति और वर्ग कोई भी हो, उनका मकसद यही होता है। खास कर निम्न मध्य वर्ग में जो पढ़ा लिखा और महत्वाकांक्षी है। क्या आप राहुल के भाषणों में ऐसी कोई बात सुनते हैं जो उनकी आकांक्षाओं के पूरा होने की कोई उम्मीद बंधाती हो? मोदी भले उनसे नहीं मिलते, लेकिन वे उन्हें उम्मीद और प्रेरणा देते हैं कि यह संभव है।'

अपनी कमजोरियों के अलावा, राहुल गांधी के बरेली भाषण ने कांग्रेस पार्टी की संगठनात्मक समस्याओं को भी उजागर किया। इस जनसभा में अपेक्षाकृत कम भीड़ की उपस्थिति से यह भी पता चलता था कि पार्टी के संगठनात्मक तंत्र और जनता को सक्रिय करने की सीमा सीमित थी। लगभग पूरी तरह से मुस्लिम भीड़ की उपस्थिति हो सकता है कि निर्वाचन क्षेत्र की रचना का काम रहा हो परंतु यह दूसरे सामाजिक समूहों के बीच पार्टी की कम पैठ को भी दर्शाता है। बरेली शहर में मिली जुली आबादी है।

कांग्रेस बरेली छावनी सीट से चुनाव हार गई। राहुल गांधी के नेतृत्व में उप्र में पार्टी की यह सबसे बुरी पराजय थी।

*

मोदी की सभी वर्गों से की गई अपील के क्या मायने थे?

गोविन्दाचार्य 1980 के दशक और 90 के दशक की शुरुआत में भाजपा के संगठन में बहुत ही प्रभावशाली नेताओं में शामिल थे। वह अब औपचारिक राजनीति से बाहर हैं परंतु अभी भी संघ के वरिष्ठ विचारक हैं और उन्होंने दशकों के दौरान मोदी का विकास होते देखा है।

वह कहते हैं, ''मोदी की विशिष्टता राजनीतिक मार्केटिंग हैं। उनका मानसिक सांचा साधारण है। राजनीति का मतलब है सत्ता। सत्ता चुनावों से मिलती है। चुनाव छवि का संघर्ष है। और इसलिए राजनीति छवि, संदेशों और संकेतों के इर्दगिर्द घूमती है।''

इसके लिए गोविन्दाचार्य का सुझाव है कि एक नेता में तीन तत्वों

का होना जरूरी है:

प्रतिकूल परिस्थिति में खुद को डटे रखने के लिए आधारभूत सुविधाएं; संसाधन; और प्रौद्योगिकी। वह कहते हैं, ''प्रतिकूल समय में संघ के माध्यम से आधारभूत सुविधाएं उपलब्ध हैं; उनके पास अब पर्याप्त संसाधन हैं; और उनके पास मीडिया और सोशल मीडिया के रूप में प्रौद्योगिकी भी है जो संदेश अग्रसर करने में बहुत ही महत्वपूर्ण भूमिका निभाती है। नरेन्द्र में इसका सम्मिश्रण करने की नैसर्गिक प्रतिभा है।''

इसमें कोई संदेह नहीं कि मोदी की छवि या छवियों का निर्माण ही मोदी हवा बनाने के केन्द्र में है।

संघ के जनाधार के लिए, वह हमेशा ही हिंदू नेता हैं। शहरी मध्यम वर्ग के लिए वह ऐसे व्यक्ति हैं जो विकास और रोजगार लायेंगे और ऐसे राष्ट्रवादी हैं जो पाकिस्तान को सबक सिखाएंगे। हाल ही में संपन्न दिल्ली नगर निगम के चुनावों ही सबूत हैं कि उनके समर्थकों को अभी भी उन पर भरोसा है। गरीबों के लिए, वह ऐसे व्यक्ति हैं जिन्होंने धनवानों से पंगा लिया है और जो उनकी रोजमर्रा की जरूरतों के बारे में सोचते हैं। उन लाखों नागरिकों के लिए जो हर महीने उनकी मन की बात सुनने के लिए जुटते हैं, जो राजनीति से हटकर हैं, नैतिक विज्ञान के शिक्षक हैं, एक गुरु हैं जो शिक्षा दे रहे हैं। अन्य पिछड़े वर्गों के लिए वह उनमें से ही एक हैं। उच्च जातियों के लिए वह एक भारत के उनके सपने को आगे बढ़ा रहे हैं। अक्सर ही यह पंक्तियां एक दूसरे को काटती हैं।

इन सभी छवियों को भुनाना भी काफी मेहनत का काम है। और यही वह बिंदू है जहां मोदी के व्यक्तित्व का दूसरा पहलू ऊर्जा सामने आता है।

बनारस मोदी के अपने लोकसभा संसदीय क्षेत्र-में 2017 के उत्तर प्रदेश विधान सभा चुनावों के अंतिम चरण में मतदान होता है। प्रधान मंत्री शहर और इसके आसपास के इलाकों में तीन दिन चुनाव प्रचार करने का निर्णय लेते हैं। अनेक लोगों ने इसे प्रधान मंत्री की अधीरता के रूप में देखा।

परंतु इसने इस तथ्य को नजरअंदाज कर दिया कि मोदी सिर्फ प्रधान मंत्री ही नहीं थे बल्कि एक जननेता भी हैं। भारतीयों की एक पीढ़ी को विरासत में मिले पद में इस तरह का द्वैतवाद नजर आना बंद हो गया था। सिर्फ 1991 के बाद के प्रधानमंत्रियों पर एक नजर डाल लीजिए।

पी.वी. नरसिंह राव हो सकता है कि अपने गृह राज्य आंध्र प्रदेश में एक जन नेता हों परंतु अपने राज्य के बाहर उनका कोई जनाधार नहीं था और निश्चित ही उत्तर प्रदेश में उनका कोई आकर्षण नहीं था। एच.डी. देवेगौडा कर्नाटक के एक अद्भुत व्यक्ति थे। इन्द्र कुमार गुजराल सिर्फ दिल्ली के इंडिया इंटरनेशनल सेन्टर तक का ही चुनाव जीत सकते थे। अटल बिहारी वाजपेयी 1990 के बाद के दौर में एक मात्र प्रधान मंत्री थे जिनका करिश्माई व्यक्तित्व, सार्वजनिक आकर्षण तो था ही और जिनमें जनता तक सीधे पहुंचने की इच्छा थी परंतु वह अपने जीवन के सातवें दशक में प्रधान मंत्री बने। वह पूरी तरह स्वस्थ नहीं थे और इस वजह से उन्होंने खुद को प्रमुख चुनावों तक सीमित रखा था। मनमोहन सिंह ने लोकसभा का जो एकमात्र चुनाव लड़ा उसमें हार गये और फिर वह चुनाव की दौड़ से दूर ही रहे।

और फिर हुआ मोदी का प्रादुर्भाव जो चुनाव जीतने को ही अपना मुख्य धर्म मानते थे। उन्होंने काफी पहले ही प्रचार शुरू कर दिया और व्यापक जनसंपर्क पर भरोसा किया। उनकी अपनी संगठनात्मक पृष्ठभूमि वह पहले संघ से भाजपा में महासचिव बने जो गुजरात में संगठन का काम देख रहे थे-उन्हें पार्टी की मशीनरी में सबसे ऊपर रखती है। और वह पराजय से डरते नहीं हैं और लड़ाई भागते नहीं हैं।

उत्तर प्रदेश में चुनाव प्रचार के अंतिम दिन, भाजपा अपनी जीत के प्रति आश्वस्त थी। पूर्वान्चल के एक नेता ने, जो प्रधान मंत्री को दो दशक से जानते थे, उनसे इस बात का जिक्र किया कि उनके बनारस में प्रचार को पार्टी की घबराहट के रूप में देखा जा रहा है मानो वह भयभीत है और उनसे पूछा कि उन्होंने ऐसा करने का निर्णय क्यों किया।

मोदी ने जवाब दिया, "चुनाव जंग है और मैं सेनापति हूं। मैं इस

शहर का सांसद भी हूं, मैं यहां अधिक समय व्यतीत नहीं कर पाया हूं और यह मुझे लोगों से जुड़ने का अवसर प्रदान कर रहा है। और इस प्रक्रिया में, यदि पार्टी को भी लाभ होता है तो यह अच्छा ही है।" प्रत्येक चुनाव को महत्वपूर्ण नजरिये से देखना और उसे जीतने के लिए उसकी जिम्मेदारी लेना तथा इसमें असाधारण ऊर्जा लगाना ही मोदी को दूसरों से अलग करता है।

इसने अपने समकालीन समय में मोदी को भारत का सबसे बड़ा जन नेता भी बना दिया। 2014 की इश्कबाजी अब तीन साल बाद पूरी तरह रोमांस का रूप ले चुकी थी। यह पूरे देश में पंचायत से संसद तक के चुनाव जीतने वाली भाजपा है। भारतीय राजनीति का भविष्य इस बात पर निर्भर करता है कि क्या यह प्रेम प्रसंग राष्ट्र के जीवन का एक चरण है या यह इसके बुनियादी स्वरूप को बदलने के लिए लंबे समय तक जारी रहेगा। और क्या लंबे समय तक इसका टिके रहना उस दूसरे व्यक्ति और उन बुनियादी सुविधाओं पर उतना ही निर्भर करेगा जिनका उन्होंने रिश्तों को पल्लवित होने के लिए सृजन किया है अमित शाह।

3

शाह का संगठन

उत्तर प्रदेश में भाजपा को शानदार विजय दिलाने के एक महीने बाद अप्रैल, 2017 में भुवनेश्वर में हुई पार्टी की राष्ट्रीय कार्यकारिणी की बैठक में अमित शाह ने घोषणा की कि यह आराम का समय नहीं है।

उन्होंने पार्टी के लिए प्रत्येक राज्य, विशेषकर दक्षिण और पूरब, जीतने और पंचायत से लेकर संसद तक हर स्तर के चुनाव जीतने का नया लक्ष्य रखा।

यह इस बात का द्योतक था कि नरेन्द्र मोदी और अमित शाह को अपने पूर्ववर्तियों के साथ ही उनके प्रमुख राष्ट्रीय प्रतिद्वंद्वी राहुल गांधी से अलग हैं।

अपार और असीमित महत्वांकाक्षा।

भाजपा के एक अंदर के व्यक्ति, जिसने काफी निकट से नेतृत्व के साथ काम किया था, संक्षेप में बताता है, ‘‘अटलजी और आडवाणीजी उस समय बड़ेहुए जब कांग्रेस का आधिपत्य था।उन्हें हमेशा की भाजपा की प्रादेशिक सीमाओं के साथ सामंजस्य स्थापित करना पडता था। मोदी और शाह दोनों ही भिन्न हैं। वे प्रादेशिक सीमाओं और सामाजिक आधार के मामले में कठोर विस्तारवादी हैं।’’

यह विस्तार उन पारंपरिक गढ़ में चुनाव जीतने के माध्यम से हासिल

किया जहां हाल के वर्षों में उप्र जैसे राज्यों में हो सकता है कि पार्टी डगमगा गई हो; नए भौगोलिक क्षेत्रों को लक्ष्य बनाना जहां पार्टी के विकल्प के लिए राजनीतिक गुंजाइश है, जैसे पूर्वोत्तर; और उन राज्यों में प्रमुख विपक्षी ताकत बनना जहां ऐतिहासिक रूप से वह कमजोर रही, जैसे पश्चिम बंगाल और ओड़ीशा।

यह सब कैसे हुआ?

यदि मोदी का व्यापक जनसंपर्क इस कहानी का एक भाग है तो भाजपा काकायाकल्प करने में 55 वर्षीय अमित शाह का काम इस कहानी का उतना ही महत्वपूर्ण हिस्सा है।

अमित शाह ने संगठन में ऊर्जा का संचार किया; इसकी सदस्यता का विस्तार किया; सावधानी पूर्वक मतदान समितियों को केन्द्र और सारी गतिविधियों का केन्द्र बिन्दु बनाया; एक केन्द्रीयकृत लेकिन फिर भी विकेन्द्रित ढांचा तैयार किया जहां ऊपर से लेकर नीचे तक और दूसरी तरह से भी सूचनाओं का प्रवाह होता है; और फैसले लेने की प्रक्रिया तेज की; संगठन द्वारा अपने हाथ में लिए जाने वाले उन बुनियादी मुद्दों की पहचान करने में मदद के लिए आंकड़ों पर आधारित सूचनाओं के लिए स्वतंत्र व्यवस्था स्थापित की; और यह सुनिश्चित किया कि सभी स्तरों पर नेताओं की जवाबदेही हो।

इनमें से प्रत्येक के लिए अथक प्रयास की जरूरत होती है।

भाजपा की अभूतपूर्व सफलता की गुत्थी सुलझाने के लिए चुनाव प्रबंधन के अमित शाह स्कूल के इन घटकों को सही तरीके से समझना होगा। परंतु इससे पहले इस व्यक्ति को समझना होगा। यह एक कहानी है कि कैसे एक व्यक्ति ने समकालीन भारत में सबसे अधिक विकट चुनाव मशीनरी का सृजन कर दिया।

*

अमित शाह का जन्म 1964 में मुंबई में हुआ था। लेकिन उनका परिवार मूलतः अहमदाबाद के निकट मनसा से था। एक दुर्लभ इंटरव्यू में जहां उन्होंने

अपने प्रारंभिक दिनों के बारे में बताया, शाह ने *हिंदुस्तान टाइम्स* के लेखक पैट्रिक फ्रैंच को बताया कि उनके दादा चाहते थे कि गांव में ही उनका लालन पालन किया जाये।

उनके पड़दादा व्यापार से संबंधित मामलों में मनसा के शासक के सलाहकार हुआ करते थे, परिवार संपन्न था और शाह एक हवेली में बड़े हुए। वह याद करते हुए बताते हैं कि उन्हें औपचारिक पढ़ाई पसंद नहीं थी और संघ की शाखा में खेलने जाने को महत्व देते थे। 'अधिकांश खेलों को इस तरह से तैयार किया गया था जिससे शारीरिक सौष्ठव बढ़े। मुझे देशभक्ति पढ़ाई गई थी। मुझे संस्कार सिखाये गये थे।' वह 15 साल की उम्र में अहमदाबाद आ गये, जैव-रसायन का अध्ययन किया और 18 साल की उम्र तक पहुंचते ही प्लास्टिक और पीवीसी के कारोबार में शामिल हो गया। परंतु शाह संघ की गतिविधियों में काफी अधिक शामिल थे। उन्होंने अखिल भारतीय विद्यार्थी परिषद में काम किया और अंततः भाजपा में आ गये।

उनका राजनीतिक समाजीकरण चुनावों के दस्तूर के साथ शुरू हुआ और उनकी सबसे पहला चुनावी कार्य अहमदाबाद के नारनपुरा वार्ड के चुनाव एजेन्ट के रूप में था। इसके बाद वह 1989 के लोकसभा चुनाव में लाल कृष्ण आडवाणी के लिए चुनाव संयोजक बने।

1997 से, शाह ने खुद अहमदाबाद के सरखेज विधान सभा क्षेत्र से चुनाव लड़ना शुरू कर दिया और अपनी जीत का अंतर 25000 से बढ़ाकर 1998 में 1.30 लाख और 2002 में 1.5 लाख और 2007 में 2.3 लाख तक कर दिया। वह एक बार फिर 2012 में काफी छोटी नवसृजित नारायणपुरा विधान सभा सीट से 60, 000 मतों से विजयी हुए।

उन्होंने सिर्फ अपने ही चुनाव में भूमिका नहीं निभाई बल्कि मुख्य रणनीतिकार और संगठक नरेन्द्र मोदी के नेतृत्व में सभी को एक सूत्र में पिरो कर गुजरात में भाजपा को अधिक बड़ी जीत दिलाई। मोदी की छवि, हिंदू दावे का मिश्रण, क्षेत्रीय गौरव या गुजरात अस्मिता, विकास का वायदा

और सवर्ण जातियों का व्यापक सामाजिक गठजोड, पटेल, अन्य पिछड़े वर्गों का एक बड़ा वर्ग और दलितों तथा आदिवासियों के वोट अनवरत सफलता का मंत्र थे। लेकिन संगठन ने जोड़ने का काम किया। अनेक प्रयोग जिन्हें शाह को बाद में राष्ट्रीय स्तर पर अपनाना था -पार्टी की सदस्यता में विस्तार, राजधानी से बाहर पार्टी पदाधिकारियों की निरंतर यात्रा, जनसंपर्क कार्यक्रम, पार्टी की सभी इकाइयों को ऊर्जावान बनाना गुजरात में पहले ही किए जा चुके थे।

नब्बे के दशक के मध्य में शाह कांग्रेस के गढ़ सहकारिता, जो गुजरात में राजनीतिक ताकत का मुख्य स्रोत था, को ध्वस्त कर नाम अर्जित कर चुके थे। भाजपा अचानक ही गुजरात में सहकारी बैंकों, दुग्ध डेयरी और कृषि विपणन समितियों के चुनाव जीतने लगी। एक दशक बाद उन्होंने ऐसा ही कुछ गुजरात क्रिकेट एसोसिएशन के साथ किया और इसे मोदी के लिए जीत लिया।

परंतु 2010 से शाह को अपने राजनीतिक जीवन के सबसे कठिन दौर से गुजरना पड़ा। न्यायेतर हत्या की साजिश के आरोपी शाह को अपने ही गृह राज्य, जहां वह गृह मंत्री रह चुके थे, में जेल जाना पड़ा। अदालत ने बाद में उन्हें जमानत दे दी परंतु साथ ही दो साल के लिए गुजरात से बाहर निकाल दिया। शाह दिल्ली आ गये और फिर पूरे देश का भ्रमण किया।

वह दिसंबर, 2012 में विधान सभा चुनाव के समय अपने राज्य लौटे जो देश के इतिहास का एक निर्णायक मोड़ था। नरेन्द्र मोदी लगातार तीसरे कार्यकाल के लिए विजयी हुए और उन्होंने नतीजे वाले दिन अपनी राष्ट्रीय महत्वाकांक्षा जाहिर की। भाजपा के वरिष्ठ नेताओं, विशेषकर अपने पूर्व प्रणेता लाल कृष्ण आडवाणी के प्रतिरोध का मुकाबला करते हुए मोदी पार्टी के प्रधान मंत्री पद के प्रत्याशी बनने तक पहुंच गये।

2012 के विधान सभा चुनाव की जीत ने शाह को भी नया जीवन प्रदान किया।

कुछ महीनों के भीतर ही मई, 2013 में शाह को पार्टी का महासचिव

बनाने के साथ ही उत्तर प्रदेश का प्रभारी बनाया गया। शाह को इस राज्य के बारे में कोई जानकारी नहीं थी। अब उनके सामने सबसे चुनौती भरी जिम्मेदारी थी जो यह तय करती कि क्या नरेन्द्र मोदी भारतके प्रधान मंत्री बनेंगे। परंतु सत्ता प्राप्त करने के एकनिष्ठ दृढ़ निश्चय ने उन्हें इसके लिए अच्छी तरह से तैयार किया था।

*

जनवरी, 2014 में अमित शाह को मदद की जरूरत थी। और उन्होंने वही किया जो भाजपा के नेता जरूरत पड़ने पर मदद के लिए करते हैं। उन्होंने संघ से संपर्क किया और उप्र चुनाव अभियान में मदद के लिए एक सहायक की मांग की।

आरएसएस ने एक युवा परंतु संगठन में उभरती प्रतिभा 44 वर्षीय सुनील बंसल को भेजने का निर्णय किया।

मूलतः राजस्थान के बंसल उस समय दिल्ली में अखिल भारतीय युवा परिषद के संयुक्त महासचिव थे। इसने उन्हें छात्र संगठन में तीसरा सबसे ताकतवर व्यक्ति बना दिया। इसका मकसद संघ में नए युवाओं को शामिल करना और उनके वैश्विक नजरिये को साल दर साल प्रभावित करना था।

बंसल उस समय हतप्रभ रह गये जब भाजपा के प्रभारी संघ के संयुक्त महासचिव सुरेश सोनी ने उन्हें हैदराबाद में एक बैठक के लिए बुलाया और यहां उनसे कहा गया कि अपना सामान समेटो और भाजपा में शाह की टीम में शामिल होने जाओ। संघ में जिम्मेदारी का मतलब जिम्मेदारी है। और आप इससे इन्कार नहीं कर सकते।

15 जनवरी, 2014 को बंसल ने दिल्ली में पहली बार शाह से मुलाकात की। शाह ने उनसे उनके परिवार और संगठनात्मक पृष्ठभूमि के बारे में पूछा, यह एक अनौपचारिक बातचीत थी। बंसल ने अखिल भारतीय विद्यार्थी परिषद के काम से उत्तर प्रदेश में समय व्यतीत किया था परंतु वह इस राज्य को अच्छी तरह नहीं जानते थे। शाह ने उनसे कहा कि जाओ राज्य के उन छह मण्डलों -काशी, गोरखपुर, अवध, कानपुर, बुन्देलखण्ड, ब्रज और पश्चिमी

उत्तर प्रदेश, का दौरा करो जिन्हें भाजपा ने अपने संगठनात्मक मानचित्र पर उकेरा है और तीन सप्ताह में लखनऊ में उनसे मुलाकात करो।

अमित शाह ने पांच फरवरी को उत्तर प्रदेश में 250 उन प्रमुख व्यक्तियों की बैठक बुलाई जो लखनऊ में पार्टी कार्यालय में भाजपा की चुनाव मशीनरी का केन्द्र होंगे। इनमें भाजपा के सभी जिलाध्यक्षों, जो लोकसभा के सभी 80 निर्वाचन क्षेत्रों के प्रभारी थे, और राज्य स्तर के प्रमुख लोग शामिल थे।

इस बैठक में शाह ने एक निर्धारित प्रारूप में 20 सवालों पर पदाधिकारियों से रिपोर्ट ली। इनमें अन्य बातों के अलावा प्रत्येक निर्वाचन क्षेत्र में सक्रिय हो चुकी बूथ समितियों की संख्या, महिलाओं, युवा वर्ग, पिछड़ी जातियों को लक्षित करके की गई बैठकों की संख्या और सोशल मीडिया पर पहुंच शामिल थी। दिन भर में 12 घंटे शाह ने प्रत्येक जिले की प्रगति के बारे में दी गई ताजा रिपोर्ट के बारे में सुना। उन्होंने फीडबैक दिया, संतुष्ट नहीं होने पर उनसे पूछताछ की और उन्हें निर्देश दिए।

अंत में शाह ने बैठक में उपस्थित पदाधिकारियों का परिचय सुनील बंसल से कराया और कहा, ''वह चुनावों के प्रबंधन की निगरानी करेंगे। और जब वह कुछ कहें तो यह समझिये कि यह मैं कह रहा हूं।''

बंसल आधिकारिक रूप से उत्तर प्रदेश के राजनीतिक परिदृश्य पर पहुंच चुके थे। वह शाह सबसे नजदीकी सहयोगियों में से एक बनाये जाने वाले थे।

*

उत्तर प्रदेश अमित शाह की जिम्मेदारी थी। उनके सहयोगी के रूप में बंसल को चुनावों का एक विहंगम दृश्य मिल चुका था। किसी और ने पार्टी के भावी अध्यक्ष को काम करते हुए इतने नजदीक से नहीं देखा था।

भारत में अब सबसे अधिक निष्ठुर लोगों में शामिल और बेहद सफल चुनाव प्रबंधक माना जा रहा व्यक्ति किस तरह काम करता है?

बंसल बताते हैं, ''चुनाव पूर्व अमित भाई पहला काम बहुत ही गहराई से वस्तुस्थिति का अध्ययन करते हैं। उन्हें 2013 में ही उत्तर प्रदेश का प्रभार

मिला था। परंतु छह महीने के भीतर ही उन्होंने राज्य के प्रत्येक कोने की यात्रा कर डाली थी। वह प्रत्येक क्षेत्र के मुददों से अवगत थे। वह जानते थे कि कौन सा नेता कहां उपयोगी है।''

व्यापक यात्राओं और 'अध्ययन' ने अमित शाह को चुनावों की तैयारी के लिए बुनियादी दांवपेंचों से सुसज्जित कर दिया था। उनकी समझ में आ गया कि पार्टी संगठन में जंग लगा हुआ है और इसीलिए उन्होंने मतदान केन्द्र स्तर पर समितियां बनाने पर ध्यान केन्द्रित किया। ये पार्टी संगठन की वे सबसे छोटी इकाइयां होती हैं जो मैदान में काम करती हैं जहां किसी भी चुनाव में मत डाले जाते हैं। ये समितियां ही मतदान से पहले समुदाय के लोगों को मत देने के लिए तैयार करने में अहम भूमिका निभाती है और वास्तव में मतदान के दिन मतदाताओं को बाहर आने के लिए प्रेरित करने का काम करके स्थानीय स्तर पर अनुकूल माहौल तैयार करती हैं। उत्तर प्रदेश में, 20 करोड़ से अधिक आबादी वाले इस राज्य में 1.4 लाख मतदान केन्द्र थे, समितियों को सुदृढ़ बनाना आसान काम नहीं होगा। उन्होंने देखा कि स्थानीय नेतृत्व कमजोर है और बुरी तरह से गुटबाजी में उलझा हुआ है और उन्हीं की वजह से पार्टी की लगातार पराजय हुई है इन नेताओं को किनारे लगाना ही होगा, लेकिन यह बंदोबस्त भी करना होगा कि उनमें कोई विद्रोही नही हो। वह यह भी देख सकते थे कि नरेन्द्र मोदी की अपील है परंतु लोग मोदी को ठीक से नहीं जानते हैं। परंतु शाह खुद भी अपेक्षाकृत अनजान व्यक्ति ही थे। ऐसी स्थिति में चुनाव जीतने का एकमात्र रास्ता मोदी का अथक इस्तेमाल किया जाए। यही वह बिन्दु था जब शाह की मशीनरी को तीक्ष्ण चुनाव रणनीतिज्ञ प्रशांत कुमार और गांधीनगर स्थित उनके दल से बहुमूल्य मदद मिली। उप्र चुनाव जीतने के लिए जनसभाओं, होलोग्राम, रथयात्राओं, चाय पर चर्चा, मीडिया, व्हाट्सऐप संदेशों के माध्यम से मोदी घर घर पहुंच गये।

बंसल बताते हैं कि चुनाव में शाह का दूसरा मंत्र सामाजिक संरचना का सावधानीपूर्वक अध्ययन करना था। ''वह प्रत्येक निर्वाचन क्षेत्र की जातीय

गणित से परिचित थे।''

शाह को महसूस हुआ कि पार्टी की सारी गणित गलत है। मुसलमान पार्टी को वोट नहीं देंगे। यादव समाजवादी पार्टी के प्रति ही वफादार रहेंगे। दलित समुदायों में जाटव पूरी तरह मायावती के साथ थे। यह सब मिलाकर आबादी का करीब 40 प्रतिशत थे। भाजपा के पास अन्य 55 से 60 प्रतिशत मतदाता ही थे। और इसके बावजूद, इससे पहले के दशक में पार्टी मुख्य रूप से सवर्ण जातियों-20 प्रतिशत से कम- तक सीमित रही और उसने दूसरी जातियों तक पहुंचने के लिए पर्याप्त प्रयास नहीं किए थे। उन्होंने सवर्ण जातियों को एकजुट करने पर तो ध्यान केन्द्रित किया परंतु पिछड़े वर्गों और दलितों में भी अपनी पहुंच बनायी।

बंसल बताते हैं, ''अमित भाई का अपना स्वतंत्र सूचना तंत्र भी है और वह जानते हैं कि प्रत्येक जिले में क्या चल रहा है। हम हर एक घंटे पर बात किया करते थे और वह अक्सर मुझसे कहते थे कि चेक करो अमुक जगह क्या चल रहा है। मुझे तब वहां कुछ गतिविधियों का पता चलता था।'' यह बताते हुए उनकी आवाज में आदर स्पष्ट झलक रहा था। यह सूचना पार्टी और वैचारिक संगठनों से आयी, यह स्वतंत्र फीडबैक तंत्र से मिली, यह उस पेशेवर टीम से मिली जिसकी सेवाएं वास्तविक वस्तुस्थिति की जानकारी देने के लिए ली जा रही हैं।

इसी विशेषता ने शाह को सारे विवरण पर नियंत्रण प्रदान किया और इस तरह उन्हें अपनी व्यापक रणनीति को माइक्रो तस्वीर के साथ जोड़ने में मदद मिली। वह पूरे दिन बैठकर उप्र के प्रत्येक जिले से विर्निदिष्ट जानकारी प्राप्त कर सकते थे और उसके पहलुओं पर गौर करके स्पष्ट जानकारी देना और किसी भी समय इसकी अपने स्वतंत्र सूचना तंत्र से इसकी पुष्टि कराना चुनाव प्रबंधन के लिए सबसे अधिक महत्वपूर्ण थी।

शाह के दृष्टिकोण का चौथा महत्वपूर्ण पहलू, गुजरात में उनके साथ व्यापक रूप से काम कर चुके लोगों से सूचना प्राप्त कर, चुनाव में विपक्ष के आधार को तार तार करने पर ध्यान केन्द्रित करना रहा है। अपने आप

में यह एक ऐसा तरीका है जिसका प्रत्येक राजनीतिक दल चुनाव से पहले इस्तेमाल करता है। परंतु भाजपा में, एक ऐसी विचारधारा भी है जो बाहरी तत्वों को संदेह से देखती है और इसे वैचारिक रूप से प्रदूषित मानती है। हालांकि अमित शाह के लिए चुनावी बाध्यताएं सर्वोपरि थीं। उन्हें भरोसा था कि इन बाहरी लोगों को स्वीकार कर लिया जायेगा और पार्टी के वैचारिक वैश्विक दर्शन का आत्मसात कर लेंगे।

भरत पाण्ड्या भाजपा की गुजरात इकाई के प्रवक्ता हैं जो विधायक और पार्टी के कार्यालय सचिव रह चुके हैं। उन्होंने नरेन्द्र मोदी और अमित शाह दोनों के साथ ही कई वर्षो तक निकटता से काम किया है। 2014 के चुनाव में, वह बडोदरा सहित मध्य गुजरात के जिलों के प्रभारी थे। बडोदरा वह दूसरी सीट थी जहां से नरेन्द्र मोदी ने चुनाव लड़ा था।

बंसल बताते हैं, ''वह विपक्ष की ताकत को छिन्न भिन्न करने में यकीन रखते है। अमित भाई हमेशा ही आश्चर्य करते हैं कि दशकों से कड़ी मेहनत कर रही भाजपा को अभी तक उस तरह की सफलता क्यों नहीं मिल सकी जो हमें पहले ही मिल जानी चाहिए थी। उनका जवाब है कि यह सब पांच से दस प्रतिशत मतों की कमी की वजह से हुआ। और इसे प्राप्त करने के लिए वह दूसरे दलों से लोगों अपने यहां लाने के लिए तैयार हैं। यह विरोधियों को कमजोर करेगा और हमें ताकत प्रदान करेगा। इससे कम हो रहे मतों की भरपाई होगी।''

और शाह के दृष्टिकोण का अंतिम पहलू साधारण लगने वाली गुणवत्ता है जिसे हम महत्व नहीं देते। वह है- कठोर परिश्रम और ध्यान केन्द्रित करना।

रवीन्द्र जायसवाल ने जो वाराणसी उत्तर से विधायक हैं, 2014 के प्रारंभ में नरेन्द्र मोदी के लोकसभा चुनाव के दौरान शाह के साथ मिलकर काम किया था। वह याद करते हैं कि पार्टी मोदी की रैली के आयोजन की अनुमति के लिए जिला प्रशासन के साथ उलझी हुई थी, तभी यह फैसला किया गया कि वे इसकी बजाये पूरे शहर में मोदी का रोड शो आयोजित करेंगे। वह बताते हैं, ''रोड शो से पहले की रात अमित शाह ने इस आयोजन

के प्रत्येक पहलू की बारीकी से योजना तैयार की। यह काम हमने देर रात तक किया। और फिर उन्होंने मुझसे सवेरे सात बजे रोड शो शुरू होने वाले स्थान परमिलने के लिए कहा ताकि हम इसके रास्ते, इसमें लगी होर्डिंग, लोगों की भीड़ के आने की व्यवस्था पर एक बार फिर गौर कर लें। मैंने हां कहा और घर चला गया।''

जायसवाल ने सही मायने में उस भारतीय परंपरा के बारे में सोचाथा कि सवेरे सात बजे का मतलब सुबह नौ बजे है और अभी भी सो ही रहे थे कि शाम का सवेरे सात बजे फोन आ गया और पूछा कि वह कहां हैं। घबराये हुएउन्होंने कहा कि रास्ते में हूं। 15 मिनट बाद शाह ने फिर फोन किया और तब भी वे तैयार ही हो रहे थे। एक बार फिर उन्होंने झूठ बोला और कहा कि मैं करीब करीब पहुंच ही गया हूं। जब तक वह बैठक वाले स्थल पर पहुंचे तब तक आठ बज चुके थे। उन्होंने बनारस में अपने आलीशान घर में मुझसे कहा, ''अमित भाई अपनी कार में बैठे इंतजार कर रहे थे। वह आदर्श पेश करते हैं।''

बंसल ने इससे सहमति जताते हुए कहा कि उन्हें अक्सर सवेरे ढाई बजे शाह से फोन आ जाता था और फिर सवेरे सात बजे। वह कहते हैं, ''मैंने एक बार उनसे पूछ लिया कि आप सोते कब हैं? अमित भाई ने मुझसे कहा कि वह योग निद्रा-जहां सिर्फ शरीर नहीं बल्कि मस्तिष्क भी शांत होता है और आराम करता है-करता हूं। इसके तीन चार घंटे ही शरीर की स्फूर्ति और पूरे दिन ऊर्जा बनाये रखने के लिए पर्याप्त हैं। उन्होंने मुझसे भी यह करने के लिए कहा।'' और क्या उन्होंने इसका पालन किया? वह हंसते हुए बताते हैं, ''भाई, संघ में सीखा था हमने भी, बस किया ही नहीं!''

लेकिन इससे आगे, किसी भी चुनाव के लिए बहुत ही सावधानी भरे प्रबंधन की आवश्यकता होती है। और यही वजह है कि शाह ने 2014 में मदद के लिए बंसल की ओर देखा।

बंसल ने विभिन्न राज्यों से 60 लोगों को अपने मूल दल में शामिल किया। इनमें से अधिकांश अखिल भारतीय विद्यार्थी परिषद के समय से

उनके सहयोगी थे। उन्हें 19 समूहों में विभक्त किया गया। एक समूह मीडिया पर नजर रखता तो दूसरा भाजपा की ओर से निरंतर सोशल मीडिया पर था; तीसरा समूह पार्टी के वार रूम को देखता था और चौथा निर्वाचन क्षेत्रों से चुनिन्दा नेताओं के लिए मिल रहे अनुरोधों को देखता और उनके प्रचार का समन्वय करता; एक उड्डयन मामले अर्थात सभी प्रमुख प्रचारकर्ताओं के लिए हेलीकॉप्टर की अनुमति लेना तो दूसरा दल के पास प्रशासन के साथ मधुर रिश्ते बनाते हुए आयोजनों की अनुमति लेने की जिम्मेदारी थी। यह प्रत्येक जनसभा के पीछे की नजर नहीं आने वाली एक प्रमुख गतिविधि थी।

वह बताते हैं, "हम पर्दे के पीछे रहकर काम करने वाले थे और नजर आ रहे प्रचार अभियान को सहयोग प्रदान करते थे।" इस दौरान वह एक डायरी भी रखते थे और रोजाना रात में इसमें वह सब लिखते थे जो उन्होंने दिनभर देखा। इसमें पार्टी की ताकत और कमजोरी तथा अमित शाह के चुनाव प्रबंधन स्कूल से मिले सबक शामिल थे।

मोदी हवा, 24 घंटे का प्रचार, बारीकी से किया गया संगठनात्मक कार्य, व्यापक सामाजिक गठंबंधन, और संघ के खून पसीने के प्रयासों ने उप्र में 2014 के चुनावों में भाजपा के पक्ष में सुनामी ला दी। पार्टी ने उत्तर प्रदेश में अपने दम पर 71 सीटों पर जीत हासिल की और उसके एक सहयोगी दल ने भी उसे दो अतिरिक्त सीटें प्रदान कीं।

*

16 मई, 2014 को चुनाव के नतीजों के बाद अमित शाह दिल्ली में सत्ता हस्तांतरण के प्रबंधन में मदद और नरेन्द्र मोदी सरकार में शामिल होने वाले मंत्रियों के नाम चुनने में व्यस्त हो गए।

बंसल भी कुछ दिन के अवकाश पर राजस्थान अपने घर चले गये।

जून में शाह ने उन्हें वापस दिल्ली बुलाया और कहा कि वह संगठन महामंत्री के रूप में उप्र जायें। भाजपा में यह महत्वपूर्ण पद है जिसमें इस पद पर आसीन व्यक्ति के पास पर्दे के पीछे से पार्टी के कामकाज के मामले में असीमित अधिकार होते हैं। राष्ट्रीय स्तर पर राम लाल संगठन महासचिव

थे जो पार्टी के कामकाज का केन्द्र थे। नरेन्द्र मोदी गुजरात में भाजपा के संगठन महामंत्री रह चुके थे। यह पद संघ केपूर्व प्रचारक के लिए सुरक्षित रहता है। सचिव आमतौर पर पार्टी मुख्यालय में ही रहता है और अक्सर वह पार्टी की राज्य इकाई के अध्यक्ष से कहीं अधिक महत्वपूर्ण होता है।

बंसल संकोच कर रहे थे। उत्तर प्रदेश बहुत बड़ा राज्य है; यहां अनेक वरिष्ठ नेता थे जो हो सकता है कि इतने युवा व्यक्ति के साथ सहज नहीं हों, ऐसी स्थिति में फैसला लेना और उन्हें लागू करना कठिन होगा। उन्होंने शाह से कहा कि बेहतर होगा कि उन्हें कोई छोटा राज्य दे दिया जाये। शाह ने इसी पर जोर दिया। बंसल ने उनसे कहा, ''मेरी सिर्फ एक ही शर्त है। आप ही, उप्र के प्रभारी महासचिव, मेरे प्रभारी होने चाहिए।'' शाह ने जवाब दिया, ''बंसल आप जाइये, मैं आपका ध्यान रखूंगा।''

कुछ सप्ताह के भीतर ही अमित शाह राज्य के प्रभारी महासचिव नहीं बल्कि पूरी पार्टी के राष्ट्रीय अध्यक्ष बनने वाले थे। बंसल इस बार जून, 2014 में वापस लखनऊ पहुंचे तो इस स्पष्ट आदेश के साथ कि 2017 का विधान सभा चुनाव जीतना है।

*

अमित शाह को जुलाई, 2014 में पार्टी अध्यक्ष की बागडोर संभालने के साथ ही मैदान में उतरना था। तीन महीने के भीतर दो राज्यों–महाराष्ट्र और हरियाणा– विधान सभा के चुनाव होने थे। शाह के पास पार्टी के लिए दीर्घकालीन योजना थी परंतु उनकी तात्कालिक प्राथमिकता इन राज्यों को जीतने की थी। और इसके लिए उन्हें अपनी रणनीति का उसी तरह उपयोग करना था जिसने लोकसभा में भाजपा के शानदार प्रदर्शन में मदद की थी।

महाराष्ट्र में चुनौतियां बहुत अधिक थीं। भाजपा अपने एक महत्वपूर्ण नेता गोपीनाथ मुण्डे को जून के शुरू में ही एक दुर्घटना में खो चुकी थी। हाल ही मेंकेन्द्र में ग्रामीण विकास मंत्री नियुक्त किए गये मुण्डे महाराष्ट्र में सबसे अधिक गहरी पैठ वाले भाजपा नेता थे। अन्य पिछड़े वर्ग की पृष्ठभूमि वाले मुण्डे उस समय राज्य के उपमुख्यमंत्री थे जब पार्टी शिव सेना के साथ

सत्ता गंवा चुकी थी।

मोदी और शाह ने सीटों के बंटवारे को लेकर उत्पन्न मतभेदों की वजह से तब अपनी पुरानी सहयोगी शिवसेना से संबंध विच्छेद करने का फैसला किया था। लेकिन यह तकनीकी नहीं, एक राजनीतिक मुद्दा था। भाजपा की 2014 के चुनावों में विजय और मोदी तथा शाह के पास बागडोर होने के बादभाजपा अब जूनियर सहयोगी की भूमिका स्वीकार नहीं करेगी। इसका संदेश सभी सहयोगी दलों के लिए स्पष्ट था कि रास्ते पर आजाओ। यह एक ऐसा राज्य भी था जहां भाजपा सारी सीटों पर चुनाव लड़ने के लिए संगठनात्मक दृष्टि से तैयार नहीं थीं; उसने 288 निर्वाचन क्षेत्रों में आधे से अधिक सीटों पर चुनाव में प्रत्याशी ही नहीं उतारे थे।

भाजपा की गतिविधियों पर पैनी निगाह रखने वाले श्रेष्ठ जानकार राजनीतिक पत्रकारों में से एक शीला भट्ट ने लिखा था कि एक बार जब अकेले ही चुनाव लड़ने का निर्णय ले लिया गया तो शाह ने मुंबई के भाजपा कार्यालय में ही डेरा डाल दिया और महाराष्ट्र के 36 जिलों के लिए प्रभारी नियुक्त कर दिए, जिला पार्टी अध्यक्षों के लिए कार्यशालाएं आयोजित कीं, सभी 288 विधान सभा निर्वाचन क्षेत्रों में जीपीएस सुविधा से लैस कार में एक व्यक्ति तैनात किया और उन्हें मतदान संपन्न होने तक अपने अपने क्षेत्र में ही रहने का निर्देश दिया।[6] इसके बाद, शाह ने बहुत ही सावधानी के साथ राज्य में नरेन्द्र मोदी की जनसभाओं की योजना तैयार की क्योंकि वह जानते थे कि यह सिर्फ मोदी हवा ही है जो भाजपा का बेड़ा पार कर सकेगी। प्रधान मंत्री ने 26 जनसभाएं कीं। भाजपा अपनी ताकत बढ़ाने के लिए दूसरे दलों के दलबदलुओं को भी अपनाने में खुश थी।

चुनाव के बाद अंततः पार्टी राज्य में सबसे बडे दल के रूप में उभरी और उसने सरकार बनायी। चुनाव में मोदी हवा की तरह ही भाजपा की कौशलपूर्ण सामाजिक गठबंधन, राजनीतिक संदेश और सरकार विरोधी लहर ने भी अहम भूमिका निभाई। लेकिन यह स्पष्ट लग रहा था कि शाह बहुत बड़ा जोखिम लेने के लिए तैयार थे। चूंकि शिवसेना से सबंध तोड़ने का

उलटा असर हो सकता था, लेकिन इससे उन्हें उन राज्यों में भी चुनावी सुविधाओं का सृजन करने का मौका मिल गया जहां भाजपा बहुत अधिक ताकतवर नहीं थी। हरियाणा का मामला भी कमोबेश ऐसा ही थी। सिर्फ शहरी केन्द्रों तक सीमित रहने और पार्टी का व्यापक संगठन नहीं होने के बावजूद भाजपा चुनाव में सफाया करने में सफल रही।

इसमें कोई संदेह नहीं कि 2014 के बाद मोदी के साथ हनीमून अभी भी सही सलामत था और जीत में यह प्रमुख पहलू था।परंतु सफलता की एक और विशेषता थी। यह वैसा नहीं था जैसे भाजपा पारंपरिक तरीके से काम करती थी या उसे सफलता मिलती थी। रूढ़िवादी टीकाकार और अब राज्यसभा में भाजपा के नामित सदस्य स्वपन दासगुप्ता बताते हैं, "अनवरत संगठनात्मक कार्यों की वजह से चुनाव में सफलता की बजाये...चुनावों में विजय के बाद संगठनात्मक आधार का सृजन किया गया।"[7] वह बताते हैं कि यह समय सारिणी थी जिसने भाजपा को दोनों राज्यों में बाध्य किया। शाह ने दिखा दिया था कि वह लहर पर सवार होकर और चतुर चुनाव प्रबंधन से नतीजे ला सकते हैं। परंतु उनकी महत्वाकांक्षा भाजपासंगठन के विस्तार और उसमें बदलाव से भी कहीं अधिक बड़ी थी।

*

एक नवंबर, 2014 को अमित शाह ने सर्वाधिक महत्वाकांक्षी सदस्यता अभियान शुरू किया जो दुनिया में कहीं भी किसी दल द्वारा किया गया सबसे बड़ा था, इसमें सभी राज्यों के संगठन के प्रमुख व्यक्तियों का आह्वान करते हुए उनके लिए सदस्यता का लक्ष्य निर्धारित किया था। सशक्त भाजपा, सशक्त भारत अभियान में पार्टी के प्रत्येक पदाधिकारी—प्रधान मंत्री से लेकर मतदान समिति कार्यकर्ताओं तक—को शामिल किया गया। इसका एकमात्र लक्ष्य भाजपा में नागरिकों को लाना था।

बाहर के अधिकांश लोग भाजपा के इस सदस्यता अभियान को लेकर सशंकित थे और उन्होंने सोचा कि यह जनसंपर्क कवायद है। विपक्षी नेताओं ने उपहासपूर्ण तरीके से इसे भाजपा को 'मिस्ड कॉल' कहने का अवसर प्रदान

किया। इसमें सिर्फ एक मोबाइल नंबर पर फोन करके ही पार्टी के सदस्य के रूप में पंजीकरण कराया जा सकता था। लेकिन यही पार्टी के विस्तार में एक निर्णायक मोड़ था। इस संबंध में उत्तर प्रदेश को ही ले लीजिये।

दिल्ली से बैठक के लिए लखनऊ आए सुनील बंसल से शाह ने पूछा, "इस बार उप्र कितने सदस्य ब्रनायेगा?" उत्तर प्रदेश में करीब 14 लाख सदस्य थे जिन्हें पुरानी ऑफ लाइन प्रणाली के जरिये फार्म भरने की प्रक्रिया और इसकी औपचारिक रसीद देने के प्रावधान से बनाये गये थे। बंसल हिचकिचाये और जो उन्होंने अपने भरोसे के आधार पर कहा, '50 लाख'। शाह ने अपना सिर हिलाया और कहा, 'नहीं, एक करोड का लक्ष्य रखिये।' बंसल ने दबी जुबान में कहा कि यह काफी मुश्किल लगता है, तो शाह ने जवाब दिया, "करना है, यह करना ही है।"

लखनऊ में पार्टी ने चार आयामी योजना शुरू की।

इस रणनीति का पहला हिस्सा मतदान केन्द्र स्तरों पर काम करने की रणनीति थी। 2014 के चुनावों के 1,41,000 मतदान केन्द्रों में से भाजपा को 13000 मतदान केन्द्रों पर एक भी मत नहीं मिला था। पार्टी का आकलन था कि इनमें से अधिकांश मतदान केन्द्र मुख्यता मुस्लिम बहुल होंगे। पार्टी नेऐसे निर्वाचन क्षेत्रों को सहज ही अपने चुनावी गणित से बाहर रखा था। इन पर समय गंवाने की बजाये पार्टी ने अपनी ऊर्जा शेष मतदान केन्द्रों पर लगाने का फैसला किया। पार्टीने 1, 20,000 मतदान केन्द्रों की पहचान की और मतदान केन्द्र समिति के अध्यक्षों से कहा गया कि उन्हें प्रत्येक मतदान केन्द्र से कम से कम एक सौ सदस्य बनाने होंगे। यह प्रक्रिया भ्रामक रूप सरल थी। घर घर जाएं और इसमें दिलचस्पी दिखाने वाले व्यक्तियों के फोन नंबर से मिस्ड काल भिजवाएं, इसके बाद उन्हें एसएमएस के माध्यम से सदस्यता नंबर मिलेगा और वे पार्टी के प्राथमिक सदस्य बन जायेंगे।

बंसल ने मुझे बताया कि एक महीने के भीतर ही उप्र में एक लाख मतदान केन्द्रों पर यह सदस्यता अभियान सफल रहा था। वे शाह द्वारा निर्धारित लक्ष्य के काफी नजदीक करीब 80 लाख सदस्य बनाने में सफल

हो गये थे।

उप्र की सीमा से लगे बिहार के पश्चिम चंपारण जिले में वरिष्ठ पत्रकार अभय मोहन झा ने इस पर सवाल उठाया, ''क्या हमें इस संख्या पर भरोसा करना चाहिए?'' उन्होंने लिखा कि उन्हें किस तरह से पार्टी में स्वागत करते हुए फोन कॉल और एक एसएमएस मिला। जब उन्होंने जवाब दिया कि वह सदस्य बनने के इच्छुक नहीं हैं, तो उन्हें एक दूसरा लिखित संदेश मिला जिसमें कहा गया था कि वह अपने परिवार के सदस्यों को भी इसमेंशामिल होने के लिए प्रेरित करें। पत्रकार होने के नाते झा ने बिहार में भाजपा नेता सुशील मोदी से बात की जिन्होंने संकोच के साथ उनसे कहा कि तकनीक गूंगी और बहरी होती है और वह इसमें सुधार करायेंगे। झा का नाम सदस्यता सूची से निकाल दिया गया।

लेकिन इस तरह की घटनाओं पर भाजपा ने जोर देकर कहा कि यह अपवाद हैं।

इस कवायद का असली उपयोग तो कहीं और होना था। बंसल ने मुझे बताया, ''सोचिए इस कवायद ने क्या किया। इसने मतदान केन्द्र के स्तर पर समितियों को सक्रिय किया जो आमतौर पर चुनावों के बीच की अवधि में निष्क्रिय ही रहती हैं। इसने हमारे कार्यकर्ताओं को बाहर निकल कर क्षेत्र के लोगों से परिचय बढ़ाने और उनसे संपर्क स्थापित करने के लिए बाध्य किया। और इसी वजह से भाजपा हर जगह नजर आने लगी।''

लेकिन लक्ष्य अभी भी पूरा नहीं हुआ था।

इसका दूसरा हिस्सा व्यक्तिगत रूप से लोगों को लक्षित करके उन्हें पार्टी का सदस्य बनाना था। मतदान केन्द्र स्तर के अभियान ने कार्यकर्ताओं को एक क्षेत्र विशेष तक सीमित कर दिया था। अब भाजपा कार्यकर्ताओं से कहा गया कि वे, परिवार के सदस्यों, पड़ोसियों, किसी को भी सदस्य बना सकते है। सभी को एक बार फिर सौ नए सदस्य जोड़ने के लिए दौड़ लगानी पड़ी।

इस रणनीति का तीसरा हिस्सा ब्लॉक स्तर पर शिविर लगाने से संबंधित

था। उत्तर प्रदेश में बहुत अधिक अंतर्राज्यीय विस्थापित हैं। महिलाओं की शादी उनके गांव से बाहर होती है और वे अपना घर बदलती हैं; आदमी रोजगार के लिए जाते हैं; छात्र कॉलेज की शिक्षा के लिए बड़े शहरों में चले जाते हैं। भाजपा के बैनर के साथ एक शिविर का उद्देश्य इस वर्ग को आकर्षित करना था।

मतदान केन्द्र, व्यक्तिगत और शिविर केन्द्रित प्रयासों के अलावा पार्टी ने हिंदू समाज के प्रत्येक वर्ग को छूने के मकसद से 'स्वस्पर्शी' अभियान चलाया। अन्य पिछड़े वर्गों और दलित समुदाय से 780 कार्यकर्ताओं की पहचान की गई और उन्हें राज्य में उन जगहों पर भेजा गया जहां उनकी अपनी जातियों के सदस्य बड़ी संख्या में थे। इसका उद्देश्य पार्टी का उन वर्गों की आबादी तक पहुंचना था जो अभी तक भाजपा के स्वाभाविक मतदाता नहीं थे। मार्च 2015 तक राज्य में भाजपा के नए सदस्यों की संख्या 1. 8 करोड़ थी जो शाह द्वारा निर्धारित लक्ष्य का लगभग दुगुना था। पार्टी में इसे उप्र मॉडल के नाम से जाना गया। इसने बंसल के अपने अंदाज में ही एक संगठक के रूप में पहुंचने की शुरूआत भी की। इस अवधि में उन्होंने प्रदेश के प्रत्येक जिले का दौरा कर लिया था; उन्होंने सभी चार अभियानों की योजना तैयार की थी और उन पर अमल भी किया था।

उप्र के अनुभव ने यह अहसास कराया कि मैदान में किस तरह से सदस्यता अभियानपर अमल किया जा सकता है। यद्यपि उप्र ने पार्टी की झोली में सबसे अधिक नए सदस्य दिए थे, फिर भी यह अभियान उप्र केन्द्रित नहीं था। यह अभियान के दूसरे राज्यों में भी चलाया गया और इसे अलग अलग सफलता मिली।

मसलन, झारखण्ड को ही लें, जहां सदस्यता अभियान शुरू होने के तुरंत बाद 2014 के अंत में चुनाव हुए, अमित शाह ने अपनी रैलियों में टोल फ्री नंबर पढ़कर सुनाये और लोगों से इस पर फोन करने का आह्वान किया। बिहार में पार्टी ने 50 लाख नए सदस्य बनाने का लक्ष्य रखा। महाराष्ट्र में नेताओं ने दावा किया कि उन्होंने 2015 के मध्य तक एक करोड़ से

अधिक नए सदस्य बनाये।

30 मार्च तक एक समाचार में कहा गया कि भाजपा नौ करोड़ नए सदस्य बनाने में सफल रही है। पार्टी ने दस करोड़ सदस्यों का लक्ष्य पूरा करने के लिए इस अभियान को एक महीने के लिए और बढ़ा दिया था। पत्रकार संजय सिंह ने इस संदर्भ में लिखा, 'पूरी कवायद दूसरे मायने में भी भाजपा के लिए बहुमूल्य रही है। पार्टी ने अपनी मिस्ड कॉल सदस्यता अभियान पर अमल के लिए जो तकनीक अपनायी उसने भाजपा को विशाल डाटा बैंक भी उपलब्ध कराया जिसका उपयोग नरेन्द्र मोदी के भविष्य के कार्यक्रमों में जनता तक पहुंचने के लिए हो सकता है। यह भाजपा को उन राज्यों में भी पहुंचने में मदद करेगा जहां उसकी संगठनात्मक ताकत सीमित है।''[8]

यह अभियान समाप्त होने तक भाजपा ने अपना लक्ष्य हासिल कर लिया था। कुछ रिपोर्ट में कहा गया था कि पार्टी का यह दावा बढ़ा-चढा करकिया गया है। स्वतंत्र रूप से पार्टी के इस दावे की पुष्टि करना मुश्किल था कि वह अब दुनिया का एक सबसे बड़ा राजनीतिक दल है, परंतु भले ही इसमें कुछ संदेह हो फिर भी यदि उसके दावे से कुछ लाख संख्या कम भी हो तो भी संगठन का व्यापक विस्तार हुआ था।

इस अभियान के असली हीरो अमित शाह थे। उन्होंने सदस्यता अभियान शुरू किया था जिसे अधिकांश लोगों ने नाटक बताते हुए नकार दिया था, परंतु यह कम से कम कागजों पर ही दस करोड़ सदस्य बनाने के साथ संपन्न हुआ। पार्टी को लोकसभा चुनाव में करीब 17 करोड़ मत मिले थे, इसलिए यह चौंकाने वाला आंकड़ा था। शाह ने पार्टी में ऊपर से लेकर नीचे तक नईऊर्जा का संचार किया और एक समान मिशन दिया। अतः चुनाव में अभूतपूर्व विजय के तुरंत बाद पार्टी की मशीनरी आत्ममुग्धता की अवस्था में आकर आसानी से थोड़ा शिथिल हो सकती थी, परंतु पार्टी की सदस्यता अभियान ने ऐसा करने से रोक दिया।

लेकिन यह यहीं नहीं रुका।

मई, 2015 में भाजपा ने फैसला किया कि सदस्यता अभियान के बाद अब 'महासंपर्क अभियान' चलाया जायेगा। कार्यकर्ताओं को अब वापस जाकर उन लोगों से संपर्क करना था जिन्हें उन्होंने सदस्य बनाया था और उनसे विस्तृत फार्म भरवाने थे जिसमें आयु, आर्थिक स्थिति, पेशा, परिवार में सदस्य और लिंग जैसी अनेक जानकारियां मांगी गई थीं। यह एक प्रकार से पुष्टिकरण और यह पता करने की प्रक्रिया थी कि कहीं इसमें बड़े पैमाने पर विसंगतियां तो नहीं हैं।

उप्र वापस आने पर बंसल ने खुद भी लखनऊ स्लम में एक मतदान केन्द्र की जिम्मेदारी ली थी जहां उन्होंने एक सौ सदस्य बनाए थे। अब, वह लोगों से फार्म भरवाने के लिए वापस मतदान केन्द्र गये। उन्होंने महसूस किया कि यह काफी समय लेने वाली पेचीदा प्रक्रिया है और प्रत्येक फार्म भरने में 40 मिनट या इससे अधिक समय लगा। इससे स्पष्ट था कि यह पुष्टि करने और सदस्यों से संपर्क करने का यह अभियान उन्हें सदस्य बनाने जैसा सफल नहीं होगा।

फिर भी, भाजपा 40 लाख फार्म भरवाने में सफल रही जिनमें आवेदक की विस्तृत जानकारी थी। यह आंकड़े चुनावों के लिए अब एक नया हथियार था और यह कवायद बहुत ही उपयोगी थी।

सदस्यता अभियान और संपर्क अभियान एक साथ शुरू करने से राज्यों में भाजपा का संगठन पुनर्जीवित हो गया। गुजरात, मध्य प्रदेश, छत्तीसगढ जैसे राज्यों को छोड़कर, जहां भाजपा काफी लंबे समय से सत्ता में है, अन्य राज्यों में पार्टी का ढांचा खस्ताहाल था। लोकसभा के 2004 के चुनाव में पराजय और 2009 में हुए सफाये के बाद किसी ने भी संगठन में इतने बड़े पैमाने पर समय नहीं दिया था। पार्टी बमुश्किल नए सदस्य बना पायी थी। मैदान में तो यह कहीं नजर ही नहीं आ रही थी। अधिकांश राज्यों में उसका वोट प्रतिशत कम हो गया था। यह मुश्किल से ही एक पार्टी थीबल्कि इसके इतर यह प्रत्येक जिले में विभिन्न गुट के नेताओं के प्रति वफादार लोगों का समूह बन कर रह गई थी। इसलिए 2014 की जीत पार्टी

संगठन की उतनी बड़ी विजय नहीं थी जितनी कि व्यक्तिगत रूप से नरेन्द्र मोदी की, उनके स्वतंत्र अभियान की व्यवस्था, और संघ से मिल रहे समर्थन की थी। अमित शाह और उनके दल ने संगठनात्मक विस्तार करके भाजपा का आधार बढ़ाया, पार्टी संगठन को पुनर्जीवित किया, पुराने नेताओं को किनारे लगाया, बेशुमार आंकड़े एकत्र किए और यह सुनिश्चित किया कि 2014 का चुनाव सिर्फ अचानक मिली सफलता भर नहीं रहेगी।

*

2015 की शेष अवधि के लिए पार्टी ने अंदरूनी स्थिति पर गौर करने का निर्णय लिया। सदस्यता के विस्तार और संपर्क अभियान के बाद अमित शाह का ध्यान अब पार्टी में प्रशिक्षण पर था।

यदि सदस्यता अभियान का उद्देश्य राज्य भर में भाजपा की उपस्थिति दर्ज कराना और सत्ता के लिए खुद को मजबूत दावेदार के रूप में पेश करना था तो उसका दूसरा चरण पार्टी की आंतरिक व्यवस्था को चाक चौबंद करना, कौशल का विकास करना और नए सदस्यों में पार्टी के सिद्धांतों को समझाना था।

पार्टी के प्रशिक्षण शिविर आयोजित किए गये, कार्यकर्ताओं और नए सदस्यों को पार्टी के सिद्धांतों से रूबरू कराया गया। पार्टी में पहले मतदान केन्द्र से लेकर ब्लाक स्तर तक और फिर जिले तथा राज्यस्तर पर संगठनात्मक चुनाव कराये गये।

उप्र में संगठनात्मक ढांचे को दुरूस्त करते समय भाजपा ने ब्लॉक और बूथ के बीच एक और स्तर को सुदृढ़ किया। यह सेक्टर स्तर समितियां होंगी। प्रत्येक सेक्टर करीब एक दर्जन मतदान केन्द्रों का प्रभारी होगा। इस प्रक्रिया से पार्टी ने 13500 सेक्टर इकाइयों को सक्रिय किया।

इस तरह, नेताओं का एक पूल तैयार किया गया जो प्रचार में जाने के लिए तैयार थे। संगठनात्मक चुनावों के माध्यम से सबसे अधिक महत्वपूर्ण बदलाव भाजपा के पदाधिकारियों के जातीय समीकरण में था। मुख्य रूप से सर्वण जाति की पार्टी से उत्तर प्रदेश की इकाई कहीं अधिक सर्वहारा

इकाई में तब्दील हो चुकी थी। (इसके बारे में अगले अध्याय में विस्तर से चर्चा की जायेगी)

लेकिन क्या संगठनात्मक चुनाव उस व्याप्त की धारणा के लिए महज दिखावा थे जिसे लगता था कि भाजपा एक केन्द्रीयकृत पार्टी है जिसके सारे फैसले सबसे ऊपर अमित शाह द्वारा ही लिए जाते हैं? सुनील बंसल इस तरह की दलीलों को पूरी दृढ़ता से खारिज करते है और मुझसे कहा कि संगठनात्मक ढांचा ही खुद को विकेन्द्रीकृत फैसले लेने वाला बनाता है।

बंसल कहते हैं, "कोई भी 24 करोड़ लोगों वाले उप्र जैसे राज्य में अपने आप एक पार्टी नहीं चला सकता है। देखो, मैं एक संगठनात्मक सिद्धांत का पालन करता हूं जो काफी समय पहले मैंने एक किताब में पढ़ा था कि निर्णय लेने वालों में अपने से एक स्तर नीचे के लोगों को शामिल करो और अपने से एक स्तर ऊपर के प्राधिकारी को रिपोर्ट करो। भाजपा में भी निर्णय लेने का ढांचा व्यापक रूप से यही है।"

शाह ने एक बार कहा था कि वह घंटे के अंदर उत्तर प्रदेश में ग्रामीण स्तर से लेकर लाखों लोगों पर अपना संदेश भेज सकते हैं। बंसल इस बारे में विस्तार से बताते हैं, "यदि कोई संदेश है तो अमित भाई हमसे कह सकते हैं। मैं यह जोनल प्रमुखों से बात कर सकता हूं और वे सेक्टर और मतदान केन्द्र स्तर पर बात कर सकते हैं।अमित भाई जोनल प्रभारी से बात नहीं करेंगे; मैं जिला अथवा मतदान केन्द्रों के लोगों से बात में शामिल नहीं होऊंगा।" वह तर्क देते हैं कि यह सहज लगता होगा परंतु इसने पार्टी में कुछ सामन्जस्यता प्रदान की है। इसने निचले स्तर को स्वायत्तता दी है और जवाबदेही के स्तर बनाये हैं।

शाह और बंसल के बीच बेहतरीन कामकाजी रिश्तों के कारण हो सकता है कि यह उप्र में सफल हो गया हो। परंतु निर्णय लेने की प्रक्रिया पार्टी में अधिक जटिल है। पार्टी संगठन में निश्चित ही एक नई संस्कृति आयी है और इसने जटिलता को जन्म दिया है।

शाह पार्टी के मुखिया थे; केन्द्रीय पदाधिकारियों अपनी अपनी राज्यों

के प्रभारियों की अपने क्षेत्र में चलने वाले अभियान के प्रबंधन के मामले में प्रमुख भूमिका थी; राष्ट्रीय स्तर पर संगठन के प्रभारी महासचिव, जो आरएसएस से होते हैं, सभी राज्यों को आदेश दे सकते थे; संगठन के सभी अव्ययों का कामकाज; प्रत्येक राज्य में राष्ट्रीय स्तर के नेता राज्य इकाई के अध्यक्ष और संगठन महासचिव से संवाद करते हैं और यदि पार्टी सत्ता में है तो मुख्यमंत्री से संवाद करते हैं; राज्य के ये वरिष्ठ पदाधिकारी फिर उनके अंतर्गत आने वाले क्षेत्रों, जिलों, और मतदान केन्द्रों का प्रबंधन देखते हैं।

लेकिन व्यवहार में, यह व्यवस्था असंतुलित तरीके से काम करती है। इसमें केन्द्रीय और राज्य स्तर के पदाधिकारियों के बीच व्यक्तिगत तालमेल मायने रखता था। क्या अमित शाह ने यह भरोसा किया कि राज्य अध्यक्ष अपने आप नतीजे दे सकते हैं? क्या राज्य स्तर के संगठन मुखिया के पास वही कौशल है जो बंसल में है? क्या राज्य का नेता अपने आप में ताकतवर था या मोदी और शाह के संरक्षण की वजह से उसे ऐसी स्थिति प्रदान की गई थी? ये सब तय करेंगे केन्द्र का नियंत्रण और राज्य को कितनी स्वायत्तता दी जा सकती है। मोदी के समर्थन और शाह के ट्रैक रिकार्ड से एक बात साफ है कि पार्टी में शाह की ताकत बढ़ी है और सत्ता के कई केन्द्रों और अलग अलग प्राधिकार का दौर खत्म हो गया है।

इसमें संदेह नहीं कि इससे अहं को आघात लगता है, मौजूदा वरिष्ठता बाधित होती है और असंतोष पैदा होता है। भाजपा में अनेक नेता उनसे कई साल जूनियर शाह के अधीन दूसरे दर्ज की भूमिका को लेकर नाराज हैं। अफवाह है कई वरिष्ठ कैबिनेट मंत्रियों कोपार्टी अध्यक्ष और उनके विश्वासपात्रों से आदेश लेने पड़े। शाह का मुंहफट, अक्सर अहंकारी, अंदाज है जिससे असहता बढ़ती है। उनके प्रमुख सहायक वे नेता हैं जिनका अपना कोई जनाधार नहीं है और यह उन लोगों में आक्रोष पैदा करता है जो यह समझते हैं कि राजनीतिक दृष्टि से अधिक अनुभवी हैं।

भाजपा बीट के एक संवाददाता, जिसने सालों में पार्टी में हो रहे बदलाव

को देखा है, कहता है, 'इसमें कोई संदेह नहीं है कि लाल कृष्ण आडवाणी और मुरली मनोहर सरीखे वयोवृद्ध नेताओं से लेकर पार्टी के पूर्व अध्यक्ष राजनाथ सिंह जैसे और सुषमा स्वराज सरीखे वरिष्ठ नेता और वसुन्धरा राजे जैसे मुख्यमंत्री भी अमित शाह के साथ सहज नहीं हैं। परंतु उनके पास कोई विकल्प नहीं है। उन्हें सिर्फ मोदी का ही समर्थन हासिल नहीं है बल्कि वह अपनी तरह से परिणाम भी दे रहे हैं। और जब तक वह नतीजे दे रहे हैं, वे कुछ नहीं कर सकते।'

लेकिन एक ऐसा भी साल था जब वह नई संगठनात्मक संस्कृति की स्थापना कर रहे थे, अमित शाह नतीजे नहीं दे रहे थे। पार्टी अध्यक्ष के लिए 2015 एक गंभीर झटका देने वाला साल बन गया था।

*

जब सदस्यता अभियान जोर पकड़ रहा था, उसी दौरान 2015 के शुरू में भाजपा ने दिल्ली का चुनाव लड़ा। भाजपा संगठन के कार्यक्रम के अनुरूप जब सदस्यता अभियान, संपर्क अभियान और प्रशिक्षण का कार्यक्रम समाप्त होने वाला था तो उसने 2015 के अंत में बिहार का चुनाव लड़ा।

इस तरह की मशीनरी के सृजन और इतने बड़े पैमाने पर व्यवस्था के बगैर ही महाराष्ट्र, हरियाणा तथा यहां तक कि झारखण्ड के चुनाव जीतने के बावजूद भाजपा दिल्ली और बिहार जैसे राज्यों में विफल क्यों हो गई?

इसका जवाब आसान है। संगठन तो चुनावी गठित का एक अंग है। यह मूल नहीं बल्कि पूरक है। अन्य पहलुओं के साथ ही मूल मुद्दा नेतृत्व का आकर्षण, सामाजिक गठबंधन,और विपक्ष की स्थिति होता है। उदाहरण के लिए, दिल्ली में पार्टी के मुख्यमंत्री पद के लिए किरण बेदी के चयन का संगठन पर नकारात्मक असर हुआ- पार्टी के पुराने कार्यकर्ता उनके प्रति इतना वफादारी नहीं जुटा सके और उनके लिए काम नहीं कर सके; अधिकांश बाहर निकले ही नहीं। बिहार में सर्वाधिक जोर संगठन और अप्रत्याशित रूप से उसकी तैनाती पर रहा परंतु व्यापक सामाजिक आधार और सशक्त स्थानीय नेतृत्व का अभाव मुख्य कारण रहे।

शाह के लिए ऐसा सोचना सरल होगा कि इससे पहले के साल में संगठन को सुदृढ़ बनाने के उनके प्रयास व्यर्थ हो गये; कि क्या वह कुछ गलत कर रहे थे; कि यह सत्ता प्राप्त करने का रास्ता नहीं था। इसके बाद भी, यदि संगठन अपने आप में पर्याप्त हथियार नहीं था तो भी यह आवश्यक हथियार है। अतः अमित शाह ने दिल्ली अथवा बिहार के नतीजे को उन्हें हताश नहीं करने दिया। वह जानते थे कि अपनी प्रतिष्ठा बचाने, और यह साबित करने के लिए कि 2014 के चुनाव के नतीजे सिर्फ तुक्का नहीं थे, उनके पास एक ही रास्ता था कि उप्र में काम में जुट जाओ।

*

2016 के शुरू में ही शाह अपने 40 सूत्री कार्यक्रम के साथ लखनऊ पहुंच गये जिन पर पार्टी को ध्यान देना था। इसमें अन्य बातों के साथ ही नए मतदाताओं को लक्षित करना; यह सुनिश्चित करना कि मतदान केन्द्र स्तर की समितियां काम कर रही हैं; दलितों और अन्य पिछड़े वर्गों सहित दूसरे हिस्से पर ध्यान देना; केन्द्र सरकार के कामों को प्रचारित करने के तरीके खोजना; पार्टी के सांसदों को अपने संसदीय क्षेत्र के विधान सभा हिस्सों में काम करने के लिए लाना और उन मूल मुद्दों की पहचान करना जो पार्टी का केन्द्रीय मंच बनेंगे।

इस पर अमल की जिम्मेदारी राज्य की टीम पर छोड़ दी गई थी और अमित शाह इस पर पैनी नजर रखे थे। और वे एक एक करके इस काम में जुट गये।

उन मुद्दों की पहचान करने लिए, जो मतदाताओं और उनकी मुख्य चिंताओं को प्रतिध्वनित करते हों, तो भाजपा ने भी चुनावी राजनीति में अधिकांश दलों की तरह ही स्वतंत्र एजेन्सियों से सर्वेक्षण कराने का तरीका अपनाया। वे छह मुद्दों के साथ वापस आए जो जनता के दिलो दिमाग पर छाये हुए हैं। इनमें कानून व्यवस्था, महिलाओं की सुरक्षा, भ्रष्टाचार, रोजगार, पलायन और 'तुष्टिकरण' शामिल थे।

सपा सरकार कार्यकाल के अंत में यह आश्चर्यजनक नहीं था, ये मुद्दे

जनता के दिमाग में छाये रहते थे। इलाहाबाद के एक स्थानीय समाचार पत्र प्रयागराज एक्सप्रेस के संपादक और राज्य की राजनीति के अंदरूनी विश्लेषण करने वालों में शामिल अनुपम मिश्रा इस बारे में स्थिति स्पष्ट करते हैं। वह कहते हैं, "सपा के शासन में प्रत्येक जिले का नेता खुद को मुख्यमंत्री समझता है। वह अपनी ताकत का इस्तेमाल करता है और जिला प्रशासन को प्रभावित करता है। वह इन पर दबाव बनाने के लिएलखनऊ फोन करता है और स्थानीय कारोबारियों से किराया और संसाधन की वसूली करता है। और इसी वजह से बसपा के उलट, जहां अधिकार और भ्रष्टाचार दोनों ही पूरी तरह केन्द्रीकृत है, सपा के शासन में यहां भ्रष्टाचार और गुण्डागर्दी कालोकतंत्रीकरण हो गया।"

इसका मतलब यह हुआ कि उप्र का प्रत्येक निवासी किसी न किसी तरह से सपा के कुशासन से प्रभावित है। अगर निष्पक्ष हो कर देखें तो 2016 में उप्र की यात्रा करने वाले हम सभी को ऐसा लगा कि मुलायम सिंह का कार्यकाल समाप्त होने पर जो सरकार विरोधी भावना होती थी उससे कहीं कम अखिलेश यादव के खिलाफ नजर आ रही थी। परंतु एक व्यक्ति-जिसे सकारात्मक नजरिये से देखते हैं- और शेष पार्टी, जिसे अराजकता को बढ़ावा देने वाले रूप में लिया जाता है, अंतर होता है।भाजपा के लिए अपना प्रचार इसी के इर्द गिर्द केन्द्रित करने के लिए इतना ही पर्याप्त था।

भाजपा का चुनाव अभियान व्यापक रूप से भ्रष्टाचार और गुण्डागर्दी इन दो मुद्दों के इर्द गिर्द ही रहेगा। बंसल ने बताया, "इस अवसर पर हमने नारा दिया ना गुण्डाराज, ना भ्रष्टाचार, इस बार भाजपा सरकार।"

भाजपा ने मतदाताओं के पंजीकरण का अभियान भी चलाया। इसका गणित साधारण था। पहली बार मतदान करने वाले अधिकांश मतदाता मोदी को पसंद करेंगे। परंतु यह काम पार्टी के तत्वाधान में नहीं किया, इसकी बजाये एक तटस्थ ही नजर आने वाले गैर राजनीतिक संस्था के तत्वाधान में यह किया गया। इसे नाम दिया गया था, "यस, आई एम 18।' इस अभियान के अंतर्गत नए मतदाताओं का मतदाता सूची में पंजीकरण कराने

के लिए उनसे फार्म 6 भरवाने के लिए 600 कार्यकर्ताओं को लगाया गया था।

बंसल बताते हैं कि इस प्रायोगिक प्रक्रिया के जरिये हमें सबसे अच्छी कार्यप्रणाली और जो युवा मतदाताओं को पंजीकरण के लिए प्रेरित करे उसका चयन किया और फिर पार्टी के तत्वाधान में मतदाता पंजीकरण अभियान शुरू किया। 'प्रत्येक ब्लाक में शिविर लगाये गये और हमने करीब दस लाख नए मतदाताओं का पंजीकरण किया।' उप्र के आकार के राज्य में दस लाख मतदाताओं के पंजीकरण के बहुत अधिक मायने नहीं है, लेकिन नए मतदाताओं को अपनी ओर करने पर ध्यान केन्द्रित करना और इस काम में संगठनात्मक ऊर्जा लगाना उल्लेखनीय था।

इसके बाद सबसे अधिक चुनौती वाली हिस्सा आया और चुनाव प्रबंधन के बारे में अमित शाह स्कूल का मूल सिद्धांत- मतदान केन्द्र स्तर की समितियों को क्रियाशील और सक्रिय बनाये रखने का काम आया। यह ध्यान रखना चाहिए कि सदस्यता अभियान और संगठनात्मक चुनावों के माध्यम से पार्टी ने मतदान समितियों की मूल इकाइयों को सक्रिय कर रखा था।

पार्टी ने लखनऊ में अपने कार्यालय की पहली मंजिल से चुनाव के दौरान 18 सदस्यीय काल सेन्टर चलाया। यहां से युवा लड़के लड़कियों को 1,28,000 मतदान केन्द्र स्तर के पार्टी अध्यक्षों को टेलीफोन करके संपर्क करने और उनकी पहचान, उनके संपर्क के विवरण और पार्टी से उनकी संबद्धता की पुष्टि करने के लिए तैनात किया गया था। पहले दौर में उन्हें पता चला कि सिर्फ 76,000 मतदान केन्द्र स्तर के प्रमुखों का विवरण सही है। शेष के या तो नाम या अन्य विवरण सही नहीं थे।

इसका मतलब यह हुआ कि 50,000से अधिक के नाम सही नहीं थे जो संगठन नेतृत्व के लिए खतरे का सूचक था।क्या पिछले साल किया गया काम व्यर्थ था? क्या ये 50,000 इकाइयां सिर्फ कागजों पर ही थीं?

इसमें तत्काल सुधार की आवश्यकता थी।

ये नाम पार्टी की जिला और ब्लाक इकाइयों के पास इस स्पष्ट निर्देश

के साथ भेजे गये कि इन नामों को और उनके विवरण तत्परता से दुरूस्त किए जायें। इन्हें वापस लखनऊ भेजा गया जहां पार्टी ने मतदान केन्द्र के अध्यक्षों के विवरण के साथ पुस्तिका प्रकाशित की।

पार्टी जब अपनी इस कवायद को बंद करने की तैयारी कर रही थी तभी निर्वाचन आयोग ने मतदान केन्द्रों की संख्या 1,41,000 से बढ़ाकर 1,47,000 कर दी। अतः पार्टी को फिर से नई मतदान केन्द्र इकाइयों का सृजन करके अतिरिक्त नामों के साथ नई पुस्तिका प्रकाशित करनी पड़ी। यह प्रक्रिया थकाने वाली थी परंतु इसने पार्टी को निचले स्तर तक अपने लोगोंके आंकड़े उपलब्ध कराये जिनसे 2016 के मध्य तक सिर्फ एक टेलीफोन से संपर्क किया जा सकता था।

अगला कदम इन मतदान केन्द्र स्तर की इकाइयों से सीधे रूबरू होना था। अमित शाह ने एक बार फिर इसकी कवायद अपने हाथ में ली। उन्होंने उत्तर प्रदेश में बनाये गये भाजपा के सभी छह मण्डलों का दौरा किया। इनमें पश्चिमी उत्तर प्रदेश का मुख्यालय गाजियाबाद, बृज का मुख्यालय आगरा, कानपुर और बुन्देलखण्ड का कानपुर, अवध का लखनऊ, गोरखपुर और काशी शामिल थे।

प्रत्येक मण्डल में राष्ट्रीय अध्यक्ष ने 20, 000 से अधिक मतदान केन्द्र समिति के अध्यक्षों के साथ मंत्रणा की। बंसल स्पष्ट करते हैं: यह मतदान केन्द्र इकाइयों के नेताओं को बेहद सशक्त बनाने वाला था। उन्होंने कभी यह सोचा भी नहीं था कि वे अध्यक्ष से मिलेंगे। उन सभी को बैज दिए गये थे, उनके पद को मान्यता दी गई थी और इसने उन्हें प्रेरित किया।'

इसी तरह की एक बैठक में पहली बार मुख्यमंत्री पद के संभावित प्रत्याशी के रूप में योगी आदित्यनाथ के नाम आया था। शाह और उनकी टीम को यह आभास हुआ कि राज्य में पार्टी के काडर में योगी लोकप्रिय हैं। और गोरखपुर में ऐसे ही मतदान केन्द्र स्तर के समागम में, ऐसा समझा जाता है कि शाह ने उत्तर प्रदेश को दयनीय स्थिति से उबारने की भूमिका के लिए योगी को अपनी तैयारी शुरू करने का संकेत दे दिया था।

परंतु बड़ी सभाएं और इसमें हजारों लोगों की उपस्थिति संदेश देने के लिए एक बड़ी तस्वीर का मकसद ही पूरा कर सकती है। चुनावों के नजदीक समय इसी तरह की बैठकें निर्वाचन क्षेत्र स्तर पर और फिर सेक्टर और मण्डल स्तरों पर आयोजित की गई थीं। अतः मतदान केन्द्र समिति के अध्यक्षों की अपने पार्टी अध्यक्ष के साथ चार बार मुलाकात हुई और उनसे निर्देश लेना और अपने इलाके की गतिविधियों के बारे में विस्तार से जानकारी भी दी।

मतदान केन्द्र समितियों को अपने इलाकों में जातीय समीकरण की सूची तैयार और ए, बी या सी श्रेणी के तहत घरों की पहचान करने की जिम्मेदारी सौंपी गई थी। 'ए' का मतलब ऐसा परिवार जो भाजपा का मतदाता था, 'बी' श्रेणी में किसी भी तरफ जा सकने वाले और अस्थायी मतदाता थे जबकि 'सी' श्रेणी के अंतर्गत आने वाले मतदाता किसी भी स्थिति में भाजपा को मत नहीं देंगे। इसने भाजपा को पूरे राज्य के बारे में बहुत ही उपयोगी आंकड़े उपलब्ध कराये थे। 2014 में, रणनीतिकार प्रशांत किशोर की टीम ने भी कुछ इसी तरह का करने का प्रयास किया था और उसने मतदान केन्द्रों के हिसाब से एक पुस्तिका में प्रत्येक प्रत्याशी के मजबूत और कमजोरक्षेत्रों का विवरण दिया था।

भाजपा का एक नारा था, उसके पास मैदान में काडर की उपस्थिति है, उसके पास मतदाताओं के बारे में उपयोगी आंकड़े हैं और उसके पास मतदान केन्द्र इकाइयां तथा ऐसी सभी इकाइयों का विवरण है।

यह अब प्रचार अभियान शुरू करने का समय है।

*

भाजपा ने पांच नवंबर को अपनी परिवर्तन यात्रा को हरी झण्डी दिखाई।

इसे राज्य के चार छोरों-पश्चिमी उप्र में सहारनपुर, बुन्देलखण्ड में झांसी, पूर्वान्चल में बलिया और सोनभद्र से इसे एक साधारण लक्ष्य के साथ रवाना किया गया। बंसल बताते है, 'भाजपा को छा जाना था, बस भाजपा ही भाजपा दिखना चाहिए था।'

लगभग इसके साथ ही यह भी निर्णय किया गया कि अन्य पिछड़े वर्गों, युवाओं और महिलाओं को ध्यान में रखते हुए बैठकें शुरू की जायें। इन तीनों को भाजपा चुनाव में एक स्वतंत्र वर्ग की तरह अपना लक्ष्य बना रही थी।

बंसल ने इसके समय के बारे में स्पष्टीकरण देतेहुए कहा, 'हमारा मकसद प्रत्येक जिले में, प्रत्येक पखवाड़े में एक बड़ी गतिविधि का आयोजन होना चाहिए। इसके अंतर्गत या तो जिले से एक यात्रा निकलनी चाहिए या फिर महिलाओं, युवाओं या अन्य पिछड़े वर्गों के साथ इस तरह की एक बैठक होन चाहिए। इसका तात्पर्य यह हुआ कि मुख्य आयोजन से पहले के दिनों और आयोजन के बाद के कुछ दिनों तक लोग अपने जिले में सिर्फ भाजपा के बारे में ही बात करते रहें।'

लाल कृष्ण आडवाणी की सर्वाधिक प्रसिद्ध रथयात्रा के साथ ही भाजपा का रथ यात्रायें आयोजित करने का इतिहास रहा है। नरेन्द्र मोदी स्वयं भाजपा के तत्कालीन अध्यक्ष डॉ. मुरली मनोहर जोशी की कन्याकुमारी से कश्मीर की यात्रा में उनके साथ थे। लेकिन परिवर्तन यात्रायें भिन्न थीं क्योंकि यह किसी नेता के इर्द गिर्द नहीं घूमती थी। बंसल गर्व के साथ बताते हैं, 'यह संगठन की यात्रा थी और यह प्रदेश के 403 निर्वाचन क्षेत्रों में से प्रत्येक में पहुंची।'

इसका समय राजनीतिक दृष्टि से महत्वपूर्ण था।

यह यात्रा पांच नवंबर को शुरू हुई और प्रधान मंत्री नरेन्द्र मोदी का पांच सौ और एक हजार के नोट बंद करने के कठोर निर्णय की घोषणा आठ नवंबर को हुई थी। इसका मतलब यह हुआ कि जबर्दस्त सामाजिक और आर्थिक अव्यवस्था जिसमें प्रत्येक भारतीय नागरिक एक सीमा तक असुविधा में था, जब राजनीतिक माहौल प्रधान मंत्री के खिलाफ हो सकता था के दौर में भाजपा की सारी मशीनरी मैदान में सक्रिय थी। इस यात्रा के माध्यम से प्रत्येक जिले में प्रत्येक छोटी जनसभाओं में भी छोटे बड़े नेताओं को यह समझाने के लिए उतारा गया कि राष्ट्र के लिए, अर्थव्यवस्था के

लिए, समाज के लिए आखिर नोटबंदी क्यों अच्छी है और मोदी ने बड़े काले धन वालों के खिलाफ कैसे मोर्चा खोला है और किस तरह से उन्होंने अपना मुख्य वायदा पूरा किया है। इस यात्रा में लगाये गये अनेक नेताओं और केन्द्रीय मंत्रियों को शायद खुद भी इसमें भरोसा नहीं था और कुछ ने तो निजी मुलाकातों में अपनी आशंका को छिपाया भी नहीं परंतु वे जनता को समझाने के लिए बाहर निकले थे।

मोदी ने खुद भी परिवर्तन यात्रा के हिस्से के रूप में छह जनसभाओं को संबोधित किया। और प्रत्येक पड़ाव पर उन्होंने नोटबंदी के पक्ष में दृढ़ता से अपनी बात रखी और कहा कि यह त्याग अपरिहार्य था, परंतु यह राष्ट्र के लिए हितकारी होगा। नोटबंदी के राजनीतिक प्रभाव पर कहीं और चर्चा हुई थी परंतु यहां सवाल भाजपा की मशीनरी का था जिसने यात्रा की व्यवस्था की थी और बड़े राजनीतिक क्षेत्र की जनता तक सीधे पहुंचने के लिए प्रधान मंत्री को मंच उपलब्ध कराया था। इसने उनका राजनीतिक संदेश पहुंचाने में मदद की।और राजनीतिक संदेश देने की इस कवायद ने उन्हें उस स्थितिपर काबू पाने में मदद की जो दुनिया के किसी भी लोकतंत्र या अधिनायकवादी व्यवस्था में किसी राजनीतिक नेता के लिए आत्मघाती कदम हो सकता था।

यह यात्रा दो जनवरी को लखनऊ में उप्र के चुनावी माहौल की सबसे बड़ी जनसभा के साथ संपन्न हुई जिसमें उपस्थित हजारों लोगों को नरेन्द्र मोदी ने संबोधित किया। यह रैली अपने आप में भाजपा की संगठित ताकत का प्रतीक थी। अब अंतिम चरण के लिए आगे बढ़ने का समय था।

*

तीन दशक तक चुनाव प्रबंधन से जुड़े रहने वाले अमित शाह जानते थे कि आप सुदूर राजधानी में अपने वार रूम में एक बेहतरीन नक्शा तैयार कर सकते हैं, आप एक संरचना का दर्शाने वाला खूबसूरत चार्ट तैयार कर सकते हैं, आप टेलीफोन करके नंबरों की पुष्टि कर सकते हैं परंतु संगठन की असली परीक्षा तो नजदीक आ रहे चुनाव के दौरान मैदान में ही होती है।

मैंने पश्चिमी उत्तर प्रदेश के अमरोहा की यात्रा यह समझने के लिए की कि मैदान में भाजपा संगठन किस तरह काम कर रहा है।

चन्द्रमोहन, लखनऊ में भाजपा के राज्य प्रवक्ता हैं और उन्हें भी जिले का प्रभार सौंपा गया था। पश्चिमी उप्र के बुलंदशहर के मूलतः निवासी चन्द्रमोहन बाल स्वयंसेवक थे और वह 1993 में बाबरी मस्जिद विध्वंस के बाद अखिल भारतीय विद्यार्थी परिषद में शामिल हो गये थे। चार साल के भीतर ही वह इसके पूर्णकालिक हो गये और परिषद के संगठन सचिव के रूप में काम करने लगे। इसे एटा-कासगंज क्षेत्र में आरएसएस के छात्र प्रकोष्ठ को इसी नाम से बुलाया जाता है। अंततः वह स्वदेशी जागरण मंच में चले गये और वहां उसकी राष्ट्रीय कार्य समिति के सदस्य बने।

2013 में, आरएसएस ने उन्हें भाजपा में भेज दिया जहां वहपार्टी के लिए मीडिया प्रभारी बनाये गये।

पार्टी ने प्रत्येक सीट के लिए एक मध्यम स्तर के कार्यकर्ता को प्रभारी के रूप में लगाया था। और नवंबर से सारा ध्यान-जैसा कि नेतृत्व ने सोचा था संगठन की जन सभाओं और जनसंपर्क बढ़ाने पर था।

चन्द्रमोहन याद करते हैं, "हमने अन्य पिछड़े वर्गों की एक सभा के लिए दो निर्वाचनक्षेत्रों को मिलादिया। इसका संदेश आसान था यहसरकार पिछड़े वर्ग के प्रति अन्यायपूर्ण है, हम निष्पक्ष हैं और मोदी जी सबका साथ में विश्वास करते हैं।" प्रत्येक जिले में आयोजित में महिलाओं को केन्द्र में रखकर आयोजित बैठकों का मुख्य मुद्दा कानून व्यवस्था, लड़कियों का अपहरण और उन्हें परेशान किया जाना था। और युवकों के साथ भी राज्य केप्रत्येक जिले में बैठकें आयोजित की गयीं।

इस परिवर्तन यात्रा के दौरान प्रभारी को यह भी सुनिश्चित करना था कि उसके अंतर्गत आने वाले जिले में मोदी की जनसभाओं के लिए पर्याप्त संख्या में लोग पहुंचे। 'विमुद्रीकरण के बाद, मोदी की पहली रैली अमरोहा के निकट मुराबाद में हुई। हमारे कार्यकर्ताओ को लक्ष्य दिया गया था।" इसी जनसभा में मोदी ने गरीबों का आह्वान किया था कि उनका

धन वापस नहीं लौटाये जिन्होंने विमुद्रीकरण के दौरान अपनी संपदा को ठिकाने लगाने के लिए उनके जनधन खातों का इस्तेमाल किया है।

आमतौर पर यह माना जाता है कि इन रैलियों में शामिल होने के लिए लोगों को भाजपा पैसे देती हैं। परंतु चन्द्रमोहन ऐसे तर्कों को पूरी तरह अस्वीकार करते हैं। वह कहते हैं, 'बिल्कुल नहीं, हम बसों की व्यवस्था करते हैं और जिला स्तर के पार्टी के नेताओं से कहते हैं 80 निजी गाड़ियों की व्यवस्था में वे खुद करें। हम सामूहिक भोजन और चाय की व्यवस्था करते हैं, यह भी इस बात पर निर्भर करता है कि उन्हें अपने घर से रैली स्थल तक पहुंचने में कितना समय लगा। मोदी जी की सभाओं के लिए लोग अपने आप आना चाहते थे। हमारा लक्ष्य अमरोहा से 30,000 लोगों का था, परंतु पहुंचे 80 से 90,00 और इनमें से अधिकांश अपने आप आए थे।'

चुनाव की तैयारियों के दौरान प्रभारियों के पास दूसरा काम स्थानीय कार्यकर्ताओं और जिले के नेताओं से परामर्श करना और प्रत्येक निर्वाचन क्षेत्र से ऐसे प्रत्याशियों की छोटी सूची तैयार करना जिन्हें चुनाव में टिकट दिया जा सकता है। इसके मुख्य आधार में प्रत्याशी के जीतने की संभावना, सामाजिक समीकरण और जाति, प्रत्याशी का नाम लोग जानते हों और उसकी आर्थिक स्थिति जैसे बिन्दु शामिल थे। उदाहरण के लिए, पूर्व क्रिकेटर और भाजपा के पूर्व सांसद चेतन चौहान का नाम अमरोहा के एक निर्वाचन क्षेत्र के लिए भेजा गया। उन्हें लोग अच्छी तरह जानते थे, आर्थिक स्थिति ठीक थी और निर्वाचन क्षेत्र के सामाजिक समीकरण के लिए पूरी तरह सही थे।

चन्द्रमोहन बताते हैं, 'हमने उन प्रमुख नेताओं की सूची भी तैयार की जिनके साथ संभावित प्रत्याशी की नजदीकी थी, ताकि यदि उसे टिकट नहीं मिले तो हम जानते थे कि इसके लिए किससे संपर्क करें। असंतुष्ट को साधना महत्वपूर्ण है परंतु अक्सर चुनावी कला में कमतर आंकते हैं।'

इन सामर्थ्यवान प्रत्याशियों की सूची फिर राज्य स्तर के नेतृत्व तक भेजी जाती है और इसके बाद बंसल इसे शाह तक ले जायेंगे। बंसल सिर्फ

जिला इकाई पर ही नहीं, बल्कि टिकटों के लिए नामों की सिफारिश करने से पहले पांच अन्य स्रोतों स्थानीय सांसद, क्षेत्रीय नेताओं, संघ की मशीनरी, सर्वेक्षण करने वाली एजेन्सियों और जिलों में तैनात किए गये स्वयंसेवकों-से मिलने वाली जानकारी पर भी निर्भर कर रहे थे।

चुनावों में बहुत ही विवाद वाले मुद्दों में एक बनता जा रहा टिकट वितरण का काम संपन्न हुआ और एक अवसर तो ऐसा लगा कि यह भाजपा की सारी संभावनाओं को ही खतरे में डाल देगा।

लखनऊ और वाराणसी में प्रचार के दौरान जब हम बंसल से मिले तो उन्होंने इस विवाद को पूरी तरह दरकिनार कर दिया। उनका कहना था, ''यह आपको पार्टी के प्रति आकर्षण को बताता है कि प्रत्येक निर्वाचन सीट के लिए पन्द्रह पन्द्रह लोग टिकट चाहते थे। यह स्वाभाविक ही है कि जिन्हें टिकट नहीं मिला वे आक्रोषित और आहत महसूस करेंगे।''

परंतु यह पर्याप्त तरीके से उस नाराजगी के पैमाने को नहीं बता सके जो हमने टिकटों को लेकर जिलों में देखी थी। आवश्यकता पड़ने पर विपक्ष को तोड़ने की कम हुए मतों के लिए 'क्षतिपूर्ति' की अमित शाह की रणनीति से बंधी भाजपा ने बेहिचक कांग्रेस से रीता बहुगुणा, और बसपा से स्वामी प्रसाद मौर्य तथा बृजेश पाठक जैसे जाने माने नामों सहित दूसरे नेताओं को तोड़ा।

बंसल समझाते हैं, '60 से अधिक ऐसी सीटें थीं जहां हम कभी नहीं जीते थे और बीस अन्य सीटों पर हमारी स्थिति कमजोर थी। इन सीटों के लिए हमने सपा और बसपा के उन नेताओं को लिया जिनका वहां पर अपना जनाधार था। इसका अभिप्राय यह था कि वे मत उन मतों को लाएंगे और हम संगठन सहयोग उपलब्ध करायेंगे। उन सीटों पर लंबे समय से पार्टी के लिए काम कर रहे भाजपा कार्यकता नाराज थे। परिवार के जो लोग टिकट की उम्मीद लगाये थे उन्हें लगा कि यदि नया प्रत्याशी जीत गया तो अगले कुछ चुनावों के लिए उनकी संभावना तो खत्म ही हो जायेगी। इसीलिए यह नाराजगी थी।' आखिरकार ऐसे 67 सीटों में से भाजपा 43

ही जीत सकी। ऐसे तेरह जिलों में जहां भाजपा पहले कभी नहीं जीती थी, उन पर दूसरे दलों से आयातित नेताओं की बदौलत वे चुनावी सफलता दर्ज कराने वाले थे।

क्या यह वैचारिक शुद्धता की कीमत पर था? बंसल तर्क देते हुए कहते हैं कि भाजपा इतनी विशाल है कि इसमें शामिल होने वाले नए लोग सहजता से पार्टी की संस्कृति और वैचारिक दायरे को आत्मसात कर लेते हैं। वह कहते हैं, "मैंने इस बात को नोटिस किया है कि इनमें से अधिकांश नेता पहले ही हमें भाई साहब कहने लगे हैं, वे लोगों का स्वागत करने के हमारे तरीके को भी आत्मसात करने लगे हैं। वे हमारी संस्कृति में रमने लगे हैं।"

भाजपा भी उप्र चुनाव का इस्तेमाल नेताओं की नई पीढ़ी के सृजन के लिए कर रही है। इसके पुराने नेताओं की पीढ़ी अब सेवानिवृत्त होने की कगार पर है। पार्टी अब प्रत्येक जिले में उन लोगों को एक दो टिकट देने की तैयारी कर रही है जो चालीस और पचास साल के प्रारंभिक दौर की उम्र के है। बंसल स्पष्टीकरण देते हुए कहते हैं, 'एक समुदाय विशेष के उस आयु वर्ग के व्यक्ति के बारे में सोचिये जो पार्टी में है और उसे टिकट नहीं मिला है। वह असंतुष्ट ही होगा।'

ऐसा ही कुछ एक सबसे अधिक निगाहों में रहे निर्वाचन क्षेत्रों में से एक वाराणसी दक्षिण में हुआ था। इस सीट का प्रतिनिधित्व श्यामदेव राय चौधरी करते आ रहे थे; वह असाधारण रूप से बंगाली ब्राह्मणों में लोकप्रिय थे; और दादा के नाम से जाने जाते थे। वह पूरी तरह से अपने क्षेत्र में रचे बसे थे और एक एक व्यक्ति को जानते थे और रोजाना अपने क्षेत्र के लोगों की समस्याओं पर विचार करते थे।

दादा को इस बार टिकट नहीं दिया गया बल्कि उनके स्थान पर एक युवा नील कंठ तिवारी को पार्टी का उम्मीदवार बनाया गया। यह कदम क्या दर्शाता है? क्या इसकी वजह उम्र थी? भाजपा के एक नेता ने कहा, "उम्र एक पहलू था परंतु यह भविष्य के लिए निवेश भी था। देखिए, हमें एक

स्थानीय ब्राह्मण की आवश्यकता थी जो अपने समुदाय के लिए एक नेता के रूप में बढ़ेगा और जिसे उप्र के पंडित राज्य में जोड़ सकें। मुरली मनोहर जोशी अब अप्रासंगिक हो चुके हैं, कलराज मिश्र पचहत्तर साल पार कर चुके हैं। हमें दादा के बारे में तकलीफ हुई परंतु हमें भविष्य की ओर देखना है।''

इससे एक बार फिर दृढ़ता और जोखिम की कहानी ही सामने आती है।

प्रत्याशियों के चयन में व्यापक स्तर पर की गई कवायद और विभिन्न स्रोतों से जानकारी प्राप्त करने की व्यवस्था का दृढ़ प्रभाव नजर आता था। यदि किसी प्रत्याशी के नाम की सिफारिश जिला इकाई द्वारा, संबंधित पट्टी के नेताओं द्वारा, संघ द्वारा, स्थानीय सांसद द्वारा, सर्वेक्षण एजेन्सी द्वारा, स्वतंत्र स्वयंसेवकों द्वारा की गई हो तो वह स्वाभाविक पसंद होगा। अथवा यदिइसके नाम को इन सभी में से अधिकांश ने आगे बढ़ाया हो तो उसका चयन किया जायेगा। हालांकि अंतिम निर्णय लेने का अधिकार अमित शाह, प्रभारी महासचिव ओम माथुर, प्रदेशाध्यक्ष केशव प्रसाद मौर्य और बंसल के पास ही था जो किसी भी सिफारिश को स्वीकार या अस्वीकार कर सकते थे।

परंतु इसमें भी जोखिम था क्योंकि जो पार्टी की संरचना से बाहर थे, उन्हें भरोसेमंद कार्यकर्ताओं को नाराज करने की कीमत पर लाया गया था; दूसरे समुदायों से आए नई पीढ़ के नेताओं के लिए जगह बनाने के लिए पुराने और सफल उम्मीदवारों के नाम हटाये गये थे; टिकट मिलने की आशा में पिछले कुछ सालों में अपनी ऊर्जा और धन लगाने वाले अधिकांश लोगों ने अचानक ही खुद को दौड़ से बाहर पाया, उनके पास कहीं और जाने का रास्ता भी नहीं था। यह सब एकसाथ होकर भाजपा के लिए परेशानी का सबब बन सकते थे।

यह पार्टी के लिए बेचैनी का दौर था। परंतु उसने स्थिति का सामना करने का फैसला किया।

*

वापस अमरोहा में, पार्टी संगठन अंतिम चरण की तैयारी कर रहा था। प्रारंभिक बैठकों का दौर हो चुका था, व्यापक जनसंपर्क स्थापित किया जा चुका था, मोदी इस इलाके में रैलियों को संबोधित कर चुके थे और टिकटों को अंतिम रूप दिया जा चुका था।

चन्द्रमोहन ने अमरोहा के मुख्य राजमार्ग पर गजरौला में उडुपी कैफे में डोसा खाते हुए मुझसे बताया कि पार्टी ने प्रत्येक उम्मीदवार को एक डायरी और एक पेन ड्राइव दी थी। इसमें मतदान केन्द्र स्तर के आंकड़े थे जिन्हें दो सालों में बहुत ही सावधानी के साथ तैयार किया गया था। इसमें प्रत्येक मतदान केन्द्र पर सदस्य बनाये गये लोगों के नाम, समिति के सदस्यों की सूची और प्रत्येक केन्द्र की कमियों और ताकतों का विश्लेषण था।

चन्द्रमोहन बताते हैं कि जैसे जैसे चुनाव नजदीक आया, पार्टी ने निर्वाचन क्षेत्र के स्तर पर एक और व्यवस्था का सृजन किया। पार्टी ने विनिर्दिष्ट जिम्मेदारी के साथ 12 से 15 सदस्यों की चुनाव संचालन समिति का गठन किया।

इसमें एक व्यक्ति उम्मीदवार के दैनिक कार्यक्रम और क्षेत्र में उसके दौरे का प्रभारी होगा, दूसरा जनसभाओं के लिए तालमेल में मदद करेगा; तीसरा व्यक्ति राष्ट्रीय और राज्य स्तर के प्रचारकों के लिए मण्डल मुख्यालय के पास अनुरोध भेजेगा और प्रचारक के कार्यक्रम के साथ तालमेल करेगा; एक उम्मीदवार के सोशल मीडिया, विशेषकर फेसबुक पेज और व्हाट्सऐप समूहों पर प्रचार में सहयोग करेगा, एक अन्य वित्तीय मामलों का प्रभारी होगा, एक परमिट के लिए जिला प्रशासन के साथ सामन्जस्य बनायेगा और एक व्यक्ति प्रचार सामग्री का प्रभारी होगा।

रोजाना शाम को समिति की बैठक होगी जिसमें दिनभर की गतिविधियों का आकलन किया जायेगा।

इसमें चुनाव सहायक भी थे जो मतदान केन्द्र समितियों की निगरानी कर रहे थे। प्रत्येक निर्वाचन क्षेत्र में करीब 350 मतदान केन्द्र थे। निर्वाचन क्षेत्र में प्रत्येक पन्द्रह से बीस मतदान केन्द्रों के लिए बैठकें हुईं जिसमें मतदान

केन्द्र के कार्यकर्ताओं को आने जाने वाले मतदाताओं की पहचान करने और उनके लिए काम करने का निर्देश दिया गया। चन्द्रमोहन बताते हैं, "हमारे पर जिला स्तर पर थोड़े वरिष्ठ नेता भी थे जिन्हें विरोधियों पर नजर रखने और उन्हें अपनी ओर आकर्षित करने और यदि आवश्यक हो, तो उन्हें कुछ महत्व देने तथा अपने पाले में लाने की जिम्मेदारी सौंपी गई थी। सपा और बसपा दोनों में नेता ही चुनाव लड़ते हैं, उम्मीदवार अपने पैसे से ही लड़ते हैं। सीट की जिम्मेदारी उसी व्यक्ति विशेष को दे दी जाती है। भाजपा में संगठन चुनाव लड़ता है। और हमने यही अंतर जिले में पाया। निश्चित ही उम्मीदवार को कड़ी मेहनत करनी होती है। परंतु यहां उसका साथ देने के लिए पूरी मशीनरी है।"

निश्चित ही, भाजपा में, संगठन लड़ा और चुनाव जीता।

*

सदस्यता का दायरा बढ़ाने, सदस्यों के साथ संपर्क को नए सिरे से स्थापित करने, प्रशिक्षण शिविरों के आयोजन, संगठनात्मक चुनाव कराने, मुद्दों की पहचान के लिए स्वतंत्र एजेन्सियों की सेवाएं लेने, मतदान केन्द्र स्तर के कार्यकर्ताओं के साथ कई दौर की बैठकें करने, कॉल सेन्टर चलाने और निर्वाचन क्षेत्रों का माइक्रो स्तर पर डाटा तैयार करने, राज्यव्यापी यात्राओं और जनसभाओं का आयोजन करने, उम्मीदवारों और निर्वाचन क्षेत्र स्तर की चुनाव समितियों का समर्थन करने, विरोधियों को प्रलोभन और दूसरे तरीकों से पार्टी में शामिल करने, प्रधान मंत्री से लेकर स्थानीय प्रभावशाली नेताओं की हर तरह की सभाओं का आयोजन करने, गाड़ियों का बंदोबस्त करने, स्टार प्रचारकों के लिए हेलीकॉप्टर, जमीनी स्तर पर कार्यकर्ताओं के लिए कारों और मोटरसाइकिलों के लिए ईंधन से लेकर जनसभाओं तक लोगों को लाने के लिए बसों और कारों का बंदोबस्त करने, प्रचार सामग्री का प्रकाशन और फिर प्रचार सामग्री विज्ञापन पट से लेकर पोस्टर तक प्रत्येक गांव, कस्बे, और नगर में पहुंचाने और समाचार पत्रों और टेलीविजन चौनलों में विज्ञापन देने आदि के लिए धन की आवश्यकता होती है।

राजनीति में वित्त पोषण के बारे में खोज करना सबसे अधिक दुरूह कामों में से एक है। दलों और नेताओं ने अपनी सबसे अंदरूनी राजनीतिक रणनीति का खुलासा किया परंतु संसाधन जुटाने के बारे में सवाल आने पर वे चुप्पी साध लेते हैं क्योंकि रिश्तों को बचाए रखना जरूरी होता है और अनुचित और गैरकानूनी कारोबारों को छिपाना होता है।

यह भारत में अनोखा नहीं है। राजनीतिक वैज्ञानिक देवेश कपूर और मिलन वैष्णव राजनीतिक वित्त पोषण के बारे में आने वाले नए खण्ड में अपने परिचय में लिखते हैं, "कम विकसित देशों, कम जवाबदेही, कमजोर अथवा आंशिक पारदर्शिता, और सार्वजनिक घोषणा करने मानदंडों और कानूनों को लागू करने की प्रक्रिया का अभाव ऐसा मार्ग उपलब्ध कराते हैं जिसके जरिये बगैर हिसाब वाले धन का प्रवाह हो सकता है। फिर भी 'काले धन' के प्रवाह के बारे में अस्पष्ट परिभाषा के कारण हम इसके आकार और तरीके के बारे में बहुत ही कम जानते हैं।' वे इस तथ्य को इंगित करते हुए कहते हैं, "अकेले भारत में, 1991 से ही अर्थव्यवस्था और मतदाताओं के आकार में वृद्धि हुई है; जीत का अंतर घटने के कारण अब चुनाव बहुत अधिक प्रतिस्पर्धी हो गये हैं; और स्थानीय शासन के स्तर पर निर्वाचित पदों की संख्या बढ़कर तीस लाख तक हो गई है। इन सबने खर्च में इजाफा किया है।"

मैंने भाजपा के दर्जनों नेताओं—राष्ट्रीय पदाधिकारियों से लेकर राज्य स्तर के मुख्य पदाधिकारियों, विधायक उम्मीदवारों से लेकर मैदानी स्तर के कार्यकर्ताओं तक—से चुनावी खर्च के बारे में पूछा। इनमें से अधिकांश स्पष्ट रूप से कुछ भी बताने के प्रति अनिच्छुक थे, अधिकांश के पास थोड़ी बहुत जानकारी थी और बातचीत कल्पना और अक्सर अनुमान के इर्द गिर्द ही घूमती रही। अतः मैं जो कुछ जानकारी जुटा सका वह अधूरी तस्वीर, भारतीय राजनीति का सबसे अधिक अंधकारमय और कड़ी सुरक्षा वाला गोपनीय पहलू है।

उत्तर प्रदेश के 2017 के चुनावों पर भाजपा द्वारा खर्च की गई राशि

के बारे में मुझे कम से कम 16 करोड़ रुपए से लेकर ज्यादा से ज्यादा 1200-1500 करोड़ रुपए का आंकड़ा दिया गया। यहां पर यह बताना भी महत्वपूर्ण है कि स्वतंत्र रूप से इन आंकड़ों की पुष्टि करने का कोई तरीका नहीं है।

पार्टी ने किस तरह से धन जुटाया?

इसके लिए पहला तो नीचे से ऊपर तक संसाधन जुटाना था। इसका मतलब यह हुआ कि निर्वाचन क्षेत्र के स्तर पर ही प्रत्याशियों के 'आर्थिक रूप से मजबूत' होने की अपेक्षा की गई ताकि वे अपने संसाधनों का इस्तेमाल कर सकें। यह उनकी अपनी निजी संपदा के रूप में हो सकता है या फिर उन्हें वित्तीय मदद के लिए तैयार स्थानीय व्यापारियों का नेटवर्क हो या फिर स्थानीय उद्यमियों के साथ बेहतर रिश्ते हों जो गाड़ियां या कारों के ईंधन का खर्च दे सकें, संचालन की व्यवस्था कर सकें और अंतिम क्षणों में चुनावों में जरूरत पड़ने पर नकदी मुहैया करा सकें।

जिला स्तर के भाजपा के एक नेता ने बताया, ''यदि किसी उम्मीदवार के पास अपने ही चुनाव के लिए धन एकत्र करने के संसाधन नहीं हैं तो वह निर्वाचित होने के लायक नहीं हैं। परंतु ध्यान रहे कि सपा और बसपा में तो उम्मीदवारों को अपने आप ही चुनाव लड़ना होता है, लेकिन हमारे मामले में, उम्मीदवार के खर्च किंचित सीमित रहते हैं क्योंकि संगठन तमाम खर्चोंको वहन कर लेता है। उसे हमारे काडर को पैसा नहीं देना होता; उसे संघ परिवार केप्रचारकों और सहानुभूति रखने वालों को कुछ नहीं देना होता; उसके प्रचार के लिए हेलीकॉप्टर से आने वाले स्टार प्रचारकों का खर्च वहन करने की पार्टी उससे अपेक्षा नहीं करती; पार्टी मुख्यालय से तमाम प्रचार सामग्री भी आती है। लेकिन, हां, उसे भी चुनाव में अपना धन खर्च करना होता है।'

वित्त पोषण का दूसरा स्रोत राज्य स्तर के बड़े कारोबारी हैं। और वे कई तरह से योगदान करते हैं। वे नकदी देते हैं- ऐसा ठेकेदारों, बिल्डरों, सरकारी रेवड़ियों और भविष्य में लाइसेंस के लिए निर्भर रहने वालों के मामले

में ही सही है- वे भविष्य में संभावित सहयोग को ध्यान में रखते हुए सेवा भी करते हैं। भाजपा के एक नेता ने लखनऊ में पार्टी कार्यालय में कहा, ''अक्सर लोग सिर्फ जुड़ना चाहते हैं और वे किसी प्रकार के धन की मांग भी नहीं करते हैं। वे जानते हैं कि दिल्ली में हम सत्ता में हैं, वे जानते हैं कि हमारे पास सांसद हैं, और एकबार यह सुगबुगाहट हो कि हम राज्य के चुनाव जीत सकते हैं तो वे किसी न किसी तरह पार्टी से जुड़ना चाहते हैं, भले ही हम उनसे यह कहें कि हम उन्हें कोई पैसा नहीं देंगे। अतः हो सकता है कि कोई पेट्रोल पंप का मालिक हो जो हमारे ईंधन की आवश्यकता का ध्यान रखेगा, ऐसे ट्रांसपोर्टर हैं जो हमें कारें मुहैया करा देंगे, और ऐसे कारोबारी भी हो सकते हैं जो यह कहें कि वे किराये पर हेलीकॉप्टर की व्यवस्था कर देंगे।'' लखनऊ के एक कारोबारी, जो पारंपरिक भाजपा परिवार से हैं, ने इस तरह के कारोबार के चलन की पुष्टि की। वह कहते हैं, ''उन्हें मुझसे कहने की जरूरत नहीं है। चुनाव नजदीक आते ही मैं उनके पास पांच कारें भेज देता हूं और राज्य स्तर के शीर्ष पदाधिकारियों को कुछ नकदी भी भिजवा देता हूं। मेरे जैसे इस स्तर के सैकड़ों होंगे।''

अगर निर्वाचन क्षेत्र और राज्य स्तर पर जुटाये गये संसाधन पार्टी के खाते में जुड़ते हैं परंतु उत्तर प्रदेश के चुनावों के लिए अधिकांश संसाधन जुटाने का काम केन्द्रीय स्तर पर ही हुआ था। इस चुनाव को मोदी और शाह दोनों के द्वारा अत्यधिक महत्व दिए जाने के कारण पार्टी के व्यापक नेटवर्क से धन जुटाने के लिए कहा गया था। केन्द्र में भाजपा के मंत्रालय हैं, वह प्रमुख राज्यों में सत्ता में हैं और उसके पास सांसद और विधायक हैं। भारतीय राजनीति की अर्थव्यवस्था से दूर से भी परिचित कोई भी व्यक्ति यह मान सकता है कि पार्टी ने इन सभी स्तरों पर संसाधन जुटाने के लिए अपनी सत्ता का इस्तेमाल किया होगा। परंतु इस मामले में, वह सावधान और काफी हद तक कांग्रेस के कार्यकलापों से भिन्न थी।

भाजपा की कार्यशैली से परिचित एक रणनीतिकार ने मुझे बताया, ''कांग्रेस में, यदि पार्टी नेतृत्व उदाहरण के लिए 50 करोड़ रुपए चाहे, तो

वह अपने प्रमुख सहायक को इस बारे में संदेश देगा, वह सहायक मंत्रियों या राज्यों में तीन चार मुख्यमंत्रियों से सौ सौ करोड़ रुपए के लिए कहेगा, इसके बाद मुख्यमंत्री स्थानीय कारोबारियों, ठेकेदारों, नौकरशाहों, मंत्रियों से कहेंगे और प्रतिदान की पेश करेंगे और तत्काल की धन की व्यवस्था करेंगे। अतरू 50 करोड़ रुपए प्राप्त करने के लिए पार्टी द्वारा तीन सौ करोड़ रुपए लिए जाएंगे, इस प्रक्रिया के दौरान, नीचे स्तर तक जुड़े लोग बहुत धन अर्जित कर लेंगे, भ्रष्टाचार स्पष्ट नजर आएगा तथा अक्सर सौदेबाजी काफी जगजाहिर हो जायेगी।" भाजपा में, बताते हैं कि इसे वे देखते हैं जो शीर्ष पर आसीन होते हैं। "वे जानते हैं कि आखिरकार देने वाला वही है। तो फिर इतनी कड़ियों से गुजर कर क्यों जायें? अतः पार्टी नेतृत्व यह जानता है कि किस राज्य में कौन सा मंत्रालय अवसर प्रदान करेगा और वह सीधे संबंधित कारोबारी अथवा व्यक्ति से बात करेगा। वे धन जुटाते हैं जो जरूरी है, वे बीच से बिचौलियों को हटा देते हैं, यह सौदेबाजी इतनी अधिक जाहिर नहीं होती है, वे धन पर नियंत्रण रखते हैं और फिर सावधानी से उसका वितरण करते हैं। उप्र में मोटे तौर पर यही तरीका था।

उत्तर प्रदेश में एक और पेंच था-नोटबंदी- जिससे राजनीतिक खर्चों पर असर पड़ने की संभावना थी। परंतु ऐसा नहीं हुआ। राजनीतिक वित्त पोषण पर अपने खण्ड के अंतिम अध्याय में कपूर, वैष्णव और श्रीधरन इस तथ्य का जिक्र करते हैं कि इस कदम ने चुनाव के दौरान नकदी अथवा प्रलोभन देने की दूसरी सामग्री पर आश्रित रहने में बहुत अधिक कमी नजर नहीं आयी। अकेले उत्तर प्रदेश में ही आदर्श आचार संहिता लागू होने के दिन से 115 करोड़ रुपए जब्त किए गए, यह 2012 के विधान सभा चुनावों में बरामद राशि से तिगुनी थी। इससे पता चलता है कि नोटबंदी के बाद जैसी अपेक्षा की जा रही थी, उस तरह का नकदी का बहुत अधिक संकट नहीं था। भाजपा हो या सपा, दोनों पर इसका असर कम था, सत्तारूढ़ दलों ने कारोबारियों से सीधे नकदी नहीं मांगी।

भारत के चुनावों में नकदी केन्द्र में होती है। और कोई भी दल आर्थिक

ताकत के बगैर चुनाव नहीं जीत सकता है। फिर भी, यह ध्यान रखना जरूरी है कि यह सिर्फ अकेला या फैसला लेने वाला एकमात्र मुख्य पहलू नहीं है। यदि यह संसाधनों का संघर्ष होता तो भाजपा दिल्ली या बिहार का चुनाव या फिर 2004 के चुनाव नहीं हारती। लेकिन यह संसाधन मददगार होते हैं और प्रत्येक दल को चुनाव में गंभीर दावेदार बनने के लिए एक न्यूनतम मात्रा में संसाधनों की जरूरत होती है। संगठन की तरह ही यह भी आवश्यक है परंतु यह तत्व पर्याप्त नहीं है। अब, जैसा कि उत्तर प्रदेश में साबित हुआ, भाजपा ने सभी स्तरों पर संसाधन जुटाने और प्रभावी तरीके से उसके इस्तेमाल की क्षमता दिखा दी है।

*

संगठन जो भी है अमित शाह की बदौलत है।

उन्होंने सदस्यता अभियान की परिकल्पना की और तमाम उपहास के बीच इसे अंतिम नतीजे तक पहुंचाया। उन्होंने संपर्क अभियान के माध्यम से उन लोगों से संपर्क स्थापित करने के लिए कार्यकर्ताओं को तैनात किया जो सदस्य बने थे। उन्होंने कार्यकर्ताओं के लिए प्रशिक्षण, संगठनात्मक चुनाव और संगठन में सामाजिक विविधता सुनिश्चित करने की आवश्यकता को आगे बढ़ाया। (इस बारे में अगले अध्याय में और अधिक)।

शाह ने मतदान केन्द्र स्तर की समितियों को सक्रिय किया, उन्हें कार्यशील बनाया, इसकी सदस्यता की सावधानी पूर्वक निगरानी सुनिश्चित की और इसे पार्टी के तंत्र का अभिन्न हिस्सा बनाया। उन्होंने मतदाताओं से संबंधित मामलों पर स्वतंत्र रूप से जानकारी हासिल की और इसके इर्द गिर्द प्रचार और जनसंपक को मूर्तरूप दिया। उन्होंने उम्मीदवारों के चयन के लिए बहुत ही सावधानी भरा तरीका तैयार किया, और उन्हें अपने चुनाव लड़ने के लिए संगठन के ठोस समर्थन और आंकड़ों से सुसज्जित किया। और इन सबके लिए धन का बंदोबस्त किया।

और सब दिल्ली के अशोका रोड पर स्थित पार्टी के वातानुकूलित कार्यालय में बैठने से नहीं हुआ।

अगस्त, 2014 से मार्च 2017 के दरम्यान शाह ने विधान सभा चुनावों और 2019 के संघर्ष को ध्यान में रखते हुए वस्तुस्थिति को समझने, उनका प्रबंधन देखने और पार्टी इकाइयों को निर्देश देने के लिए दो बार देश में प्रत्येक राज्य का दौरा किया। उन्होंने 286 दिन दिल्ली से बाहर रहते हुए पांच लाख किलोमीटर की यात्रा की और इस दौरान 64 दिन उप्र में रहकर व्यक्तिगत रूप से राज्य में असाधारण काम किया और ऊर्जा लगाई। उत्तर प्रदेश की जीत के बाद शाह देश की 95 दिन की यात्रा पर निकल गये।

नरेन्द्र मोदी का जनता के बीच करिश्मा और अमित शाह के अथक संगठनात्मक कौशल दोनों ने मिलकर सामाजिक समरसता के अपने अति महत्वाकांक्षी प्रयोग के बीच में ही नई भाजपा की आधारशिला रखी।

4

सामाजिक समरसता

उत्तर प्रदेश में मतदान से तीन दिन पहले 11 फरवरी को भाजपा की प्रदेश इकाई के अध्यक्ष केशव प्रसाद मौर्या सहारनपुर जिले के गंगोह निर्वाचन क्षेत्र के एक छोटे से मैदान में हेलीकॉप्टर से पहुंचे।

केशव प्रसाद मौर्या एक पिछड़े समुदाय के हैं। वह संघ की पैदावार हैं और उप्र विधान सभा का 2012 का चुनाव लड़ने से पहले और विश्व हिंदू परिषद के पदाधिकारी थे। 2014 के लोकसभा चुनाव में वह मोदी हवा पर सवार थे और फूलपुर संसदीय क्षेत्र से सांसद चुने गये जो कभी पंडित जवाहरलाल नेहरू का निर्वाचन क्षेत्र हुआ करता था। भाजपा ने 2016 के प्रारंभ में उन्हें पार्टी की उप्र इकाई का अध्यक्ष बनाया, निश्चित ही ऐसा अन्य पिछड़ी जातियों को लुभाने के इरादे से ही किया गया था।

वह जैसे ही हेलीकॉप्टर से बाहर निकले, भीड़ का एक समूह उनका स्वागत करने के लिए मैदान की ओर लपका। मौर्या एक एसयूवी, उत्तर भारत के सभी राजनीतिकों का एक ट्रेडमार्क, में सवार होकर जनसभा स्थल की ओर रवाना हो गए।

उनकी गाड़ी के पीछे चल रही कार में करीब एक दर्जन लोग सवार थे।

ओम पाल सिंह सैनी ने अपना परिचय अखिल भारतीय सैनी समाज

के अध्यक्ष के रूप में दिया। उन्होंने बड़े गर्व के साथ कहा कि यह सैनी बहुल इलाका है। उत्तर प्रदेश में सैनी अन्य पिछड़ेवर्गों की श्रेणी में आते हैं और वे खुद को एक बड़े सैनी-कश्यप-कुशवाहा-मौर्या, जिससे भाजपा नेता आते हैं, समाज के हिस्से के रूप देखते हैं।

उन्होंने कहा, ‘‘इस बार भाजपा ने हमें सम्मान दिया है। पूरा समाज पार्टी के साथ है क्योंकि मौर्या जी मुख्यमंत्री बनेंगे।’’ वह कहते हैं, ‘‘हमारा समाज पहले भी कई दलों के बीच झूलता रहा है परंतु 2014 के चुनावों में वह पूरी तरह नरेन्द्र मोदी के साथ चला गया। मौर्या जी को 2016 में पार्टी का प्रदेश अध्यक्ष बनाये जाने के बाद से ही समाज ने कमल के साथ ही रहने का फैसला किया है।”

सैनी कहते हैं, ‘‘भाजपा हमारी पार्टी है अब। प्रधान मंत्री हमारे हैं। प्रदेश अध्यक्ष हमारे हैं। जिला अध्यक्ष हमारे हैं। अंततः अब हमारी भी राजनीतिक आवाज है।’’ हालांकि यह अनकहा छोड़ दिया गया परंतु ‘हमारे’ का तात्पर्य था कि प्रधान मंत्री भी ‘पिछड़े’ समुदाय के ही हैं। मौर्या अपने व्यापक जातीय समुदाय से थे जबकि जिला अध्यक्ष कश्यप था।

तीन छोटे किसान भी इस जनसभा में पार्टी के प्रदेश अध्यक्ष को सुनने आये थे।

इनमें से एक राम सिंह गुज्जर था। वह बताता है कि हमारे परिवार की राजनीतिक संबद्धता पूर्व प्रधान मंत्री और उत्तर भारत के बहुत ही सम्मानित नेता चौधरी चरण सिंह, जिन्होंने पिछड़ी जातियों, और मुसलमानों का उनके किसान होने के आधार पर गठबंधन तैयार किया था, के साथ रही है। वह बताता है, ‘‘मेरे पिता जी चरण सिंह के साथ थे। मैं राम जन्म भूमि आन्दोलन की ओर आकर्षित हुआ और भाजपा में आ गया। कल्याण सिंह ने जब भाजपा छोड़ी तो मैंने दूसरे दलों को वोट दिया। परंतु 2014 में, मैं पार्टी में लौट आया।’’ कल्याण सिंह 1990 के दशक में प्रदेश के भाजपा मुख्यमंत्री थे। लोध समाज के कल्याण सिंह अन्य पिछड़े वर्गों को पार्टी के साथ लाने में कामयाब रहे थे। लेकिन बहुत ही तेजी से उन्हें पार्टी

में हाशिये पर डाल दिया गया और अंततः 2009 में उन्होंने पार्टी छोड़ दी। हालांकि बाद में वह पार्टी में लौट आये और 2014 में उन्होंने मोदी के लिए प्रचार भी किया।

राम सिंह कहते हैं, ''कांग्रेस और समाजवादी पार्टी दोनों ही सिर्फ एक समुदाय की राजनीतिक करते हैं। वे सांप्रदायिक हैं। कांग्रेस सिर्फ एक ही समुदाय को देख सकती है, बसपा भी सिर्फ एक ही समुदाय को देखती है देखिए न, मायावती हमेशा यही कहती रहती हैं कि मैंने 97 टिकट दिए हैं और हम सभी सपा के बारे में जानते ही हैं। उसने अखलाक के परिवार (गोमांस के सेवन के आरोप में दादरी में मारे गए व्यक्ति) को एक करोड़ रुपए दिए।''

मुस्लिम शब्द का इस्तेमाल किये बगैर ही उसने स्पष्ट कर दिया कि उसका तात्पर्य क्या है।

सिंह कहते हैं कि भाजपा एक राष्ट्रवादी पार्टी है। परंतु क्या कांग्रेस भी राष्ट्रवादी पार्टी थी? जो भी हो, यही वह पार्टी है जिसने भारत को आजादी दिलाई। 'कांग्रेस एक राष्ट्रीय पार्टी है परंतु उसकी सोच राष्ट्रवादी नहीं है।'

ओम प्रकाश सैनी अपने समुदाय को भाजपा द्वारा दिए गए प्रतिनिधित्व और सम्मान से रोमांचित थे। राम सिंह 'सांप्रदायिकता' की बजाए 'राष्ट्रवादी' नजरिये को लेकर आकर्षित हुआ। इन दोनों को एकसाथ मिला दिया जाये तो ये भावनायें उप्र के चुनावों का नक्शा बदलने वाली होंगी।

पार्टी के शीर्ष रणनीतिकारों द्वारा तैयार की गयी योजना जमीन से आ रही आवाजों के साथ एकदम सटीक बैठती थीं, जिनके तीन घटक थे। पहला पार्टी के संगठनात्मक ढांचे में बदलाव करके इसे और अधिक समावेशी बनाना। दूसरा, इसके प्रचार और इसके संदेश प्रेषण के तरीके को नया कलेवर देना ताकि पिछड़ी जातियों को उत्पीड़न और मुक्ति दोनों का भाव महसूस हो और तीसरा था भाजपा के जबर्दस्त प्रभुत्व के बावजूद इन समुदायों के बीच आधार वाले दलों के साथ गठबंधन करना।

नरेन्द्र मोदी ने संपन्न वर्ग का समर्थन बनाये रखते हुए स्वयं को गराबों

का नेता बना लिया था। पर्दे के पीछे, अमित शाह संपन्न वर्ग का समर्थन बरकरार रखते हुए धीरे धीरे भाजपा को वंचित जातियों की पार्टी के रूप में बदलने के काम में जुटे थे। इस प्रक्रिया में भाजपा अपेक्षाकृत अलग हिंदू पार्टी बने रहने की जगह समेकित हिंदू पार्टी बनने की ओर बढ़ रही है। एक विशेष समायोजन में सबसे अधिक राजनीतिक प्रभुत्व वाली के जाति (जो जरूरी नहीं कि सबसे अधिक प्रभुत्व वाली सामाजिक जाति का पर्याय हो) की पहचान करके कम प्रभुत्व वाली जाति को उनके खिलाफ सक्रिय करके, शाह एक बेजोड़ सामाजिक गठबंधन को खड़ा करने का ताना बाना बुन रहे हैं। सामाजिक समरसता में इस उल्लेखनीय प्रयोग में भाजपा की राजनीतिक सफलता का रहस्य छिपा है। और जब यह व्यापक स्तर पर सामाजिक गठबंधन बनाने में विफल हो गया, जब इसे सिर्फ संपन्न लोगों की पार्टी के रूप में देखा जाने लगा तब यह चरमरा गया।

*

पार्टी अध्यक्ष का पद ग्रहण करने के बाद अमित शाह को महाराष्ट्र और हरियाणा में विधान सभा चुनावों की चुनौती का सामना करना था। मजबूत संगठन के अभाव में उन्हें अपना गणित सही करना था।

उन्होंने संपन्न जातियों के मुकाबले के लिए राजनीतिक रणनीति तैयार करने पर ध्यान केन्द्रित किया। पहली नजर में यह पहल प्रतिकूल नजर आती होगी, क्योंकि यह पार्टी उन जातियों से ही जुड़ी रही है जो सामाजिक ढांचे से लाभान्वित हुए और हमेशा ही श्रेष्ठता के मामले में ऊपर रहे। परंतु यहां, पार्टी ने बहुत ही चतुराई से सामाजिक वरिष्ठता के मामले में पारंपरिक रूप से प्रभुत्व वाली जातियों और राजनीति रूप से विशेषाधिकार प्राप्त जातियों के बीच विभेद किया था।

इसका गणित बहुत साधारण है। सभी भारतीय राज्य अपनी संचरना में बहुलतावादी हैं। मण्डल राजनीति के उदय, अन्य पिछड़ेवर्गों की दावेदारी और उनकी गोलबंदी, खेतिहर पृष्ठभूमि से आने वाली इन जातियों की आबादी बड़ी होने और सामाजिक रूप से प्रभुत्वशाली होने की वजह से वे राजनीतिक

रूप से भी प्रभुत्वशाली हो गईं। परंतु इसकी वजह से पारंपरिक रूप से ताकतवर और ज्यादा हाशिए वाली दोनों ही तरह की जातियां अलग थलग महसूस कर रही थीं। अतः इसकी तरकीब इन जातियों को सक्रिय करना और उन वर्चस्व वाली जातियों के विरूद्ध गठजोड़ तैयार करना है—जो मण्डल के बाद के युग में- अधिकतर बड़ी आबादी वाली मध्यम जातियां हैं।

महाराष्ट्र में, जहां राजनीतिक दृष्टि से प्रभुत्वशाली जाति मराठा है, भाजपा ने 1990 से ही अन्य पिछड़ा वर्ग समर्थक रणनीति अपना रखी थी। इसने पिछड़ी जातियों के नेताओं को ही आगे बढ़ाया था। इसके साथ ही, शिवसेना से गठबंधन और सांपद्रायिक ध्रुवीकरण तेज होने की वजह से वह 1995 में सत्ता में आई थी। लेकिन पंद्रह साल तक वह सत्ता से बाहरविपक्ष में रही थी। 2014 के लोकसभा चुनाव में मोदी की अपील की वजह से पार्टी 48 सीटों में 42 पर विजय हासिल करके बड़ी सफलता के साथ लौटी।

परंतु विधान सभा चुनावों में और अधिक सावधानीपूर्व सामाजिक समरसता की जरूरत थी। भाजपा ने सवर्ण जातियों, अन्य पिछड़ेवर्गों और कुछ हद तक दलितों के साथ मिलकर गठबंधन तैयार किया। भाजपा को मराठों के मतों का भी एक हिस्सा मिला, चूंकि राज्य की आबादी में वे 30 प्रतिशत से अधिक हैं, इसलिए पूरी तरह उन्हें बेदखल करना आसान नहीं है। परंतु इसे असली ताकत गैर मराठा जातियों से मिली। चूंकि राज्य में दो सौ से अधिक अन्य पिछड़ेवर्गों के समूह हैं और इनमें से सबसे बड़े समूह में पांच प्रतिशत से कम आबादी है, इसलिए जमीनी स्तर पर प्रबंधन की आवश्यकता थी। जनादेश के स्वरूप को भाजपा नेमुख्यमंत्री के लिए चयन से ही व्यक्त कर दिया था। पार्टी ने इसके लिए ब्राह्मण देवेन्द्र फणनवीस की नियुक्ति की।

पुणे स्थित, राजनीतिक वैज्ञानिक सुहाष पल्सीकर कहते हैं कि भाजपा ने 35 प्रतिशत मतों की हिस्सेदारी के साथ शहरों की 100 सीटों में से 53पर विजय प्राप्त की थी, चुनाव बाद के सर्वे के अनुसार उसे सवर्ण जातियों के 52 प्रतिशत और अन्य पिछड़ी जातियों के 38 प्रतिशत मत भी मिले

थे। '2014 के चुनाव के नतीजों ने मराठा अभिजात्य वर्ग को पूरी दृढ़ता के साथ राज्य की सत्ता से बाहर कर दिया।'[9]

हरियाणा विधान सभा चुनावों में भी भाजपा ने ऐसा ही कुछ किया जिसके बारे में सोचा भी नहीं जा सकता था। जाट समुदाय के प्रभुत्व वाले इस राज्य में भाजपा ने गैर जाट समुदायों का गठबंधन बनाया। इसका मतलब यह हुआ कि भाजपा ने सवर्ण जातियों, यादव, गुज्जर और सैनी जैसे अन्य पिछड़ेवर्गों और दलितों को एकजुट किया। इसने पूरी तरह से जाटों को छोड़ा नहीं था और राज्य में इस समुदाय के वरिष्ठ नेता चौधरी वीरेन्द्र सिंह को केन्द्रीय मंत्रिमंडल में शामिल किया। परंतु उसका ध्यान कम प्रभुत्व वाली जातियों पर था।

उत्तरी, पूर्वी और दक्षिणी हरियाणा में भाजपा का प्रदर्शन अच्छा था लेकिन राज्य के जाट बहुल पश्चिमी क्षेत्र में वह दूसरे स्थान पर रही थी। सेन्टर फॉर स्टडी ऑफ डेवलपिंग सोसायटीज़ के चुनाव बाद सर्वेक्षण से पता चलता है कि भाजपा को राज्य में ब्राह्मणों के 47 प्रतिशत, सवर्ण जातियों में से 55 प्रतिशत और अन्य पिछड़ी जातियों के 40 प्रतिशत मत मिले। 2009 में 90 सदस्यीय विधान सभा चुनावों में महज चार सीट जीतने वाली पार्टी ने इस बार 47 सीटों पर कब्जा कर लिया और अपने दम पर राज्य में पहली बार सरकार का गठन किया। यहां भी उसने गैर जाट मनोहर लाल खट्टर को मुख्यमंत्री बनाया।

अमित शाह अपने सामाजिक गणित को हल कर रहे थे। लेकिन अगले साल बिहार में उन्हें एक जटिल सामाजिक जमीन पर उतरना था, जो उनके लिए सबसे बड़ी चुनौती थी और जिसमें वे नाकाम होने वाले थे।

*

राजनीतिक दृष्टि से संपन्न वर्ग से मुकाबला करने के लिए राजनीतिक गठबंधन तैयार करने की रणनीति कम आबादी की वजह से राजनीतिक रूप से कमजोर लेकिन सामाजिक दृष्टि से प्रभुत्व शालियों(जैसे सवर्ण जातियां) और सामाजिक दृष्टि से कमजोर और राजनीतिक रूप से अलग थलग हों

परंतु पर्याप्त संख्या (जैसे पिछड़ा वर्ग और दलित) वालों के बीच एक गठबंधन पर टिकी हुई थी।

लालू प्रसाद ऐसे नेता हैं जिनकी राजनीतिक दृष्टि एकदम स्पष्ट है। वह 1990 से ही जाति का कार्ड बहुत ही निर्ममता के साथ खेल रहे हैं और उन्होंने लंबे समय तक राजसत्ता की तमाम सुविधाओं पर एकाधिकार कायम रखने वाली सवर्ण जातियों के खिलाफ राजनीतिक वातावरण बनाया, पिछड़ों को सशक्त बनाया और उन्हें राजनीति में आवाज प्रदान की। उनका खेल उस समय खत्म हो गया जब पिछड़ी जातियों के उनके द्वारा बनाए गठबंधन में दरार आ गई। यादव प्रभुत्व से नाराज नीतीश कुमार ने अति पिछड़े समुदायों का नेतृत्व किया और उन्होंने सवर्ण जातियों के जनाधार वाली भाजपा के साथ गठबंधन कर लिया।

2015 में, नीतीश और लालू प्रसाद एक बार फिर साथ थे। लालू प्रसाद को भी यह अहसास हो गया था कि सत्ता तक पहुंचने का रास्ता पिछड़ों के गठबंधन का वही मूल फार्मूला है जिसने 1990 में उन्हें सत्ता तक पहुंचाया था। यदि यह अगड़े-पिछड़े के बीच चुनाव हुआ तो भाजपा के जीतने का कोई सवाल ही नही है क्योंकि उसे सवर्ण जातियों के बीच अपने जनाधार तक ही सीमित रहना पड़ेगा। निःसंकोच जाति कार्ड का इस्तेमाल करते हुए लालू प्रसाद ने अकेले ही दम पर बिहार के चुनावों को अगड़ी जातियों बनाम अन्य पिछड़ी जातियों के बीच चुनाव की शक्ल दे दी थी।

इसमें उनके सबसे बड़े सहयोगी आरएसएस प्रमुख मोहन भागवत थे। आर्गेनाइजर के संपादक प्रफुल्ल केतकर को दिए एक साक्षात्कार में भागवत ने आरक्षण के राजनीतिकरण की आलोचना करते हुए इसकी समीक्षा के लिए एक समिति गठित करने की वकालत की थी (इस इंटरव्यू के बारे में अगले अध्याय में विस्तार से बात की गई है)। उन्होंने सुझाव दिया था कि एक स्वायत्तता प्राप्त आयोग इस पर अमल कर सकता है।

लालू प्रसाद को इसमें राजनीतिक लाभ की गंध मिल गई और तत्काल उन्होंने घोषणा की कि यदि भाजपा सत्ता में आई तो वह आरक्षण खत्म

कर देगी। स्वास्थ्य ठीक नहीं होने के बावजूद लालू ने रोजाना छह से सात जनसभाएं कीं। वह सुबह नौ बजे पटना में अपने घर से निकलते और देर शाम लौटते तो उनके हाथ में आरएसएस के द्वितीय सरसंघचालक एम.एस. गोलवलकर की बंच आफ थॉट्स की प्रति होती। उन्होंने इस किताब से अंश उद्धृत करते हुए कहा कि इससे पता चलता है कि आरएसएस हमेशा से ही आरक्षण विरोधी रहा है।

राघोपुर के धबौली गांव में लालू प्रसाद के दूसरे पुत्र और संभावित उत्तराधिकारी तेजस्वी यादव अपने पहले चुनाव में प्रचार कर रहे थे। उन्होंने तेजी से चलते हुए महिलाओं से आशीर्वाद मांगा और आदमियों से हाथ मिलाया। उन्होंने आत्मविश्वास के साथ कहा कि यह चुनाव उनके पक्ष में आ चुका है। क्या बदला था?

उन्होंने कहा, 'आरएसएस प्रमुख की टिप्पणियों ने वास्तव में खेल ही बदल दिया है। अन्य पिछड़ी जातियां एकजुट हो गई हैं। भाजपा शहरों में रहने वालों के बीच अंतिम प्रयास कर रही है परंतु मैं समझता हूं कि हम वहां भी जीतेंगे। भाजपा सोचती है कि 2014 के चुनावों की तरह ही विभिन्न जातियों के लोग मोदी के लिए वोट देंगे। परंतु अब यह नहीं होगा।' आधुनिक शिक्षा के रूबरू हो चुका बीस साल से अधिक आयु का यह युवा नेता सभी पक्षों द्वारा राजनीति के लिए जातियों के इस्तेमाल के बारे में क्या सोचता है? 'यह तो हर जगह है। अमेरिका में क्या यह श्वेतों और कालों को लेकर नहीं है? जातियां तो हमारे समाज का वही तरीका है जो सदियों से बनाया गया है और यह लंबे समय तक मुद्दा रहेगा। यहमायने रखता है।'

राष्ट्रीय जनता दल पहले से ही सामाजिक-आर्थिक जाति जनगणना के जाति संबंधित आंकड़ों की मांग करके जातियों के इर्द गिर्द अपना प्रचार केन्द्रित कर रहा था। सामाजिक-आर्थिक जाति जनगणना का काम कांग्रेसके कार्यकाल में शुरू किया गया था, इसे भाजपा के सरकार के अंतर्गत जारी किया गया परंतु जातियों से संबंधित विवरण रोक लिया गया था। लालू प्रसाद का तर्क है कि यह पिछड़ों और दलितों की स्थिति, उनकी संपत्ति,

उनकी आमदनी और शिक्षा का स्तर और उनके रोजगार की स्थिति की सही जानकारी देगा। वे गरजे, 'आरएसएस आरक्षण खत्म करने की बात कर रहा है और हम आबादी के आधार पर इसे बढ़ाने की बात कर रहे हैं।'

यह संदेश एकदम सही ठिकाने पर पहुंचा।

भाजपा जानती थी कि हालांकि सवर्ण जातियां व्यापक रूप से पार्टी के साथ रहेंगी, उसे पिछड़ी जातियों में अपनी पैठ बनानी थी। परंतु आरक्षण खत्म होने की आशंका नीचे तक पहुंच गई थी। भाजपा अब पसोपेश में फंस गई थी। वह भागवत की निन्दा नहीं कर सकती थी परंतु उसने आरएसएस प्रमुख की टिप्पणियों से दूरी बना ली, उसने संघ से स्पष्टीकरण भी जारी कराया और प्रधान मंत्री ने भी आरक्षण के प्रति अपनी प्रतिबंद्धता दोहराई। लेकिन कुछ भी काम नहीं आया।

डेढ साल बाद भाजपा के एक प्रमुख नेता ने, जो बिहार चुनाव प्रचार में काफी सक्रिय थे, स्वीकार किया, 'भागवत जी के बयान ने जितना हमने सोचा था उससे कहीं हमें अधिक नुकसान पहुंचाया। लालू प्रसाद के अलावा प्रशांत किशोर की टीम ने भी इस संदेश को नीचे तक पहुंचाया। उन्होंने पर्चे छापे और इसने हमें बचाव की स्थिति में पहुंचा दिया। पिछड़ों में अपनी पैठ गहरी करने के लिए हमने जितना भी काम किया था, सारा चौपट हो गया।' इस चुनाव में नीतीश-लालू गठबंधन के लिए किशोर मुख्य चुनाव रणनीतिकार थे; उन्होंने 2012 के गुजरात चुनाव और 2014 के लोक सभा चुनाव में मोदी के साथ काम किया था। हालांकि पार्टी के भीतर एक अलग विचार मंच था जिसका मानना था कि मतों की भागीदारी से संकेत मिलता है कि पार्टी को पिछड़ों का वोट भी मिला था और यह सिर्फ महागठबंधन का गणित था जिसने उसे सत्ता में पहुंचा दिया। लेकिन यह सिर्फ संघ ही नहीं था। इसी नेता ने यह भी स्वीकार किया क्ि भाजपा ने भी जातीय समीकरणों, विशेषक्रर टिकटों के वितरण के मामले में, सही तरीके से प्रबंधन नहीं किया।

'पहली सूची में हमने सवर्ण जातियों को बहुत अधिक टिकट दे दिए थे। इसने हमें अगड़ों की पार्टी के रूप में पेश करने का लालू प्रसाद का काम और अधिक आसान बना दिया था। इसके बाद, हमने करीब तीस टिकट यादवों को यह सोच कर दिए कि उनके यादव वोट बटेंगे यह मूर्खतापूर्ण था। यह बंटे नहीं और हमने वे टिकट बेकार कर दिए और दूसरे समुदायों को भी नाराज कर लिया। भाजपा के विद्रोही उम्मीदवार भी सत्तर से अधिक सीटों पर चुनाव मैदान में थे।'

भाजपा पिछड़ों और दलितों के बीच अपने समर्थन के अभाव को देखते हुए गठबंधन बनाने के प्रति बहुत सावधानी बरत रही थी। उसने अपने राजग सहयोगी राम विलास पासवान (पासवान वोटों के लिए उन पर आश्रित)और उपेन्द्र कुशवाहा (यह सोचकर कि वह समुचित कोयरी वोट दिलायेंगे और कुर्मी-कोयरी गठबधन को तोड़ेंगे जिसने नीतीश को सत्ता तक पहुंचाया था) के साथ रिश्ता जोड़ा। उन्होंने मुख्यमंत्री पद से हटाए गए जीतन राम मांझी से भी तालमेल किया और उम्मीद की कि वह नीतीश कुमार के महादलित वोट बैंक में सेंध लगाएंगे। अतः कागजों पर तो यह गणना ठीक लगती थी। परंतु इन गठबंधनों ने बहुत बड़ी कीमत वसूली। एक और भाजपा नेता ने, जो पासवान, कुशवाहा और मांझी के सहयोगी होने की वजह से अपना नाम जाहिर नहीं करना चाहते, कहा, 'हमारा गठबंधन पूरी तरह असफल रहा। हमने इन दलों को अस्सी सीटें दीं। उनका इतना सीमित जनाधार था।यह बर्बादी ही थी। इनमें से अधिकांश ने टिकट बेच दिए और अपनी जाति पर बिल्कुल भी ध्यान नहीं दिया।'

यह सब उसके एकदम विपरीत था जो नीतीश-लालू-कांग्रेस को मिलाकर बने महागठबंधन ने किया था। अपेक्षाओं के विपरीत, टिकट वितरण बहुत ही सहजता से हुआ था। एक बार फिर, प्रशांत किशोर ने जमीनी हकीकत का आकलन यह पता लगाने में अहम भूमिका निभायी कि किस निर्वाचन क्षेत्र में कौन सा दल और उम्मीदवार सबसे अच्छी स्थिति में होगा और वह अनौपचारिक रूप से नीतीश और लालू प्रसाद के बीच सहज साझेदारी

सुनिश्चित करने के लिए मध्यस्थता की भूमिका निभा रहे थे।

भाजपा नेता बताते है, 'लालू प्रसाद ने यादव प्रभुत्व वाली सीटें लीं, कांग्रेस को सवर्ण जातियों वाली सीटें दी गईं जबकि नीतीश ने अति पिछड़ी जाति की सीटें लीं। और उनके मत एक दूसरे के लिए हस्तांतरित हो गए। महागठबंधन ने करीब 55 प्रतिशत टिकट अन्य पिछड़ी जातियों और 15 प्रतिशत दलितों को दिए थे।'

नरेन्द्र मोदी के पिछड़ी जाति का होने की वजह से 2014 के लोकसभा चुनावों में पिछड़े समुदायों का भाजपा को समर्थन मिल गया था। यद्यपि, एक साल के भीतर ही मोदी के पिछड़ा होने की छवि और शाह का प्रबंधन और गठबंधन कोई काम नहीं आया। भाजपा एक बार फिर सामाजिक रूप से संपन्न सवर्ण जातियों की पार्टी के रूप में देखी जाने लगी। ऐसी पार्टी जो आरक्षण के जरिए तरक्की करने के वंचितों और हाशिए के लोगों के दावों और अपेक्षाओं को कबूल करने को तैयार नहीं थी। अपने दम पर बिहार में शासन करने की भाजपा की लालसा अधूरी ही रहेगी क्योंकि वह बिहार की इस विविधता को परिलक्षित करने में असमर्थ थी। इसकी सामाजिक इंजीनियरिंग औंधे मुंह गिर गई।

*

बिहार के ताजा नतीजों से मिले सबक के बाद भाजपा अब उत्तर प्रदेश के चुनावों की तैयारियों में जुट गई। इसके पास गठबंधन के लिए नमूना पहले से ही था।

2014 में, अमित शाह ने '60 प्रतिशत' का फार्मूला तैयार किया था।

यह फार्मूला था क्या?

राज्य सभा के सदस्य भूपेन्दर यादव पार्टी के महासचिव और अमित शाह के भरोसेमंद सहयोगी हैं। मूलतः राजस्थान के रहने वाले भूपेन्दर यादव उत्तर भारत के जातीय समीकरणों से परिचित थे और वह बिहार के प्रभारी थे।

पेशे से वकील यादव को उत्तर प्रदेश में प्रचार के दौरान परिवर्तन

यात्रा और जनता तक पहुंचने के काम में संगठन की मदद करने की जिम्मेदारी सौंपी गयी थी। चुनाव के बाद उन्हें पिछड़े वर्गों के नए आयोग के गठन संबंधी संसदीय समिति की अध्यक्षता करनी थी उन्हें 2017 के अंत में गुजरात में होने वाले चुनाव के मद्देनजर राज्य का प्रभारी बनाया जानेवाला था, जो उनके प्रति मोदी और शाह के भरोसे को दर्शाता है।

मार्च महीने की एक शाम, यादव चुनाव प्रचार से लौट रहे अमित शाह को लेने पार्टी के लखनऊ कार्यालय से हवाई अड्डे जा रहे थे। हवाई अड्डे तक की 45 मिनट से अधिक की यात्रा के दौरान उन्होंने 60 प्रतिशत के फार्मूले की रूपरेखा को दोहराया जो चुनाव प्रबंधन के मामले में अमित शाह स्कूल का ट्रेडमार्क था।

यादव बताते हैं, "देखिए, इस चुनाव में मुसलमान, जो 20 प्रतिशत हैं, वे हमें वोट नहीं देंगे। यादव, जो करीब 10 प्रतिशत हैं, मोटे तौर पर समाजवादी पार्टी के प्रति ही निष्ठावान रहेंगे। जाटव, जो 10 प्रतिशत से थोड़ा अधिक हैं, बसपा के प्रति वफादार बने रहेंगे। लुभाने के लिएहमारे पास55 से 60 प्रतिशत मतदाताही बचते हैं। हम इन्हें ही अपना लक्ष्य बना रहे हैं।"

इसका मतलब पारंपरिक सवर्ण जातियों का जनाधार है। इसका मतलब है कि पिछड़े समुदाय, जिनमें सैकड़ों छोटी और बड़ी जातियां हैं, जो अन्य पिछड़ेवर्गों के दायरे में आती हैं परंतु उन्हें सत्ता में उस तरह की भागीदारी नहीं मिली जो यादवों को मिली। इसका मतलब है कि उप्र में 60 दलित उप जातियों में से 50, जोजरूरी नहीं कि जाटवों की तरह सशक्त हुई हों।

परंतु ऐसे क्षेत्रों की पहचान करना आसान काम था। लेकिन उन्हें अपने साथ लाना असली चुनौती थी।

2014 ने इसका रास्ता बनाया। अन्य पिछड़ा वर्ग बड़ी संख्या में भाजपा के पास लौट आया। परंतु पार्टी नेतृत्व जानता था कि इस सफलता को बनाए रखने के लिए संगठन की संरचना में नीचे तक बदलाव करना होगा।

यही वह मुकाम था जिसमें अमित शाह और उनकी टीम द्वारा संगठन

में किये गये कार्यों को अपनी भूमिका निभानी थी। सुनील बंसल को जब संगठन का महासचिव बनाकर उप्र भेजा गया तो उन्होंने प्रदेश में पार्टी के भीतर के जातीय समीकरणों और संरचना का फटाफट सर्वे कराया। और वह जानकर हतप्रभ रहे गए कि 2014 में राज्य में लखनऊ से लेकर जिला स्तर तक पार्टी में सिर्फ सात प्रतिशत अन्य पिछड़े वर्ग और तीन प्रतिशत दलित समुदाय केपदाधिकारी थे।

इसका मतलब साफ था कि राज्य की आबादी में करीब 70 प्रतिशत इन समूहों से थे लेकिनभाजपा के संगठन में उन्हें सिर्फ 10 प्रतिशत ही स्थान मिला हुआ था। संगठन में ब्राह्मणों, ठाकुर और बनियों का वर्चस्व था। यह दर्शाता था कि लखनऊ में भाजपा में किसका प्रभुत्व है। इसमे कलराज मिश्र, राजनाथ सिंह, लक्ष्मी कांत बाजपेयी और सूर्य प्रताप शाही थे जिनके पास पिछले दस साल से पार्टी की बागडोर थी। ये नेता संगठन में विभिन्न स्तरों पर नियुक्तियों के लिए अपनी जाति की ओर मुखातिब हुए और उन्हें ही आगे बढ़ाया।

भाजपा के नए नेतृत्व के पास ऐसी टीम थी, एक ऐसी टीम जो बार बार नतीजे देने में विफल रही, ऐसी टीम जिसमें राज्य की सामाजिक विविधता नहीं झलकती थी। वह जानती थी कि पार्टी की विफलता की यही वजह है। फिर भी, हमेशा ही पार्टी के प्रति निष्ठावान रहे इन लोगों को पूरी तरह अलग थलग किये बगैर ही उसे इसमें बदलाव करना था।

इसे ठीक करने का उचित समय 2014 के अंत और 2015 के शुरू में चलाया गया सदस्यता अभियान के दौरान ही था। अन्य पिछड़े वर्गों और दलित समुदाय के 780 कार्यकर्ताओं को नए सदस्य बनाने के लिए उन गांवों और कस्बों में भेजा गया जहां उनकी अपनी जाति का प्रभुत्व था। इसका परिणाम यह हुआ कि इन समुदायों के 15 लाख नए सदस्यों का पार्टी में पंजीकरण हुआ।

परंतु पार्टी में असली बदलाव 2015 में संगठन में हुए फेरबदल से आया। बंसल ने शाह से पूछा कि क्या वह पार्टी में अन्य पिछड़ेवर्गों और

दलितों का प्रतिनिधित्व बढ़ा सकते हैं। शाह ने जवाब दिया, 'बात ठीक है, पर लोग नाराज होंगे।'

उन्होंने तब एक रास्ता निकाला। मौजूदा व्यवस्था में ही हिस्सेदारी देने की बजाये पार्टी पदाधिकारियों की संख्या बढ़ा सकती है। शाह ने इसे हरी झण्डी दे दी। इसने पार्टी में हर स्तर पर, विशेषकर अन्य पिछड़े वर्गों और दलितों के लिए, पद बढ़ाने का लाइसेंस दे दिया। प्रत्येक जिले में 12 नये पदाधिकारी जोड़े गये। राज्य की कार्य समिति में एक सौ नये सदस्य शामिल किये गये। जो पहले से ही पदाधिकारी थे, उन्हें नहीं हटाया गया जिसने पार्टी में असंतोष कम करने में मदद की।

2015 के अंत तक पार्टी में नये अन्य पिछड़ेवर्गों और दलितों के एक हजार नेताओं का पूल था। अब वे लोग भी खुद को पार्टी संगठन का हिस्सा महसूस करने लगे जिन्हें पार्टी में जगह मिली और उनकी वरिष्ठता को मान्यता मिली। अब पार्टी की संरचना में औपचारिक रूप से इसके नजर आने की भी जरूरत थी

संगठनात्मक चुनावों के दौरान भाजपा ने धीरे धीरे उन्हें नेतृत्व करने की बागडोर सौंपी और पार्टी में समाहित करने तथा समुचित प्रतिनिधित्व की उनकी अपेक्षाओं को संतुष्ट किया। अब 75 जिला अध्यक्षों में से 34 अन्य पिछड़ी जातियों और तीन अनुसूचित जाति के थे।

यदि 2014 में इन समूहों का संगठन में 10 प्रतिशत प्रतिनिधित्व था तो दो साल के भीतर ही उनकी हिस्सेदारी 30 फीसदी हो गई थी। भाजपा ने बेहद खामोशी के साथ, लगभग अदृश्य तरीके से यह बदलाव किया। और इसकी विशिष्टता का अनुमान इस तथ्य से ही लगाया जा सकता है कि मौजूदा नेतृत्व के खिलाफ सीधे सीधे विद्रोह किए बगैर ही यह हुआ था।

क्या इससे सवर्ण जातियां परेशान हुईं?

बंसल जवाब देते हैं, 'देखिए, अगर अन्य पिछड़े वर्ग और दलितों के नेताओ को कहीं और से लाकर बिठाया होता और जिला नेतृत्व से कहा

गया होता कि इन्हें स्वीकार करो तो इसका प्रतिरोध हो सकता था। परंतु याद रखिए हमने इन्हें 2015 में ही संगठन ढांचे में शामिल कर लिया था। इस तरह वे एक साल तक वर्तमान जिला नेतृत्व के साथ काम कर चुके थे। और जिला प्रमुखों के चयन की प्रक्रिया परामर्श और आम सहमति की थी। इसमें अधिक परेशानी नहीं थी।''

इस कवायद के अंत में ही केशव प्रसाद मौर्य को राज्य इकाई का प्रदेश अध्यक्ष नियुक्त किया गया था। मौर्या पिछड़े वर्ग के थे और हिंदुत्व के बारे में उनकी सोच सर्वविदित थी।

निश्चित ही मौर्या एक प्रतीकात्मक पसंद थे। उप्र में हर फैसले को जाति के चश्मे की नजर से देखा जाता है। परंत इस बार, भाजपा उनकी सांकेतिक पसंद से भी आगे बढ़ गई थी। उनकी नियुक्ति संगठन के भीतर अधिक बदलाव होने की ओर इशारा कररही थी।

*

केशव प्रसाद मौर्या ने सहारनपुर की जनसभा में अपना भाषण खत्म किया औरहम अमरोहा में उनकी अगली जनसभा के लिए वापस हेलीकॉप्टर में सवार हो गए।

मैंने थोड़े शरारतपूर्ण अंदाज में केशव प्रसाद मौर्या से पूछा, ''यह सब लोग यहां आये थे क्योंकि वे आपको मुख्यमंत्री के रूप में देखना चाहते हैं। क्या पार्टी को इस पद के लिए आपको उम्मीदवार के रूप में पेश नहीं करना चाहिए था?'वह बहुत होशियार थे और हमारे जाल में फंसने वाले नहीं थे। मौर्या ने मुस्कुराते हुए कंधे उचकाए और कहा, 'भाजपा में प्रत्येक कार्यकर्ता संभावित मुख्यमंत्री है।'

भाजपा ने 2016 में ही तीन मुख्य कारणों से किसी को भी मुख्यमंत्री के रूप में पेश नहीं करने का फैसला किया। वे जानते थे कि उनके पास राज्य स्तर का ऐसा कोई चेहरा नहीं है जो प्रदेश में अखिलेश यादव और मायावती सरीखे पहले से स्थापित क्षेत्रीय क्षत्रपों का मुकाबला कर सके। एक जाति के व्यक्ति को मुख्यमंत्री के रूप में पेश करना दूसरी जातियों

को दूर कर देगा और इस तरह से बहुजातीय गठबंधन के निर्माण का काम प्रभावित होगा। और वैसे भी मोदी का नाम और आकर्षण किसी को मुख्यमत्री के रूप में पेश नहीं करने की कमी को पूरा करने के लिए पर्याप्त होगा। पार्टी नेताओं का तर्क था कि इसके लिए कोई निश्चित फार्मूला नहींथा। बिहार में भाजपा के पास मुख्यमंत्री पद के लिए कोई चेहरा नहीं था, वहां उसका प्रदर्शन काफी खराब रहा था जबकि महाराष्ट्र में उसने काफी अच्छा किया था। असम में उसके पास मुख्यमंत्री पद का चेहरा था और वह जीती परंतु दिल्ली मेंमुख्यमंत्री पद के लिए चेहरा पेश किया और वह बुरी तरह पराजित हो गई।

लेकिन इसमें थोड़ा ही संदेह है कि मौर्या में मुख्यमंत्री बनने की महत्वाकांक्षा थी और कोई वायदा किए बगैर पिछड़ी जातियों के लिए यह चालाकी भरा संदेश था कि उनका अपना आदमी इस पद पर आसीन हो सकता है। यह संशय मददगार हुआ।

मौर्या के सहायक विवेक सिंह ने खाने का डिब्बा निकाला और उसमें से घर में बनी रोटी में लिपटी सब्जी अपने नेता को दी। हमने पश्चिमी उत्तर प्रदेश के मैदानों को ऊपर से देखा और हेलीकॉप्टर के शोर के बीच ही मैंने उनसे पूछा कि उन्हें क्यों लगता है कि अन्य पिछड़ा वर्ग पार्टी के लिए वोट करेगा।

मौर्या ने जवाब दिया, 'इस बार हमने टिकट वितरण में न्याय किया है। भाजपा ने उप्र के अपने चुनावी इतिहास में पहली बार सबसे अधिक टिकट अन्य पिछड़े वर्गों को दिए हैं। यह हमारे समाज को हमारी ओर आकर्षित करेगा।' वह इससे सवर्ण जातियों के परेशान होने को लेकर चिंतित नहीं थे। 'नहीं, उन्हें भी 150 से अधिक टिकट दिए गए हैं। हम सभी को एकसाथ लेकर चलने में विश्वास करते हैं।' और फिर विडंबना को समझे बगैर ही मुस्कुराते हुए वह कहते हैं, 'दूसरे दलों ने इतने सारे टिकट मुस्लिमों को दिए हैं। उन्होंने दूसरों के साथ अन्याय किया है।''

यह सिर्फ प्रतिनिधित्व नहीं था बल्कि संदेश था जिसने इन समुदायों

से अपील करने में भाजपा की मदद की। और यही संदेश इस बात के इर्द गिर्द केन्द्रित रहा कि सपा और बसपा ने किस तरह उनके साथ गलत व्यवहार किया। वह कहते हैं, 'इन सभी लोगों ने किसी ने किसी न किसी समय समाजवादी पार्टी को वोट दिया,परंतु सिर्फ एक समुदाय ही लाभान्वित हुआ। वे अब विकल्प की तलाश कर रहे हैं। वे जानते हैं कि भाजपा किसी के साथ भेदभाव नहीं करती है। ये सबकी पार्टी है।' वे यह भी जोड़ सकते थे, कि वे सभी जो हिंदू हैं।

मौर्या उस विरोधाभास को उजागर कर रहे थे जो मौजूद था और अन्य पिछड़ा वर्ग परिवार के भीतर और अधिक तेज हो गया था। और इसका एक पुराना इतिहास रहा है।

*

उत्तर प्रदेश में, कांग्रेस सवर्ण जातियों, दलितों और मुस्लिमों के मिले जुले गठबंधन के आधार पर परंपरागत तरीके से चुनाव जीतती रही थी। परंतु मंझोले कामगारों और पिछड़ों ने महसूस किया कि सत्ता के इस गणित में उन्हें शामिल नहीं किया गया है और वे 1960 के दशक से ही समाजवादी संगठनों की ओर आकर्षित होने लगे। जैसा कि राजनीतिक वैज्ञानिक क्रिस्टॉफ जैफ्रेलो ने दर्ज किया है कि यह राम मनोहर लोहिया की राजनीति के दायरे में हुआ जिसमें जाति के आधार पर प्रतिनिधित्व और मुख्य रूप से सकारात्मक कार्रवाई (यानी आरक्षण) की मांग की गई थी,और चरण सिंह की राजनीति, जिसमें किसानों की व्यापक पहचान का मुद्दा उठाया गया और 'किसान' की पहचान के इर्द गिर्द की मांगों पर जोर दिया गया।

परंतु, अंत में लोहिया की राजनीतिक विचारधारा का प्रभुत्व कायम हुआ। विश्वनाथ प्रताप सिंह के नेतृत्व वाली जनता दल सरकार ने मंडल आयोग की रिपोर्ट लागू की जिसमें अन्य पिछड़े वर्गों के लिए केन्द्र सरकार की नौकरियों में 27 प्रतिशत आरक्षण का प्रावधान था। यह एक निर्णायक मोड़ था। अन्य पिछड़ेवर्गों की राजनीतिक चेतना गहरी होती जा रही थी, जिसने मुस्लिमों के साथ गठबंधन करके लालू प्रयाद यादव को बिहार और

मुलायम सिंह को उप्र में अपना नेता चुन लिया।

लेकिन ये राज्य सरकारें व्यापक अन्य पिछड़ा वर्ग परिवार को लाभ पहुंचाने की बजाए जाति की जागीर बन कर रह गईं। सरकारी नौकरियों से लेकर राजनीतिक पदों तक लालू और मुलायम दोनों के राज को यादव राज के नाम से जाना जाने लगा। यह, जैसा कि जैफ्रेलो लिखते हैं, यह धारण बना दी कि इस जाति ने शुरू से ही अपने लाभ के लिए अन्य पिछड़ेवर्गों का इस्तेमाल किया है।

इस वजह से पिछड़े वर्गों के भीतर भी विरोधाभास शुरू हो गया।

बिहार में, उदाहरण के लिए, लालू प्रसाद और नीतीश कुमार दोनों ही व्यापक जनता परिवार के कॉमरेड थे और पिछड़ों के सशक्तीकरण के लिए प्रतिबद्ध थे। लेकिन नीतीश कुमार तो कुर्मी थे। और कुर्मी, कम ताकतवर होने और यादवों की तुलना में संख्या में कम होने के बावजूद अन्य पिछड़े वर्ग की एक महत्वपूर्ण जाति है। उन्हें पार्टी में किनारे लगाए जाने से उनमें असंतोष था। नीतीश कुमार ने लालू प्रसाद से रिश्ता तोड़ा और इसे तैयार किया। उन्होंने अंततः समूची अति पिछड़ी जातियों को ही तैयार किया और अन्य पिछड़े वर्ग को खंडित कर दिया। जैसा कि हमने ऊपर देखा, पिछड़ों ने सिर्फ 2015 में ही एक साथ वोट दिया जब नीतीश और लालू दशकों के बाद एक साथ आए थे।

उप्र में भी अंतर्विरोध तेज हो गया। हो सकता है कि अन्य पिछड़ा वर्ग आरक्षण पाने की लालसा पूरी करने और कांग्रेस की दादागिरी खत्म करने के अपने लक्ष्य के लिए एकजुट हो गया हो। परंतु अब यादव और गैर यादव की दरार पैदा हो गई थी। अधिकांश पिछड़े समूह कुर्मी, कुशवाहा, लोध और अन्य समाजवादी पार्टी के दायरे से दूर हो चुके थे। कुछ ने बसपा से उम्मीद लगा रखी थी परंतु यहां भी उन्हें निराशा ही हाथ लगी।

दूसरे दलों द्वारा मुसलमानों को जरूरत से ज्यादा महत्व दिए जाने और इस तरह से दूसरों के साथ न्याय नहीं करने संबंधी केशव मौर्या की भड़ास से भाजपा के वैचारिक पूर्वाग्रहों का ही पता चलता है। परंतु यह सही था

कि सपा और बसपा ने गैर यादव अन्य पिछड़ेवर्गों को लुभाने में अधिक समय नहीं लगाया और इसने भाजपा को पूरा खुला अवसर प्रदान कर दिया। बिहार में, नीतीश कुमार ने इन समुदायों की नाराजगी जाहिर की थी और उनकी अपेक्षाओं पर तवज्जो दी थी। उप्र में ऐसा कोई नेता नहींथा। चुनावी गणना से इन 30 प्रतिशत को अलग कर देना उत्तर प्रदेश में किसी भी क्षेत्रीय दल के लिए आत्मघाती हो सकता है।

अखिल यादव विभिन्न जातियों के बीच सपा की एक यादव पार्टी होने की छवि से बाहर निकलते हुए अपने विकास के नाम पर शब्दाडंबर के भरोसे थे। लेकिनभाजपा का मानना था कि यह काम नहीं करेगा। उसने खुद को ऐसी ताकत के रूप में पेश किया जो उस जाति के खिलाफ खड़ी है जिसने सिर्फ अपना भला किया और बाकी सभी की उपेक्षा की।

और इसीलिए जब हम अमरोहा में हेलीकॉप्टर से उतरे तो मौर्या ने कहा, 'कुछ जातियां तो विशेषाधिकार वाली जातियां हो गयी हैं। यह चुनाव उसके खिलाफ जनादेश है।'

*

भाजपा को सफलता मिली। राज्य के प्रत्येक कोने में पिछड़े वर्ग के लोगों ने अपनी स्थिति मजबूत की।

बुन्देलखण्ड को ही लें।

नीलांजन सरकार, भानु जोशी और आशीष रंजन राजनीतिक वैज्ञानिक हैं और सेन्टर फॉर पालिसी रिसर्च के साथ हैं। उन्होंने उप्र से द हिंदू अखबार के लिए लिखा।

झांसी के बबीना निर्वाचन क्षेत्र में उनकी मुलाकात राजभर समुदाय के एक परिवार से हुई, इनमें सभी ने 2012 के चुनाव में सपा को वोट दिया था। इस बार वे भाजपा को वोट देंगे। परिवार ने महसूस किया कि उन्हें उतनी आर्थिक मदद नहीं मिली जितनी सरकार ने सूखे से प्रभावित लोगों को देने का वायदा किया था परंतु यादवों को उनके हिस्से भी कहीं अधिक मिला। मध्यम आयु के एक व्यक्ति ने उनसे कहा, 'यह सिर्फ काम

करने के बारे में नहीं है, हम कोई ऐसा चाहते हैं जो हम सभी के साथ एक समान व्यवहार करे।'

सरकार, जोशी और रंजन ने निष्कर्ष निकाला, 'उचित हो या नही परंतु पूरे उत्तर प्रदेश में उनकी (अखिलेश याद) की पार्टी का संगठन अभी भी स्थानीय नौकरशाही, पुलिस और सामाजिक ढांचे में बड़े पैमाने पर यादव प्रभुत्व से जुड़ा हुआ है और भय तथा हिंसा के माध्यम से शासन चला रहा है जबकि संसाधनों को अपनी जाति की ओर मोड़ रहा है।'

या फिर मध्य-पश्चिम उप्र में जाएं।

पत्रकार शिवम विज ने एक सप्ताह कासगंज में बिताया। यह एक ऐसी सीट है जो 1974 से ही उप्र का चुनाव जीतने वाले दल को वोट देने में आगे रही है। यह भाजपा के पूर्व मुख्यमंत्री कल्याण सिंह का क्षेत्र था। 2012 में सपा के साथ कुछ समय बिताने के बाद पार्टी का यह कद्दावर लोध नेता की घर वापसी हो गयी थी। हालांकि इस समय वह राजस्थान के राज्यपाल थे लेकिन उनके समुदाय के लिए इस संदेश में कोई त्रुटि नहीं थी भाजपा उन्हें महत्व और सम्मान दे रही है, उनका पौत्र एक अन्य सीट से चुनाव मैदान में प्रत्याशी था और भाजपा नेतृत्व ने अपनी प्रत्येक जनसभा में कानून व्यवस्था की दृष्टि से कल्याण सिंह के शासन को प्रदेश का स्वर्णिम काल बताया। (इस विडंबना को मत भूलिए कि कल्याण सिंह के शासनकाल में ही बाबरी मस्जिद गिराई गई थी)।

विज ने लिखा कि इस निर्वाचन क्षेत्र में तीन लाख या इसके आसपास मतदाताओं में से 65, 000 से अधिक लोध थे और भाजपा अकेली पार्टी थी जिसने लोध को अपना उम्मीदवार बनाया था। भाजपा के पारंपरिक सवर्ण जातियों के वोट और अन्य पिछड़े वर्ग के समूहों के वोट लोध वोट के साथ जुड़ने से भाजपा यहां करीब करीब अजेय लग रही थी।

विज बाद में याद करते हुए बताते हैं कि कल्याण सिंह के प्रति निष्ठा और उनकी जाति का उम्मीदवार होने के अलावा यादव विरोधी भावनाएं जगजाहिर थीं।वह कहते हैं, 'एक गांव में, मुझे याद है कि मैं गैर यादव

पिछड़ेवर्गों के एक समूह से बात कर रहा था, जिसमें लोध, कश्यप और अन्य शामिल थे, एक यादव आया और हमारी बातचीत में व्यवधान डालते हुए बहुत ही आक्रामक अंदाज में बोला, "अखिलेश, अखिलेश" और फिर वहां से चला गया। लोध समुदाय का एक व्यक्ति घूमा और तत्काल बोला कि इसी तरह का आचरण है जो उनकी हार का कारण बनेगा।"

या आप पूर्वांचल की ओर जाएं, जैसा टेलीग्राफ अखबार के रोविंग एडीटर और वरिष्ठ पत्रकार शंकर्षण ठाकुर ने मार्च के शुरू में किया था।

वाराणसी में प्रधान मंत्री द्वारा अपनाए गए गांव जायापुर में उनकी मुलाकात ग्राम प्रधान नारायण पटेल से हुई जो कुर्मी थे। पटेल भाजपा की सहयोगी और अनुप्रिया पटेल के नेतृत्व वाली छोटी पार्टी अपना दल के समर्थक थे। अनुप्रिया पटेल मिर्जापुर से सांसद और अब केन्द्र सरकार में मंत्री हैं।

यह गठबंधन 2014 के चुनाव में कुर्मी मतों को प्राप्त करने की अमित शाह की रणनीति का हिस्सा थी। शाह ने 2017 के चुनाव में भी यह गठबंधन बनाए रखा था। यह विचार आमतौर पर चुनावों के प्रति उनके दृष्टिकोण से सही है-मतों को बढ़ाएं, 5-10 प्रतिशत के उस अंतर को दूर करें जिसने भाजपा को जीत से दूर रखा था। इसके लिए दूसरे दलों के नेताओं को तोड़ने या ऐसे सहयोगी को साथ लेने की रणनीति थी, जो भले ही छोटे हों परंतु एक समुदाय पर उसका प्रभाव हो। उत्तर प्रदेश में यह गठबंधन स्वतंत्र अन्य पिछड़े समूहों के प्रति भाजपा की संवेदनशीलता को दर्शाने की रणनीति में सही बैठता था। इसी तरह का गठबंधन राजभर समुदाय की एक छोटी सी पार्टी सुहेलदेव भारतीय समाज पार्टी के साथ भी किया गया था।

पूरे दिन अपनी मोटर साइकिल पर चुनाव प्रचार कर रहे नारायण पटेल ने ठाकुर से कहा, 'मेरा सरोकार मोदी से है और सिर्फ उनसे ही है। देश को अभी तक ऐसा नेता नहीं मिला था और उप्र को भी मोदी की जरूरत है।'

या आप राज्य के दूसरे छोर पर करीब करीब दिल्ली की सीमा से

लगे हुए पश्चिमी उत्तर प्रदेश में जाट इलाके को ही ले लीजिए। संदेश स्पष्ट था परंतु क्षेत्रों की विशिष्टता ने इसे अनुकूल बनाया था।

2014 के चुनाव में भाजपा ने मुख्य रूप से जाट वोटों के सहारे पश्चिम उप्र में सफाया कर दिया था। इस बार पूर्व केन्द्रीय मंत्री अजित सिंह की पार्टी राष्ट्रीय लोक दल को उम्मीद थी कि जाट समुदाय पार्टी में लौट आएगा। ऐसा लगता था कि हरियाणा में एक गैर जाट को मुख्यमंत्री बनाए जाने, अन्य पिछड़े वर्ग की केन्द्रीय सूची में जाटों को शामिल करने के लिए अधिक प्रयास नहीं करने और उनके कद्दावर नेता चौधरी चरण सिंह के प्रति अनादर रखने की वजह से यह समुदाय नाराज था।

इसके बावजूद भाजपा ने इस इलाके में सफाया कर दिया। राष्ट्रीय लोक दल के एक नेता ने बाद में सफाई देते हुए कहा, 'आप जानते हैं, जाट हमारे पास लौटे हैं। 2014 में हमें सिर्फ सात लाख या इसके आसपास मत मिले थे जो सिर्फ 0.8 प्रतिशत ही था। लेकिन इस बार हमें 15 लाख से भी ज्यादा मत मिले जो 1.8 प्रतिशत है। समस्या यह हुई कि प्रत्येक निर्वाचनक्षेत्र में सभी अन्य पिछड़े वर्ग भाजपा के लिए एकजुट हो गये। उनके पीछे पिछड़ों के एकजुट होने की सीमा चौंकाने वाली है।'

यह इसलिए हुआ क्योंकि भाजपा को प्रभावशाली वर्ग से निबटने में सक्षम होने वाले दल के रूप में देखा गया था। 'हमारे इलाके में, सैनी, पाल, गुज्जर ने महसूस किया कि भाजपा जाटों को काबू में रखेगी। जाटों ने जितना अधिक कहा कि वे इस बार आरएलडी को वोट देंगे, दूसरे उतना ही अधिक प्रतिबद्ध होकर भाजपा को वोट देंगे। अंततः भाजपा को जाटों के साथ ही सभी पिछड़ों के भी मत मिले।''

उत्तर प्रदेश के सभी बड़े क्षेत्रों में भाजपा खुद को वंचित तबकों के मसीहा के रूप में पेश करने में कामयाब रही और अंततः एक ऐसी प्रभावशाली पार्टी बनकर उभरी, जो सभी के लिए थी और जिसने भिन्न-भिन्न जातियों से बनी राज्य की अकेली सबसे बड़ी आबादी को जीता, जिसमें गैर यादव ओबीसी शामिल थे।

*

मेरठ में सतीश प्रकाश एक दलित प्रोफेसर हैं। प्रकाश की बसपा से सहानुभूति है परंतु वह स्वतंत्र हैं और पार्टी की राजनीति के आलोचक हैं। दलित समाज में अच्छी तरह पैठ रखने वाले प्रकाश पश्चिमी उत्तर प्रदेश में अपने समुदाय के एक महत्वपूर्ण बुद्धिजीवी के रूप में उभर रहे हैं।

चुनाव प्रचार के दौरान हम दोनों ने एक साथ ही हस्तिनापुर, जो एक सुरक्षित क्षेत्र है, की यात्रा की और बसपा प्रत्याशी योगेश वर्मा के प्रचार अभियान को देखा। प्रकाश उनकी जीत के प्रति उसी तरह आश्वस्त थे जैसा कि वह मायावती के लखनऊ में मुख्यमंत्री के रूप में सत्ता में लौटने के प्रति थे।

चुनावों के बाद, हमने उनसे बात करके जानना चाहा कि गड़बड़ी कहां हुई।

प्रकाश ने बताया, 'दलितों और जाटवों के एक वर्ग ने विशेष रूप से, ब्राह्मणवाद के खिलाफ लगातार आवाज उठाई और अपने लिए जगह मांगी। जब वे आर्थिक और शैक्षणिक रूप से सशक्त हो गए तो इस जगह पर अपना एकाधिकार जमाना चाहते थे। क्या उनकी अपने समुदाय के भीतर ही कमजोर वर्गों के प्रति कोई जिम्मेदारी नहीं थी? बसपा ने इसे नहीं समझा। भाजपा ने इसे समझा।'

उत्तर प्रदेश में सभी सामाजिक समूहों में दलित सबसे अधिक कमजोर हैं। और दलितों में भी छोटी और इधर उधर फैली जातियां सबसे कमजोर हैं, जिनके पास संख्या शिक्षा, मध्यम वर्ग और राजनीतिक नेता नहीं हैं जो उनकी समस्याओं को सही तरीके से पेश कर सकें।

वे दलित हैं जिन्होंने आगे बढ़ने की प्रक्रिया में किसी हिस्से के बगैर ही चार दशकों तक पूरी निष्ठा के साथ कांग्रेस को वोट दिया। वे दलित हैं जिन्होंने मायावती को वोट दिया परंतु वे पार्टी की मशीनरी पर जाटवों के एकाधिकार के कारण पीछे ही रह गये। वे दलित हैं जिन्होंने समाजवादी पार्टी के यादवों को अपने शोषकों के रूप में देखा है। प्रकाश उन दलितों

के संदर्भ में कह रहे थे जिनके प्रति अब अधिक ताकतवर हो चुके दलितों की जिम्मेदारी थी। दलितों को पार्टी में पीछे छोड़ दिया गया था।

वे दलित हैं जो इस बार भाजपा की ओर चले गए।

बद्री नारायण उत्तर प्रदेश के दलितों की राजनीति के एक जाने माने विचारक विद्वान और *फ्रैक्चर्ड टेल्सः इन्विजिबल इन इंडिया* के लेखक हैं। अप्रैल की शुरूआत में बिहार के प्रमुख बुद्धिजीवी सैबल गुप्ता द्वारा पटना में आयोजित एक सम्मेलन में नारायण ने व्याख्यान दिया। उत्तर प्रदेश में मिली विजय की गहमा-गहमी शहर में भी थी और सारी बातचीत पड़ोसी राज्य में जो कुछ हुआ उसी के इर्द गिर्द केन्द्रित थी।

नारायण खुद भी इस विजय के पैमाने से हतप्रभ थे और उन्होंने उसी बात को आगे बढ़ाया जो प्रकाश ने मुझसे कही थी। उन्होंने बताया कि उप्र में दलितों में 60 से अधिक उपजातियां हैं। इनमें से कुछ का सशक्तीकरण हो गया है और इनमें जाटव भी है जिन्होंने राजनीतिक सत्ता में एक बड़ा हिस्सा हासिल कर लिया और सरकारी नौकरियों और योजनाओं का भी लाभ प्राप्त कर लिया।

'वे शिक्षा, मूलभूत बुद्धिजीवियों और समुदाय के नेताओं के सृजन, अपनी जाति के माध्यम से सांस्कृतिक रूप से अपनी पहचान का दावा करके और हीरो तथा अन्य जातीय प्रतीकों जैसे कई कारणों से आगे निकल गए।' कमजोर तबका अभी भी व्यापक रूप से अशिक्षित था, उनके पास अपने समुदाय में उनके समकक्ष नेता नहीं थे जो उन्हें संगठित करते और अपनी पहचान को लेकर दावा करते।

'आप जानते हैं, कांशीराम इन सभी समुदायों में आत्मनिर्भर होने का अहसास दिलाने के लिए उनमें से सभी पैंसठ के अलग से नाम लिया करते थे। मायावती ने सभी को एक साथइकट्ठा कर दिया और उन्हें बहुत कम जगह दी। कांशीराम ने यह भी कहा था, "जिनकी जितनी संख्या है, उनकी उतनी हिस्सेदारी। परंतु क्या दलितों में भी यह नियम लागू हुआ? यह जाटव थे जिन्होंने दलितों की सीटों का बड़ा हिस्सा हथिया लिया था।"

मेरठ में, प्रकाश इससे सहमत थे।।

'दूसरी सबसे बड़ी दलित जाति वाल्मीकियों को ही ले लीजिए। जिला स्तर पर उनमें से कितने पार्टी सचिव हैं? एक भी नहीं।'

वह एक घटना के बारे में बताते हैं जिसके बारे में वह दावा करते हैं कि बसपा के बारे में वाल्मीकियों का कथन महत्वपूर्ण है। 'मायावती जब मुख्यमंत्री थीं, एक दलित महिला, रेखा वाल्मी की, पूर्वांचल में कहीं पर एक स्कूल में मध्याह्न भोजन की रसोईया थी। कुछ छात्रों ने इस पर आपत्ति की। आपको पता है कि मायावती ने क्या किया? उन्होंने वाल्मीकि को हटा दिया। इसका दूसरे स्कूलों पर भी दूरगामी असर पड़ा था। जरा सोचिए, इससे पूरे समाज के लिए क्या संदेश गया होगा।'

बिहार मे, नीतीश कुमार ने दलितों में व्याप्त विरोधाभास का ही सहारा लिया। इनमें पासवान को प्रबल माना जाता था। उन्हें प्रतिद्वंद्वी राम विलास पासवान के प्रति निष्ठावान माना जाता था। नीतीश कुमार ने महादलितों की एक नयी श्रेणी को जन्म दे दिया। यह सबसे अधिक हाशिए वाले दलित थे जो 2010 और 2015 के चुनावों में बड़ी संख्या में उनके साथ जुड़ गए थे।

और भाजपा ने यह समझ लिया था कि उप्र में भी यही विरोधाभास मौजूद है। अमित शाह ने एक बार फिर यह दिखा दिया कि वह उत्तर भारत में राज्य में पहले से ही गहरी जड़ें जमाए नेताओं से कहीं अच्छे समाजशास्त्री क्यों हैं। उन्होंने इन विरोधाभासों को पहचान की, इसे और तेज किया और इस वर्ग में सबसे अधिक प्रभुत्व वाले समूह के खिलाफ सभी को संगठित किया।

नारायण तर्क पेश करते हैं, 'कांशीराम ने जो जाटवों के लिए किया, आरएसएस और भाजपा ने वही शेष दलितों के लिए किया।' वे समुदाय को अपने नेता तैयार क़रने में मदद कर रहे हैं। वे अपनी जाति के इतिहास को संकलित करने में मदद कर रहे हैं। वे उनके समुदाय के हीरो का पता लगा रहे हैं। वे उनके उत्सवों को ईजाद करके उन्हें मना रहे हैं। वे दलित

बस्तियों के निकट शाखाओं का आयोजन कर रहे हैं।''

और गैर यादव पिछड़ों की तरह ही इसमें भी उत्पीड़न किए जाने का संदेश है। 'तुलनात्मक दृष्टि से वंचित किए जाने के अहसास को बढ़ाया गया। देखो जाटवों को क्या मिला, देखो तुम लोगों को क्या मिला। फिर क्यों बसपा से चिपके हुए हो?' नारायण को लगता है कि यह तो सिर्फ शुरुआत है और भाजपा ने अभी ऊपरी सतह को ही कुरेदा है और दस के आसपास दलित जातियों में ही पैठ बनाई है। कल्पना कीजिए यदि धीरे-धीरे वे दूसरों के साथ भी ऐसा ही करें तो क्या होगा; वहां पूरी तरह से खालीपन है।''

फार्म 20 के आंकड़े-निर्वाचन आयोग द्वारा उपलब्ध कराये जाने वाले मतदान केन्द्र स्तर का विवरण, के अभाव में जनसांख्यिकी का विवरण प्राप्त करना और यह पता लगाना संभव ही नहीं है कि किस जाति और समुदाय ने किसे वोट दिया है। और गैर यादव पिछड़ों से इतर गैर जाटव दलित उप्र में सभी समुदायों में सबसे अधिक चुप्पी साधने वाले हैं तो उनसे किसी भी तरह का साक्ष्य निकलवाना भी कठित है। भाजपा दलितों के लिए सुरक्षित अधिकांश सीटों पर विजयी रही परंतु यह भी सुरक्षित सीटों के लिए कोई पैमाना नही था क्योंकि सारे उम्मीदवार दलित हैं और ऐसी स्थिति में गैर दलित मत महत्वपूर्ण हो जाते हैं।

लेकिन हम जो जानते हैं वह यह है।

भाजपा का अब दिल्ली में नीतिगत स्तर और चुनावों में जमीनी स्तर पर दलितों के बारे में ध्यान केंद्रित कर रही है।

प्रधान मंत्री नरेन्द्र मोदी का बाबासाहेब आंबेडकर की विरासत पर जोर, आंबेडकर के जीवन से जुड़े दिनों पर केन्द्र सरकार के समारोह, उनके जीवन से जुड़े पांच स्थानों को बढ़ावा देने पर उसका जोर, सरकार के डिजिटल भुगतान ऐप का नाम 'भीम' रखकर प्रधान मंत्री का आंबेडकर को समकालीन जीवंतता प्रदान करने का प्रयास और दलित उद्यमियों को प्रोत्साहन देना इसी राजनीतिक उपक्रम का हिस्सा है।

विपक्ष को उम्मीद थी कि रोहित वेमुला की आत्महत्या और उना की घटना भाजपा को नुकसान पहुंचाएगी उसने अनेक आंबेडकरी कार्यकर्ताओं, विशेषकर छात्रों को उत्तेजित भी किया–परंतु ये वे लोग थे जो किसी भी स्थिति में बसपा को ही वोट देते। ये सब 'अपेक्षाकृत वंचित' दलितों को उप्र में भाजपा का सहयोग करने से रोक नहीं सके।

इसका तात्पर्य यह नहीं है कि वे पूरी तरह दूसरी ओर चले जाएंगे; न ही इसका मतलब यह है कि भाजपा का प्रतिरोध खत्म हो जाएगा। निश्चित ही, भाजपा के सत्ता में आने के बाद सहारनपुर में ठाकुरों और दलितों के बीच हुई झड़प और इस वजह से कई हफ्ते तक तनाव व्याप्त रहने की घटना ने इस पार्टी के खिलाफ दलितों, विशेषकर जाटवों की, संगठित होने की क्षमता को दर्शाया।

परंतु भाजपा की इतने बड़े पैमाने पर जीत ने यह संकेत तो दिया ही कि देश के एक निर्धनतम राज्य के सबसे अधिक वंचित समुदायों और भारत के सर्वाधिक वंचितों में से एक वर्ग ने उस पार्टी को वोट दिया जो प्रभावशाली जातियों से जुड़ी हुई पार्टी रही है। इस समर्थन के प्रति आभार व्यक्त करने और इसके और अधिक बड़े पैमाने पर एकजुट होने की उम्मीद में भाजपा ने देश के अगले राष्ट्रपति पद के लिए उप्र के ही गैरजाटव दलित राम नाथ कोविंद को नामित करने का फैसला किया।

*

यह समझने के लिए कि क्या नई भाजपा सबको एक साथ रखेगी और क्या उसका बहुजातीय प्रयोग सफल होगा, जरूरी है कि अतीत पर नजर डाली जाए।

2017 या 2014 ऐसे पहले मौके नहीं थे जब भाजपा ने इन जातियों को लुभाया था।

वन्दरबिल विश्वविद्यालय में राजनीति विज्ञान के तारिक थाचिल ने भाजपा के सामाजिक आधार का दायरा बढ़ाने के प्रयास पर एक बहुत ही शानदार पुस्तक *इलीट पार्टीज, पुअर वोटर्सः हाउ सोशल सर्विसेज विन्स वोट्स*

इन इंडिया लिखी है। उन्होंने इस तथ्य का आकलन करने के लिए तीन बिन्दुओं को रेखांकित किया है कि क्या अभिजात्य वर्ग, पार्टी के समर्थन का मुख्य आधार है। वे हैं: उसकी आंतरिक संरचना, मतदाताओं के समर्थन का तरीका और नीतिगत रूपरेखा।

थाचिल तर्क देते हैं कि इन तीनों ही बिन्दुओं पर भाजपा ने हमेशा अभिजात्य राजनीति के इन सभी बिन्दुओं को प्रदर्शित किया है।

लेकिन भाजपा ने 1980 के दशक के अंत और 1990 के दशक के प्रारंभ में धीरे धीरे यह महसूस करना शुरू कर दिया था कि उसे दूसरे समुदायों का दिल जीतने के लिए और अधिक काम करना होगा। इस प्रयास को गति प्रदान करने वाले व्यक्ति एक समय सबसे अधिक ताकतवर पार्टी के महासचिव गोविन्दाचार्य थे, जिन्होंने अटल बिहारी वाजपेयी के साथ मतभेद के कारण सितंबर, 2000 में पार्टी से बाहर होने के साथ ही सक्रिय राजनीति से संन्यास ले लिया। बातचीत के दौरान ही गोविन्दाचार्य पार्टी में आए बदलाव पर चर्चा करते हैं: 'हमने 1980 के दशक के मध्य में महसूस किया कि यहां कुछ गुंजाइश है। उस समय दो बातें हुई थीं। मीनाक्षीपुरम धर्मान्तरण की घटना हुई थी जिसमें सैकड़ों दलितों ने इस्लाम धर्म कबूल कर लिया था। और फिर शाह बानो का फैसला आया था। हिंदुओं की भावना आहत हुई।' उन्होंने तर्क दिया कि उस समय 'अल्पसंख्यकवाद' राजनीति का केंद्र बन गया। 'बाबरी मस्जिद एक्शन कमेटी सक्रिय हो गयी। उन्होंने इस पुरातत्व स्थल में नमाज पढ़ने की अनुमति मांगना शुरू कर दिया। इस सबने हिंदुओं की भावनाओं को आहत करने में योगदान दिया।' यह ध्यान रखना भी जरूरी है कि हिंदू भावना आहत होने की बात स्वतः ही नहीं उठी बल्कि भाजपा और विश्व हिंदू परिषद द्वारा सदियों से किए गए 'अन्याय' की बात लोगों के दिमाग में बिठाने के लिए सतत किए गए प्रचार और संगठनात्मक कार्यों से हुआ। यही नहीं, ऐतिहासिक न्याय की आवश्यकता पर जोर देते हुए इसके प्रतीक स्वरूप अयोध्या में राम मंदिर के निर्माण की मांग की गयी।

और फिर, कुछ ही वर्षों के भीतर, राम जन्म भूमि आन्दोलन तेज

हो गया। 'अब एक व्यापक हिंदुत्व की छाया थी। और फिर इस ओर पिछड़े समुदाय के लोग भी आकर्षित होने लगे। उन्होंने वापस लौटना शुरू कर दिया।' कुर्मी और कोयरी जैसे समूह 1960 के दशक में भाजपा के पुराने अवतार भारतीय जनसंघ की ओर मुड़ गए थे। परंतु पार्टी उनका समर्थन बरकरार नहीं रख सकी। गोविन्दार्य तर्क देते हैं कि यह हिंदुत्व ही था जिसने सभी जातियो में हिंदू एकता की रूपरेखा पेश की। ध्यान दीजिए मोदी-शाह करीब तीन दशक बाद यही करने का प्रयास कर रहे थे।

विश्वनाथ प्रताप सिंह की सरकार में 1989 में समाजवादियों और मार्क्सवादियों के साथ भाजपा के गठबंधन ने इसमें मदद की। गोविन्दाचार्य स्वीकार करते हैं, 'इसने पिछड़े समुदायों की नजर में हमारी स्वीकार्यता को बढ़ा दिया था।'

यह पाटी की एक महत्वपूर्ण रणनीति रही है। 1967 में समाजवादियों के साथ गठबंधन ने पार्टी को पहली बार सत्ता तक पहुंचाया, 1970 के दशक के मध्य में जय प्रकाश नारायण के आन्दोलन में हिस्सा लेने और जनता पार्टी में विलय ने पार्टी को सबसे पहली व्यापक स्वीकार्यकता दिलायी और 1980 के दशक के आखिर उन समूहों के साथ राष्ट्रीय मोर्चा का हिस्सा बनी जिनका मध्यम जाति के कामगारों और पिछड़ी जातियों में जनाधार था। इसने इन समुदायों के बीच भाजपा का द्वार खोल दिया था।

परंतु अब एक समस्या थी। विश्वनाथ प्रताप सिंह ने जब अन्य पिछड़ेवर्गों के लिए आरक्षण का प्रावधान करने वाली मंडल आयोग की रिपोर्ट लागू करने का फैसलाकिया तो भाजपा पसोपेश में पड़ गई। भाजपा इसका विरोध करते हुए नजर नहीं आ सकती थी और न ही उसने इसे अंगीकार किया क्योंकि ऐसा करके उसे सवर्ण जातियों का समर्थन गंवाना पड़ता। वह मंडल को बेअसर करने के लिए एक बार फिर हिंदुत्व कार्ड मंदिर मुद्दे पर वापस गयी और ऐसा करने के लिए उसने पिछड़े चेहरों का इस्तेमाल किया।

लाल कृष्ण आडवाणी की रथ यात्रा अब पूरे चरम पर थी, परंतु क्षेत्रीय

स्तर पर मैदान में इसके प्रमुख चेहरे कल्याण सिंह, उमा भारती, विनय कटियार काम पर थे। यह महज संयोग नहीं था कि ये तीनों ही पिछड़े समुदायों से आते थे। सिंह और भारती लोध और कटियार कुर्मी थे। यह भाजपा के विस्तार का स्वर्णिम काल था। इस दौर के बारे में बिहार से भाजपा के एक वरिष्ठ नेता और अब एक प्रभावशाली केन्द्रीय मंत्री ने 2014 के चुनावों की तैयारी के दौरान मुझसे कहा था, 'हिंदुत्व सबसे अधिक सफल उस समय होता है जब उसका चेहरा अन्य पिछड़े वर्ग का होता है। जरा 1990 के दशक पर नजर डालिए।'

गोविन्दाचार्य ने इस बदलाव को प्रोत्साहन देने में महत्वपूर्ण भूमिका निभाई थी जिसे 'सोशल इंजीनियरिंग' के नाम से जाना गया। परंतु वह जोर देते हुए कहते हैं कि यह इस अनुमान के लिए उपयुक्त शब्द नहीं है कि समुदायों को कृत्रिम तरीके से संगठित किया जा सकता है। परंतु शब्दावली से इतर सही मायने में जनाधार के विस्तार का प्रस्ताव था। और इस प्रक्रिया में, गोविन्दाचार्य ने भाजपा के लिए अपने चर्चित सलाह के अंदाज में कहा, 'आवश्यकता चाल, चरित्र और चेहरा बदलने की है।'

इसका तात्पर्य क्या है? 'जब मैंने चाल के बारे में कहा तो मेरा तात्पर्य हमारी शैली बदलने की आवश्यकता से है। पहले हम अपनी सारी सभाएं शाम को करते थे। बनिया समाज के लोग उस समय तक स्थानीय बाजार में अपना काम खत्म कर लेते थे और वहां आने के लिए उनके पास पर्याप्त समय था। मैंने तर्क दिया कि यदि हम चाहते हैं कि हमारी सभाओं में ग्रामीण इलाकों के भी लोग आएं तो हमें ये जनसभाएं दिन में आयोजित करनी होंगी।'

और जब विभिन्न जातियों के लोग ग्रामीण इलाकों से इन सभाओ में आए तो उनके लिए यह महत्वपूर्ण था कि उन्होंने एक चेहरा ऐसा देखा जिसे वे पहचान सकते थे और जो उनके अपने समुदाय से आये लोगों में था। 'महत्वपूर्ण यह था कि विभिन्न जातियों के लोगों ने मंच पर अपने परिचित चेहरों को देखा, उन्हें भाषण देते देखा, उन्होंने देखा कि उन्हें सम्मान

दिया जा रहा है। यही वह कदम था कि लोग महसूस कर सके कि वे इसका हिस्सा हैं।'

यादवों के मामले में चेहरों के महत्व को देखा जा सकता है। हिंदुत्व कार्यक्रम के साथ उन्हें पहचाना जा सकता है। निश्चित ही, यादव बिहार के भागपुर दंगों सहित अनेक मौकों पर मुस्लिम समुदाय से टकराव होने पर अक्सर ही सबसे आगे थे। गोविन्दाचार्य याद करते हैं कि इस समुदाय के लोग उनके पास आये थे। 'उन्होंने कहा कि वे गौ रक्षा के लिए प्रतिबद्ध है; जब हमने मथुरा को मंदिर आन्दोलन में जोड़ा तो उन्हें आभास हुआ कि हम अपने एजेन्डे में भगवान कृष्ण, जिन्हें वे अपने वंश का मानते हैं, को भी इसमे स्थान दे रहे हैं, वे शुद्ध शाकाहारी थे। लेकिन उनके पास उप्र में मुलायम सिंह यादव और बिहार में लालू प्रसाद सरीखे नेता थे और इसीलिए इस मुद्दे पर उनका भावनात्मक लगाव पार्टी के प्रति उनके राजनीतिक समर्थन में परिवर्तित नहीं हुआ।' भाजपा इस समुदाय में अपनी जगह बनाने में असफल थी क्योंकि वह उस कद के चेहरे पेश नहीं कर सकी।

लेकिन ऐसा क्या था कि हिंदू जाति व्यवस्था का शिकार होने के बावजूद पिछड़े समुदाय हिंदू राजनीतिक पाले की ओर आकर्षित हुए?

गोविन्दाचार्य ने दो बातों का उल्लेख किया। 'अल्पसंख्यकवाद' जिसने हिंदुओं को एकजुट किया और प्रतिनिधित्व, लौटकर हम फिर चेहरे की उपस्थिति पर आ गये। 'वे हमेशा सजग थे और उनका सहयोग मुख्य रूप से प्रतिनिधित्व पर आधारित है।'

पार्टी के चरित्र में बदलाव लाना आसान नहीं था और बहुजातीय गठबंधन तैयार करना भी आसान नहीं था।

मण्डल ने बहुत तेजी से समाज और संगठनों का जातीय आधार पर ध्रुवीकरण कर दिया था।

सवर्ण जातियों में अपेक्षाकृत अपने अवसरों को गंवाने को लेकर असंतोष व्याप्त था। पिछड़ी जातियों का सशक्तीकरण हुआ था ओर इसे लेकर सवर्ण जातियों में व्याप्त असंतोष को उन्होंने अपने अधिकारों से उन्हें

वंचित करने की चाल के रूप में लिया। संघ ओर भाजपा दोनों में ही यह विरोधाभास उभर कर सामने आया। थाचिल लिखते हैं, 'भाजपा ने विशुद्ध चुनावी बाध्यताओं की वजह से काफी लंबे समय के संशय के बाद बहुत ही अनिच्छा के साथ अन्य पिछड़ेवर्गों को आरक्षण का लाभ देना स्वीकार किया। जाति आधारित आरक्षण का मुद्दा इसलिए भी पार्टी को परेशान कर रहा था क्योंकि यह उसे दूसरे तमाम दलों से अलग कर रहा था और उसके विरोधी इसे आसानी से अपने अभिजात्य आधार को प्राथमिकता देने वाले हिंदू राष्ट्रवाद के एक और उदाहरण के रूप में पेश कर रहे थे। अंततः भाजपा ने जब अन्य पिछड़ेवर्गों के लिए आरक्षण को सशर्त समर्थन देने का फैसला किया तो यह उसके लिए अपनी ब्राह्मण-बनिया की छवि से निकलने के लिए बहुत ही कम और बहुत देर से लिया गया निर्णय था।

यहां तक कि हिंदू कार्ड भी पर्याप्त नहीं था। अयोध्या में बाबरी मस्जिद विध्वंस के तुरंत बाद 1993 में हुए चुनावों में भी भाजपा उप्र में अकेले बहुमत हासिल करने में असमर्थ रही। इसकी बजाये, पिछड़े और दलितों का प्रतिनिधित्व कर रही सपा और बसपा ने हाथ मिलाकर गठबंधन बना लिया। निःसंदेह भाजपा ने सवर्ण जातियों का समर्थन हासिल कर लिया था परंतु ये निचली जातियों को आकर्षित करने के लिए पर्याप्त नहीं था जो अपने नेताओं और दलों के साथ सशक्तीकरण का अहसास महसूस कर रहे थे।

गोविन्दाचार्य को भी विवादों की वजह से 1993 में तमिलनाडु भेज दिया गया था। वह जब दिल्ली से जा रहे थे तो पार्टी के अन्य पिछड़े वर्ग और दलित समाज के कई सदस्य उनके पास आए ओर कहा, 'आप जा रहे हैं, हमारा क्या होगा?' गहरे सांवले रंग के गोविन्दाचार्य लगभग 25 साल बाद कहते हैं, 'उन्होंने महसूस किया कि मैं उनके अपने समुदाय का हूं, शायद मेरे रंग रूप को देखकर।'

लेकिन भाजपा भी यह जानती थी कि यदि उसने विस्तार नहीं किया तो उसका विकास नहीं होगा।

क्रिस्टोफॉ जैफ्रेलो इसे भाजपा की अनिच्छा और अप्रत्यक्ष मण्डलीकरण

का दौर कहते हैं। इसने गठबंधन का रास्ता चुना। उदाहरण के लिए, बिहार में समता पार्टी। 1989 से 1998 के दौरान हिन्दी क्षेत्र से अन्य पिछड़े वर्ग के सांसदों में पार्टी की भागीदारी 16 से बढ़कर 20 प्रतिशत हो गयी थी, जबकि सवर्ण जाति के सांसदों का अनुपात 52.3 प्रतिशत से घटकर 43.4 प्रतिशत रह गया था। अकेले उप्र में ही अन्य पिछड़े वर्ग के विधायकों में उसकी हिस्सेदारी 1991 से 1996 में 18 प्रतिशत से बढ़कर 22 प्रतिशत हो गयी थी।

थाचिल भाजपा के सामाजिक आधार के विस्तार में सहयोग करने वाले एक और तरीके की ओर इशारा करते हैं जो पार्टी के अपने मूल आधार के हितों को नुकसान पहुंचाये बगैर ही चुनावी सफलता के लिए जरूरी थी। 'मेरा मुख्य तर्क यह है कि राजनीति से प्रेरित भाजपा से संबंद्ध संगठनों द्वारा निजी स्तर पर जनता की भलाई के लिए किये गये कार्य गरीब जनता के बीच अप्रत्याशित रूप से सफल साबित हुए।' दूसरे शब्दों में संघ के संगठनों के शिक्षा और स्वास्थ्य उपलब्ध कराने जैसे कल्याणकारी कार्यों ने भाजपा को चुनावी लाभ प्राप्त करने में मदद की। थाचिल का शोध मुख्य रूप से दलितों और आदिवासियों के इर्द गिर्द केन्द्रित था परंतु सामाजिक विस्तार के लिए पार्टी द्वारा अपनायी गयी रणनीति के बारे में एक महत्वपूर्ण जानकारी है।

हालांकि, राजनीतिक विरोधाभास अभी भी बरकरार थे।

उप्र में सवर्ण जाति और गैर यादव पिछड़ों के गठबंधन में 1990 के दौरान ही दरार चौड़ी हो गयी थी। भाजपा के वरिष्ठतम नेताओं में से एक डॉ. मुरली मनोहर जोशी ने गोविन्दाचार्य पर सीधा हमला बोलते हुए कहा था, 'यदि पार्टी को अपना चरित्र, विचार आदि बदलने हैं, तो इसका मतलब है कि पार्टी इस लायक नहीं है।' उन्होंने यह भी कहा, 'सामाजिक समरसता के नाम पर कौन सा सामाजिक न्याय लाया गया है?' यह शायद महज एक संयोग नहीं था कि वह ब्राह्मण थे।

अटल बिहारी वाजपेयी भी कल्याण सिंह के साथ सहज नहीं थे। इसमें

कोई संदेह नहीं कि वाजपेयी अखिल भारतीय स्तर के नेता थे जिन्होंने समुदायों और क्षेत्रों को आगे बढ़ाया। परंतु यह ध्यान रखना भी जरूरी है कि वह ब्राह्मण थे और उप्र की स्थानीय राजनीति में उनका दखल था। उप्र भाजपा में उनके समर्थकों-राजनाथ सिंह, कलराज मिश्र और लालजी टण्डन ने कल्याण सिंह, जिन्होंने विवादों के उनके मामले में मदद नहीं की, के खिलाफ राजनीतिक माहौल तैयार करने में अहम भूमिका निभाई थी।

परंतु यह सिर्फ व्यक्तित्वों का मामला नहीं था।

एक साधारण बात यह थी कि भाजपा का सवर्ण जाति का आधार एक पिछड़े नेता के नेतृत्व की ओर झुकने को पूरी तरह तैयार नहीं था। गोविन्दाचार्य बताते हैं, 'वे फिर से एकजुट होने लगे थे।' पहला उपयुक्त अवसर मिलते ही किसी ने भी कल्याण सिंह को हटाने में संकोच नहीं किया। सिंह को उनके उत्तराधिकारी चुनने की जिम्मेदारी सौंपी गयी और उन्होंने राम प्रकाश गुप्ता जैसे एक गैर राजनीतिक व्यक्ति को चुना। लेकिन यह भी गुप्ता को किनारे लगाये जाने से पहले सिर्फ कुछ समय की ही बात थी और फिर राजनाथसिंह ने मुख्यमंत्री पद ग्रहण कर लिया।

इस तरह भाजपा के पास एक बार फिर सवर्ण जाति का वर्चस्व हो गया। पार्टी अध्यक्ष के पद पर कलराज मिश्रा, एक ब्राह्मण, और राजनाथ सिंह, ठाकुर थे। अन्य पिछड़े वर्गों ने अपमानित महसूस किया और वे पार्टी से दूर चले गये। वे सपा और बसपा के बीच इस मुद्दे साथ झूलते रहे कि उनमें से कौन सी पार्टी उन्हें प्रतिनिधित्व देने की पेशकश करती है।

भाजपा ने 2002 में यह राज्य गंवा दिया और 2004 के लोकसभा चुनाव में भी उसका बहुत खराब प्रदर्शन रहा। और एक बार जब उन्होंने यह पाया कि वह जीतने वाला घोडा नहीं है तो उन्होंने भी विकल्प तलाशना शुरू कर दिया। हार का यह सिलसिला 2007, 2009 और 2012 में भी जारी रहा। भाजपा का सामाजिक गठबंधन चरमरा गया था।

*

और तभी नरेन्द्र मोदी और अमित शाह ने उत्तर प्रदेश की बागडोर

अपने हाथ में ले ली।

उन्होंने सामाजिक विस्तार के लिए जोरदार प्रयास किए; उन्होंने सवर्ण जाति के नेताओं को किनारे किया और उनके साथ ऐसा व्यवहार किया जिससे वे विद्रोह नहीं करेंगे, उन्होंने संगठन की संरचना में बदलाव शुरू कर दिया, उन्होंने कम प्रभाव वाले समुदायों को प्रतिनिधित्व और सम्मान दिया, उन्होंने अधिक प्रभाव वाले अन्य पिछड़े वर्ग और दलित समूहों के खिलाफ उन लोगों के बीच पनप रहे असंतोष पर काबू पाया जो सोच रहे थे कि उन्हें दरकिनारकर दिया गया है, उन्होंने बड़ी संख्या में अन्य पिछड़े वर्ग के लोगों को पार्टी का टिकट दिया और भाजपा को 'हिंदू एकता' को लेकर सभी जातियों में पहले से कहीं अधिक सफलता प्राप्त करने में मदद की।

क्या वे अपने पुराने और नए समर्थकों को साथ लेकर चलने में सफल होंगे?

निश्चित ही संतुलन बनाने रखना कठिन होगा। फिलहाल, असली सत्ता और पदों के मामले में भाजपा यह सावधानी बरत रही है कि अपने पुराने समर्थक बैरी नहीं बनें। उत्तर प्रदेश के मंत्रिमंडल में सवर्ण जातियों के प्रतिनिधित्व की अधिक संख्या यही दर्शाती है कि पार्टी के मूल आधार को भुलाया नहीं गया है। योगी आदित्यनाथ स्वयं ठाकुर हैं, उप मुख्यमंत्री दिनेश शर्मा, ब्राह्मण हैं, प्रदेश अध्यक्ष, जो खुद मुख्यमंत्री बनने की उम्मीद लगाए थे, को भी उप मुख्यमंत्री बनाकर पिछड़ों को संकेत देने के साथ उनकी भूमिका का सम्मान किया गया है। योगी आदित्य नाथ के पद ग्रहण करने के कुछ महीनों के भीतर ही लखनऊ में यह चर्चा थी कि भाजपा की इस जीत ने किसी तरह से प्रदेश में 'ठाकुर राज' आ गया है। ये विरोधाभास शासन और प्रशासन में नजर आएंगे। भाजपा का भविष्य इसी से तय होगा कि वह इससे किस तरह निबटती है।

लेकिन अभी तो उप्र ने अमित शाह की समाज को समझने, विरोधाभासों की पहचान करने और इनका दोहन करने की उल्लेखनीय क्षमता दिखाई

है। इसने भाजपा को अपने ही गढ़ में सिर्फ प्रभुत्वशाली सामाजिक समूहों की पार्टी से कम ताकतवर और अधिक प्रभावशाली राजनीतिक जातियों के खिलाफ संघर्षरत पार्टी में परिवर्तित होने के प्रयासों को भी रेखांकित किया है। भाजपा आज चुनाव जीती है तो नयी भाजपा की वजह से, क्योंकि यह एक समावेशी हिंदू पार्टी है। नयी भाजपा कितनी दूर तक चलेगी यह इसके पितृसंगठन राष्ट्रीय स्वयंसेवक संघ के साथ उसके रिश्तों पर निर्भर करेगा।

5

संघ : स्रोत, परिपूरक, परछाई

भारतीय जनता पार्टी की ज़बर्दस्त सफलता और उसे ढालने में राष्ट्रीय स्वयंसेवक संघ हमेशा ही उसका स्रोत, परिपूरक और परछाई रहा है और इस प्रक्रिया में उसका भी स्वरूप ढल रहा है।

संघ, भाजपा का वैचारिक संरक्षक है। वह भाजपा के लगभग समूचे नेतृत्व और उसके काडर की 'मातृ संस्था' है,घर है जहां वे हमेशा ही सहायता के लिए आ सकते हैं।

फिर भी यह एकतरफा मार्ग नहीं है। नरेन्द्र मोदी की व्यक्तिगत लोकप्रियता, भाजपा की एक समावेशी हिंदू पार्टी बनने की प्रक्रिया और राष्ट्रीय स्तर पर उसकी सफलता ने पहले ही मूल संगठन और उससे उपजे संगठन के बीच समीकरण बदल दिए हैं।

हमेशा ही संगठन पर अधिक ज़ोर देने वाला संघ किसी भी प्रकार की 'व्यक्ति उपासना' का स्वाभाविक बैरी है और इसलिए मोदी जैसे अकेले ताकतवर नेता से भी। जाति के प्रति उसका रवैया पार्टी से भी कहीं अधिक सावधानी वाला है। यह बहुत पुरानी बात नहीं है जब आरएसएस की व्यापक राष्ट्रीय स्तर वाला संगठन था और भाजपा उससे निकला संगठन था जो निर्दिष्ट क्षेत्रों तक ही सीमित था। भारतीय जनता पार्टी आज संघ की पहुंच और उसके विस्तार को पीछे छोड़ते हुए एक अखिल भारतीय संगठन बनने

की राह पर है। इसका मतलब यह हुआ कि चुनावी संघर्ष में संघ एक परिपूरक की भूमिका निभाता है।

आरएसएस और भाजपा के बीच नेतृत्व, मुद्दे और चुनाव प्रबंधन को लेकर लगातार विरोधाभास बना रहा। ये तीन मुख्य वजहों से हाथ से बाहर नहीं निकले- नरेन्द्र मोदी की मोहन भागवत के साथ व्यक्तिगत रिश्ते, वैचारिक समागम और नियमित समन्वय।

*

नरेन्द्र मोदी ही संघ हैं। टीकाकार अशोक मलिक ने एक बार कहा भी कि वह संघ के सबसे अधिक प्रतिभाशाली पूर्व छात्र हैं। संघ ने ही 1980 के दशक के अंत में मोदी को गुजरात में भाजपा के संगठन सचिव के रूप में भेजा था। मोदी अपने वैश्विक नज़रिये, अपने नेटवर्क, अपने राजनीतिक जीवन और अपने सदाचारीसिद्धांतों के लिए संघ के ऋणी हैं। यदि कोई व्यक्ति मोदी को पूरी तरह संघ से अलग मानता है तो वह न तो मोदी और न ही संघ के साथ न्याय करता है।

फिर भी मोदी ही सिर्फ संघ नहीं हैं। वह संघ से भी काफी आगे निकल गये हैं और महत्वपूर्ण अवसरों पर उन्होंने अपने मूल संगठन का मुकाबला किया है, उसे चुनौती दी है और उसे पीछे भी हटाया है।

यह उस समय झलकता था जब मोदी गुजरात के मुख्यमंत्री थी। गुजरात के 2002 के दंगों के बाद, जहां मोदी या तो अनिच्छा या फिर अक्षमता की वजह से संघ से जुड़े संघटनों के अल्पसंख्कों पर हमले रोकने के लिए बहुत कम प्रयास किये। एक ऐसा भी दौर था जब मोदी और संघ के रिश्ते बिगड़ गये थे। संघ नेतृत्व के ही एक वर्ग ने तो छुटपुट समूहों और नेताओं को चुनाव में मोदी पर हमला बोलने के लिए प्रोत्साहित भी किया। हिंदुत्व के नेताओं में सबसे कट्टर और विश्व हिंदू परिषद के प्रवीण तोगड़िया की तो सरेआम मोदी से ठनी हुई थी। यह टकराव व्यक्तित्व और अहं को लेकर और नियंत्रण तथा प्रत्यक्ष शासन में संघ के दखल को लेकर था।

मोदी की लोकप्रियता और कद जैसे जैसे बढ़ा, मीडिया में यह अटकलें

तेज़ होने लगी कि क्या संघ 2014 के लोकसभा चुनावों में उन्हें भाजपा के चेहरे के रूप में स्वीकार करेगा। असंतोष की आवाज़ें भी उठ रही थीं, परंतु उनकी काडर के बीच-प्रचारकों और स्वयंसेवकों के बीच ज़बर्दस्त अपील, पूर्णकालिक काडर और सहानुभूति रखने वाले और नागपुर की व्यापक पारिस्थितिकी प्रणाली का तात्पर्य था कि संघ को नीचे से उठ रही आवाज़ों को ध्यान में रखना होगा। मोहन भागवत और दूसरे वरिष्ठतम नेता भैयाजी जोशी ने मोदी का समर्थन किया और यहां तक असंतुष्ट लाल कृष्ण आडवाणी को भी रास्ते पर आने के लिए तैयार किया।

लेकिन इसके बाद भी यह अटकलें जारी रहीं कि यदि मोदी ज़बर्दस्त बहुमत से जीत गये तो संघ-मोदी के बीच रिश्ते कैसे होंगे।

आरएसएस इस बात से असहज है जिसे वह 'व्यक्ति पूजा' कहती है। हालांकि उसने अपने व्यापक संगठनों की व्यवस्था को अनुमति प्रदान कर दी थी परंतु पूरी तरह से अपना नियंत्रण गंवाने को लेकर असहज थी। यह वह चीज़ थी जिसने अनेक मुद्दों पर संघ नेतृत्व और वाजपेयी सरकार के बीच रिश्तों को तनावपूर्ण बना दिया था।

परंतु, मोदी ने प्रधान मंत्री के रूप में संघ के साथ उल्लेखनीय तरीके से सहज कामकाजी रिश्ते बना लिए थे। और इसका श्रेय मोहन भागवत के साथ उनके व्यक्तिगत समीकरणों को जाता है।

आरएसएस के एक पदाधिकारी सफाई देते हैं, "अटल जी के समकालीन रज्जू भैया (पूर्व सरसंघचालक राजेन्द्र सिंह) थे। परंतु जब वह प्रधान मंत्री बने तो सरसंघचालक सुदर्शनजी थे जो उनसे जूनियर थे। इसने समस्या पैदा की क्योंकि प्रधान मंत्री उनसे निर्देश लेने के मामले में असहज थे। सरसंघचालक भी उन मुद्दों को लेकर थोड़ा आक्रामक थे जिनके लिए प्रधान मंत्री को थोड़ा मौका दिया जाना चाहिए था।"

अब स्थिति अलग है। मोदी और मोहन भागवत समकालीन हैं और दोनों ने जीवन में लगभग साथ साथ ही प्रगति की है और एक ही चरण में दोनों ने उच्च मुकाम हासिल किए हैं। दोनों का ही जन्म 1950 के दशक

में हुआ, वे 1970 के दशक में पूर्णकालिक प्रचारक बने, भागवत 1999 में संघ के महामंत्री बने और मोदी 2001 के अंत में गुजरात के मुख्यमंत्री बने, भागवत ने 2009 में सरसंघचालक का पद ग्रहण किया और मोदी का इसके तुरंत बाद ही राष्ट्रीय फलक पर उदय हुआ जिसने 2014 में विजय दिलाई। इसके भी ऊपर, संघ में मोदी के गुरु भागवत के पिता थे। इन सबने 2013 में उनकी उम्मीदवारी के लिए संघ का समर्थन प्राप्त करने मेंमदद की।

इस पदाधिकारी का कहना था, 'वे मित्र हैं। सरसंघचालक भी काफी व्यावहारिक और खुले दिमाग वाले हैं। आप उनके समाज सुधार और एक मंदिर, एक श्मशान और एक जलाशय अभियान के प्रति उनके ध्यान को देखिए।' यह आरएसएस का जाति आधारित भेदभाव समाप्त करने और ऐसी व्यवस्था के सृजन का अभियान है जहां दलितों सहित सभी की पहुंच सकें। और मोदी का ध्यान पार्टी के आधार के विस्तार पर केन्द्रित है। इसमे समन्वय है। इसका मतलब यह नहीं है कि संघ जो कुछ भी कहता है उसे सरकार सुनती है और इसका मतलब यह भी नहीं कि संघ हर मामले में हस्तक्षेप करता है। परंतु अटल जी के शासन से ये रिश्ते बहुत भिन्न हैं।

यहां वैचारिक झुकाव का एक और पहलू भी है।

विश्व हिंदू परिषद के सुप्रीमो और संघ के वरिष्ठ नेता अशोक सिंघल वाजपेयी के समय में राजग सरकार के कटु आलोचक थे। जून 2013 में मोदी को औपचारिक रूप से भाजपा का चेहरा बनाये जाने से पहले सिंघल गुजरात के मुख्यमंत्री को एक राष्ट्रीय नेता के रूप में लेकर बेहद उत्साहित थे।

संघ के एकदम स्पष्ट अपेक्षाओं और एजेंडा का संकेत देते हुए सिंघल ने कहा था कि वह चाहते हैं कि मोदी देश में चल रहे हिंदुओं के धर्मपरिवर्तन की प्रक्रिया रोकें। वह चाहते थे कि मंदिर निर्माण का मार्ग प्रशस्त करने के लिए संसद अयोध्या मुद्दे पर एक प्रस्ताव पारित करे। संघ परिवार चाहता था कि सरकार 'गंगा की सफाई' पर ध्यान दे। 'राम की तरह ही गंगा भी हमें जोड़ती है। और गंगा को नष्ट करने की सुनियोजित साजिश हो रही

है।' गौ वध पर प्रतिबंध उनका अगला एजेंडा था। 'इसका सिर्फ धार्मिक ही नहीं बल्कि उन्नतिशील और पोषण संबंधी उद्देश्य भी है।'

2017 में स्थिति का आकलन कीजिए और अपेक्षाओं से इसकी तुलना कीजिए।

अयोध्या के अलावा, जहां एकतरफा कार्रवाई की संभावना सीमित है, सरकार ने दोनों अन्य विषयों को आगे बढ़ाने के लिए काफी ज़ोर लगाया है। गंगा हो सकता है साफ नहीं हुई हो परंतु किसी अन्य सरकार ने इसे इतनी प्राथमिकता और संसाधन नहीं दिए थे जितने नरेन्द्र मोदी सरकार ने दिए। न ही गौ संरक्षण के इर्द गिर्द राष्ट्रीय स्तर पर इतने प्रवचन हुए। राजनीतिक संकेत एकदम साफ है। गौ वध पर एक नयी अधिसूचना लायी जा चुकी है, उप्र में गैरकानूनी कत्लखानों के खिलाफ अभियान छेड़ा जा चुका है, और खाने की बात तो छोड़िए गौ मांस रखने का संदेह भर स्वयंभू गोरक्षकों के प्राणघातक हमलों को निमंत्रण दे सकता है। यह उप्र के दादरी में 2015 में मोहम्मद अखलाक की हत्या के साथ शुरू हुआ परंतु 2017 की गर्मी में गौ मांस को लेकर भीड़ द्वारा पीट पीट कर हत्या करना भाजपा शासित चुनिंदा राज्यों में एक नयी सामान्य बात हो गई थी। हो सकता है कि इसके लिए स्पष्ट रूप से ऊपर से राजनीतिक मंजूरी नहीं हो परंतु इस तरह की भड़की हिंसा के खिलाफ कठोर कार्रवाई के लिए सख्त राजनीतिक संदेश के अभाव और ऐसा करने वालों को दंड के भय से मुक्ति ने इन स्वयंभू गोरक्षकों के हौसले ही बढ़ाए हैं। एक चीज़ इन सभी घटनाओं में एक जैसी थी और वह थी- मुसलमान इनके प्रमुख निशाना थे और इसने इस समुदाय में असुरक्षा की भावना पैदा कर दी थी। इस तरह की हिंसा इतनी अधिक हो गई कि मोदी को जून 2017 के अंत में हस्तक्षेप करना पड़ा और अनेक लोगों ने महसूस किया कि यह काफी देर से उठाया गया और इसके साथ कठोर कार्रवाई की आवश्यकता थी। कुछ सप्ताह बाद ही, 2017 की मध्य जुलाई में उन्होने एक बार फिर राज्य सरकारों से कहा कि ऐसी किसी भी घटना से सख्ती से निबटा जाए।

मोदी के खुलकर अपनी धार्मिक पहचान के लिए दावे में भी उनका वैचारिक झुकाव परिलक्षित होता है। संघ से आने वाले भाजपा के एक प्रमुख नेता बताते हैं कि महत्वपूर्ण अवसरों पर संघ गौरवान्वित महसूस करता है। वह कहते हैं, ''मोदी जब काठमांडू में पशुपतिनाथ मंदिर, या केदारनाथ या बनारस जाते हैं और वहां पूर्जा अर्चना करके माथे पर टीका लगाकर बाहर निकलते हैं तो वह कह रहे होते हैं कि वह हिंदू हैं और उन्हें इस पर गर्व है। इससे पहले सार्वजनिक रूप से मंदिरों में जाने वाली आखिरी प्रधान मंत्री इन्दिरा गांधी थीं जो अपने अंतिम कार्यकाल के दौरान जाती थीं। मोदी तो अपना धर्म का खुलकर आवरण करते हैं, वह अपनी संस्कृति के प्रदर्शन को लेकर किसी प्रकार की शर्मिंदगी भी नहीं होती है। संघ इससे बहुत खुश है। उसका एकदम यही एजेंडा है। हमने अपने सारे प्रचार के दौरान 'गर्व से कहो हम हिंदू हैं' नारे का ही तो इस्तेमाल किया है।'

जमीन पर संघ कार्यकर्ताओं को यही सब आकर्षित करता है और मोदी में उनका भरोसा बरकरार रहता है। दिल्ली से आरएसएस के एक युवा कार्यकर्ता का कहना था, 'अटलजी की सरकार पहली गैर कांग्रेसी सरकार थी जिसने अपना कार्यकाल पूरा किया था परंतु संघ में अधिकांश लोग संदेह करते थे कि क्या सही में यह पूरी तरह भाजपा की सरकार है। इसे बृजेश मिश्र चलाते थे जिनमें कांग्रेसी खून था। यह गठबंधन में भी थी। यह पूरी भाजपा सरकार है। छोटे मोटे मतभेद होने के बावजूद इसकी वैचारिक प्रतिबद्धता औरमोदीजी की मंशा को लेकर किसी प्रकार का संदेह नहीं है।'

और अंततः, संघ और भाजपा के नेतृत्व के बीच अधिकतर निजी लेकिन कई बार सार्वजनिक रूप से भी नियमित विचार का आदान प्रदान होता है। संघ से जुड़े हुए भाजपा के एक नेता कहते हैं, ''प्रधान मंत्री सदैव ही विस्तार से यह जानने के लिए उत्सुक रहते हैं कि संघ कैसा महसूस कर रहा है। वह हमसे उन बैठकों की रिपोर्ट भी लेते हैं जो हमने संघ के पदाधिकारियों के साथ की होती हैं। वह अपने प्रचार अभियान का समर्थन करने के लिए संघ को प्रोत्साहित करते हैं, वह उनके सरोकार को भी ध्यान

में रखते हैं।" पार्टी स्तर पर संघ संयुक्त महामंत्री कृष्ण गोपाल के साथ संस्थागत समन्वय है, और वह अमित शाह और संगठन के व्यक्ति राम लाल दोनों के साथ निकटता से काम कर रहे हैं। प्रत्येक मंत्रालय के दरवाज़े संघ से संबद्ध हर उस संगठन के लिए खुले हैं जो उस क्षेत्र में काम कर रहा हैं, उनकी बात सुनी जाती है भले ही हमेशा उस पर कार्रवाई नहीं होती हो। और 2015 में मोदी और उनके प्रमुख कैबिनेट मंत्री दिल्ली में आरएसएस के साथ एक मुलाकात के लिए गए थे जहां उन्होंने शासन की प्राथमिकताओं और विचार विमर्श किया और फीड बैक प्राप्त किया। यह एकदम सुस्पष्ट और सार्वजनिक रूप से पार्टी का संघ के प्रति आभार व्यक्त करना और शासनकला में संघ की भूमिका की स्वीकरोक्ति थी।

शीर्ष स्तर पर भाजपा के साथ बेहतर वैयक्तिक रिश्ते, वैचारिक एजेंडे पर व्यापक झुकाव, सुचारू तालमेल की व्यवस्था और परस्पर सामन्जस्य संघ की पृष्ठभूमि वाले व्यक्तियों को महत्वपूर्ण संस्थाओं में जगह दिला रहा है और अपने प्रिय विषयों को आगे बढ़ाया जा रहा है तथा इसके बदले में संघ द्वारा शासन से संबंधित दूसरे मुद्दों पर भाजपा को ढील देने से दोनों को साथसाथ काम करने में मदद मिली है।

इसने संघ के लिए सामन्जस्य स्थापित करने और भाजपा के अधीन लोगों को भी अपनाने का अवसर प्रदान किया है।

*

सितंबर 2015 में प्रफुल्ल केतकर चेन्नई में थे जब उनके पास एक फोन आया। उन्हें बताया गया कि भाजपा आपके इंटरव्यू पर एक प्रेस कॉन्फ्रेंस कर रही है। ज़रा देख लो।

आरएसएस की अंग्रेज़ी पत्रिका *आर्गेनाइज़र* के संपादक केतकर, ने सरसंघचालक मोहन भागवत का इंटरव्यू किया था। इसी इंटरव्यू में भागवत ने आरक्षण व्यवस्था की समीक्षा का सुझाव दिया था। बिहार में चुनाव होने वाले थे। और एक कुशाग्र बुद्धि वाले राजनीतिक की तरह लालू प्रसाद ने सूंघलिया कि इसे चुनावों में अगड़े बनाम पिछड़े में बदलने का यही मौका

है। इसी अगड़े पिछड़े की लड़ाई को लेकर वह 1990 में सत्ता में पहुंचे थे।

भाजपा, जिसे चुनाव जीतने के लिए पिछड़े वर्गों के मतों की दरकार थी, वह बचाव की मुद्रा में थी। शुरू में उसने सरसंघचालक के इस बयान से दूरी बनायी जो एक व्यर्थ की कवायद थी क्योंकि कोई भी विश्वास नहीं करेगा कि संघ सुप्रीमो की बात सिर्फ उनकी निजी राय है, व्यापक परिवार की नहीं। प्रधान मंत्री नरेन्द्र मोदी ने स्वयं आरक्षण व्यवस्था जारी रखने के प्रति अपनी प्रतिबद्धता दोहराई परंतु इसके बावजूद आशंकाएं थम ही नहीं रही थीं।

इस वक्तव्य का इस्तेमाल यह सिद्ध करने के लिए किया गया कि संघ अभी एक ब्राह्मणवादी संगठन है जो पिछड़ी जातियों के उत्थान से असहज है और उसे जगह देने के लिए तैयार नहीं है।

करीब डेढ़ साल बाद 2017 के मध्य में केतकर दिल्ली के पहाड़गंज में *आर्गेनाइज़र* के कार्यालय में बैठे अभी भी इसी में उलझे थे कि किस तरह से इंटरव्यू की गलत व्याख्या की गई है।

केतकर ने मुझसे कहा, ''इंटरव्यू फिर से देखो। हम दीन दयाल उपाध्याय पर चर्चा कर रहे थे और हमने यह पूछा था कि क्या आज की नीति मानवतावाद के अनुरूप है। और इस संदर्भ में उन्होंने आरक्षण का ज़िक्र किया था। यह आरक्षण विरोधी नहीं बल्कि आरक्षण के समर्थन में वक्तव्य था।''

केतकर को दिए गए भागवत के जवाब में सामाजिक रूप से पिछड़ेवर्गों को आरक्षण की हिमायत की थी क्योंकि यही इस तरह की नीतिगत पहल 'सही मिसाल' थी। लेकिन इसके बाद उन्होंने यह भी सुझाव दिया, ''यदि हमने इस पर राजनीतिक करने की बजाए संविधान निर्माताओं द्वारा परिकल्पित इस नीति पर अमल किया होता तो मौजूदा स्थिति उत्पन्न नहीं होती। शुरू से ही इसका राजनीतिकरण हो गया। हमारा मानना है कि सारे राष्ट्र के हितों के लिए वास्तव में चिंतित और सामाजिक एकता के लिए प्रतिबद्ध समाज के कुछ प्रतिनिधियों सहित प्रबुद्ध लोगों की समिति बनायी जाए जिसे

यह निर्णय करना चाहिए कि किस समुदाय को और कितने समय के लिए आरक्षण की आवश्यकता है। एक स्वायत्तता प्राप्त आयोग सरीखी गैर राजनीतिक समिति इस पर अमल की प्राधिकारी होनी चाहिए और राजनीतिक प्राधिकारियों को इनकी ईमानदारी और निष्ठा के लिए इन पर निगाह रखनी चाहिए।''

इस पर बहुत तेज़ और उग्र प्रतिक्रिया हुई। निश्चित ही भागवत ने इसकी व्याख्या के लिए यहां गुंजाइश छोड़ दी थी। जब उन्होंने कहा कि संविधान निर्माताओं द्वारा परिकल्पित नीति लागू की जानी चाहिए थी,लोगों ने तत्काल याद किया कि मूल प्रावधान सिर्फ दलितों और आदिवासियों के लिए ही थे। तो क्या उनका यह सुझाव था कि उस समय अन्य पिछड़ेवर्गों को आरक्षण का लाभ दिया जाना गलत था? क्या सारी व्यवस्था की समीक्षा के लिए समिति बनाने के उनके सुझाव ने संकल्पित समूची सकारात्मक कार्रवाई को ही हल्का बना दिया और सिर्फ चुनिंदा जातियों को निशाने पर लेने तक ही सीमित रह गया?

यह आशंकाएं अब अविश्वास का रूप ले चुकी थीं कि आरएसएस ने सवर्ण जातियों के लिए ही यह कहा है और हिंदू एकता की उसकी प्यास सवर्ण जातियों के प्रभुत्व का कूट शब्द है। यदि यह दृष्टिकोण सही है तो फिर सामाजिक विस्तार के भाजपा के प्रयासों को झटका लगेगा क्योंकि सीमांत वर्ग दूसरे वर्ग का दर्जा स्वीकार नहीं करेगा। यदि ऐसा नहीं है तो क्या यह संघ के अनुकूलन में कोई मूलभूत परिवर्तन आया है?

राष्ट्रीय स्वयसेवक संघ का लिखित वक्तव्य कुछ सुराग देता है।

1974 में तत्कालीन सरसंघचालक बालासाहेब देवरस ने पुणे में एक व्याख्यान दिया था। यह जातियों के बारे में संघ का निश्चित रुख बन गया। उन्होंने हिंदुओं के एकजुट होने के बारे में बोला और स्वीकार किया कि 'सामाजिक असमानता' इस एकता में बहुत बड़ी बाधा है। उन्होंने घोषणा की, ''यदि अस्पशृयता गलत नहीं है तो दुनिया में कुछ भी गलत नहीं है।'' उन्होंने स्वीकार किया कि 'पिछड़े और अस्पृश्य भाइयों ने इतनी सदियां बहुत

अधिक कष्ट, अपमान और अन्याय सहा है।' परंतु साथ ही उन्होंने उन्हें भी आगाह किया कि वे अतीत के झगड़े वर्तमान में नहीं लाएं और कटु भाषा का प्रयोग और विषवमन करना बंद करें।

आरक्षण के बारे में, देवरस ने कहा था कि पिछड़ों की अवसरों के लिए मांग न्यायोचित है, परंतु दीर्घ काल में उन्हें भी 'दूसरों के साथ प्रतिस्पर्धा करनी होगी और योग्यता के आधार पर समान दर्जा प्राप्त करना होगा।'

यह भाषण जाति के प्रति संघ का रवैया दर्शाता है। वह असमानता के प्रति सजग है। वह भेदभाव भी स्वीकार कर रहा है। लेकिन वह इसके प्रति भी सजग है कि क्या करना है। वह धीरे-धीरे सामाजिक बदलाव चाहता है, वह व्यक्तिगत आचरण पर ज़ोर देता है और वह पिछड़ों तथा दलितों की उग्र राजनीति को लेकर सहज नहीं है। इस तरह, संघ के छात्र संगठन अखिल भारतीय विद्यार्थी परिषद ने हैदराबाद विश्वविद्यालय में रोहित वेमुला के जुझारूपन पर जिस तरह प्रतिक्रिया व्यक्त की, वह आश्चर्यजनक नहीं था।

मोहन भागवत ने मार्च 2017 में केतकर को एक और इंटरव्यू दिया। भागवत ने 1974 के व्याख्यान को स्वयंसेवकों के लिए वैचारिक भवन बताया और तर्क दिया कि संघ ने इन समूहों तक पहुंचने का प्रयास किया था जिनके साथ भेदभाव हुआ था। उन्होने व्यक्तिगत, परिवार, पेशेगत और सामाजिक व्यवहार में सुधार पर ज़ोर दिया और अंतर-जातीय विवाह का समर्थन किया। उन्होंने इस आक्रोश पर समझ पैदा करने पर ज़ोर दिया। लेकिन देवरस की तरह ही उन्होंने पीड़ितों से अनुरोध किया कि वे अपनी भाषा का स्वर बदलें।

भारत में हाशिए पर रहने वाले, हालांकि, किसी तरह का प्रतीकात्मक प्रतिनिधित्व नहीं चाहते बल्कि वे असली ताकत चाहते हैं। वे प्रतिनिधित्व और गरिमा चाहते हैं। जैसा कि आरएसएस के पुराने प्रचारक ने मुझसे कहा, "आपको संघ में तनाव नज़र आयेगा क्योंकि वह सामाजिक एकता और सामाजिक न्याय चाहता है। वह चाहता है गरिमा, परंतु साथ ही असमानता वाले समाज में सद्भाव चाहता है। यह उतना रूढ़िवादी नहीं है जितना लोग

सोचते हैं परंतु वह विघटनकारी नहीं है।''

केतकर दावा करते हैं कि प्रतिनिधित्व के सवाल पर ध्यान देते समय वर्तमान संघ के दृष्टिकोण में गांधीवादी सोच का मिश्रण है सवर्ण जातियों की सोच और आंबेडकरवादियों का नज़रिया बदलना। 'यह अनवरत है क्योंकि इसे संगठनात्मक ताकत का समर्थन हासिल है।' परंतु यह दावा सवालिया है, संघ में कभी भी गैर सवर्ण जाति के किसी भी व्यक्ति का सरसंघचालक नहीं बनना संभवतः सबसे बड़ा उदाहरण है। वैसे भी, रज्जू भैया के अतिरिक्त शेष सभी सरसंघचालक ब्राह्मण ही हुएहैं। हालांकि केतकर अब इसमें भी मंथन का दौर देखते हैं, ''आप संगठन को नीचे से देखते हैं। इसमें बदलाव हुआ है। प्रचारकों में, राज्य के पदाधिकारियों में अन्य लोग भी हैं। आपको परिवर्तन नज़र आएगा।''

भाजपा के हाशिए के समुदायों के प्रति अनकूल होने के प्रति संघ के विकसित हो रहे दृष्टिकोण को समझने के लिए,संघ के ऊपर दिए गए दृष्टिकोणों को समझना ज़रूरी है। वह जब पिछड़ों को आकर्षित करने के भाजपा के प्रयासों के विपरीत एक राय जाहिर करता है तो पार्टी चुनाव हार जाती है, जैसा कि बिहार में हुआ। जब वह समर्थन करती है तो चुनाव जीत लिए जाते हैं जैसा कि 2014 के लोकसभा चुनावों में हुआ।

*

2014 के चुनावों में दो तरह का प्रचार अभियान था जिसने नरेन्द्र मोदी को जीत दिलायी।

पहला आधुनिक और उच्च प्रौद्योगिकी वाला चुनाव प्रचार था जिसका संचालन गांधीनगर से मोदी की टीम कर रही थी। नागरिकों ने छह महीने तक मोदी के चकाचौंध वाले प्रचार से रूबरू हुए क्योंकि भाजपा ने पूरे देश में अपना संदेश पहुंचाने के लिए सभी तरह कल्पनाशील प्रौद्योगिकी का इस्तेमाल किया। भाजपा की सुविधाओं का इसके लिए इस्तेमाल किया गया था।

यह तो वह है जो हम सभी ने देखा-सभायें, विज्ञापन, होलोग्राम, चाय

पे चर्चा और यह संदेश कि सिर्फ मोदी ही 'अच्छे दिन' ला सकते हैं।

दूसरा बहुत ही चुपचाप, समानांतर चुनाव प्रचार था। आरएसएस बहुत ही कम इतनी गहराई से किसी चुनाव में शामिल होता है जितना वह 2014 में था। बेशक, उसने जनसंघ को बनाया और उसका समर्थन किया, उसने 1977 में जनता पार्टी के समर्थन में भरपूर काम किया,और उसने पिछले तीन दशकों में भाजपा को सफलता दिलाने के लिए उसकी मदद की। परंतु उसने हमेशा ही एक सीमा तक अस्पष्टता बना कर रखी और इस दावे को भी बनाये रखा कि वह एक सांस्कृतिक संगठन है। 2014 में,इसने बदलाव किया और सोच समझ कर नरेन्द्र मोदी को प्रधान मंत्री बनाने की चाह में समूचे परिवार का इस्तेमाल करने का फैसला किया। संघ की सार्वजनिक अपील लोगों को वोट देने और अधिक से अधिक मतदाताओं को मतदान तक पहुंचने के लिए प्रेरित करने तक ही सीमित थी। यह एक मिशन था जिसे मोहन भागवन ने नागपुर में 2013 में विजय दशमी के अवसर पर अपने वार्षिक संबोधन के दौरान रेखांकित किया था।

यह अदृश्य प्रचार अभियान था जो हमने देखा नहीं।

ये दो प्रचार कई बार एक दूसरे को परस्पर मिलते भी थे।

सर्वोच्च स्तर पर मोदी खुद भी सरसंघचालक और उनके सह सरसंघचालक भैया जी के संपर्क में थे। पार्टी स्तर पर भाजपा के प्रभारी संघ के संयुक्त महामंत्री के साथ सामंजस्य भी था। प्रत्येक राज्य के भाजपा नेता भी संपर्क में थे जिसे वह वैचारिक परिवार कहते थे, विशेषकर जनाधार वाले संगठन जैसे अखिल भारतीय विद्यार्थी परिषद, विश्व हिंदू परिषद, भारतीय मज़दूर संघ, बजरंग दल और वनवासी कल्याण आश्रम। स्थानीय स्तर पर भी एक सीमा तक संघ से संबद्ध ज़िला इकाइयों और पार्टी की ज़िला इकाइयों के बीच तालमेल था।

परंतु दिल्ली में इन दोनों अभियानों के बीच एक सेतु की आवश्यकता थी।

यह कोई ऐसा व्यक्ति होना चाहिए था जो आधुनिक चुनाव प्रचार

की भाषा समझता हो और इसके बावजूद संघ की जड़ों से जुड़ा हो। यह ऐसा व्यक्ति होना चाहिए था तो प्रौद्योगिकी से अभ्यस्त होने के बाद भी यह जानता हो कि 90 साल पुराने संगठन को इसे अपनाने में किस तरह मदद की जाए।

इसके लिए कोई व्यक्ति ऐसा नहीं था जो राम माधव से अधिक इसके लिए उपयुक्त हो।

मूलतः आंध्र प्रदेश के निवासी माधव लंबे समय से प्रचारक रहे हैं। हालांकि इससे पहले के दशक में वह नयी दिल्ली में संघ के चेहरे के रूप में उभरे। वह दिल्ली में राष्ट्रीय मीडिया के लिए उनका संपर्क थे, वह राजनयिक मिशन के साथ वार्ताकार भी थे, और चूंकि उनका स्थान दिल्ली था, इसलिए वह भाजपा के साथ एक महत्वपूर्ण, अनौपचारिक संपर्क बन गए थे। और उनका प्रधान मंत्री पद के प्रत्याशी के साथ बेहतर समीकरण थे।

इंडिया फाउंडेशन, एक वैचारिक मंच जिसे बहुत ही सावधानी से उन्होंने आकार दिया था और जो दिल्ली में एक अत्यधिक प्रभावशाली संस्था के रूप में उभरा था, के कार्यालय में बैठे माधव 2014 के अनुभवों को याद करते हैं और स्वीकार करते हैं, "मैंने चुनाव प्रचार के संघ के हिस्से को संभाला था। यह एक अपवाद वाला चुनाव था और हम इसमें पूरी तरह से शामिल थे।"

वह जानते थे कि संघ के तंत्र में सबसे महत्वपूर्ण प्रांतीय प्रचारक थे। चूंकि ये पदाधिकारी अपने अपने राज्य में संघ की समस्त गतिविधियों के लिए ज़िम्मेदार होते हैं, वे नागपुर में नेतृत्व और ज़मीनी स्तर पर स्वयंसेवकों, प्रचारकों और शाखाओं के बीच संपर्क का काम करते हैं। और जब भाजपा को चुनावों के दौरान इनकी मदद की ज़रूरत होती है तो ये प्रांत प्रचारक ही महत्वपूर्ण भूमिका निभाते हैं।

परंतु इन्हें प्रचार के पारंपरिक तरीके से आगे जाने के लिए जानकारी स्रोत उपलब्ध कराने की आवश्यकता होती है। अतः माधव ने सभी प्रांत प्रचारकों के लिए लेनोवा टैबलेट लेने का आदेश दिया और इसके इस्तेमाल

के बारे में जानकारी देने के इरादे से सबके लिए प्रशिक्षण का आयोजन किया। उन्होंने मुस्कुराते हुए कहा, ''यह ऐसा कुछ था जिसके सभी अभ्यस्त नहीं थे।''

और इस प्रशिक्षण के दौरान ही उन्होंने उन्हें चुनाव के दूसरे अहम उपकरण -डाटा से अवगत कराया। माधव ने दो स्रोतों से ये आकंड़े प्राप्त किए। पहला तो गांधीनगर में चुनाव रणनीतिकार प्रशांत किशोर की टीम से जिसने निर्वाचन क्षेत्रों के आधार पर प्रत्येक प्रत्याशी के लिए विस्तृत पुस्तिका तैयार की थी और निर्वाचन क्षेत्रों के बारे में राजेश जैन से आंकड़े प्राप्त किए। जैन एक समर्पित संघ समर्थक और उद्यमी थे जिन्होंने नीति सेन्ट्रल स्थापित किया था जिसे वे दिल्ली की मीडिया के वैकल्पिक परिप्रेक्ष्य की पेशकश कहते थे।

माधव बताते हैं, ''मैने प्रांत प्रचारकों की मतदान केन्द्र तक के आंकड़ों के महत्व को समझने में मदद की।' इसके बाद संघ ने इन आंकड़ों का उपयोग चुपचाप घर घर प्रचार करने और मतदाताओं को जुटाने के लिए किया जो मतदान के दिन उन्हें मतदान केन्द्रों तक लाने के लिए बेहद महत्वपूर्ण था।

माधव पार्टी अध्यक्ष राजनाथ सिंह के साथ भी एक महत्वपूर्ण कड़ी बन गए थे और वह उन्हें प्रत्याशियों तथा टिकट वितरण के बारे में संघ के नेटवर्क से मिलने वाली जानकारी उन्हें उपलब्ध कराते थे। पहले से ही राजनीतिक गतिविधियों में संलिप्त उनका 2014 के चुनाव में जीत के बाद भाजपा में जाना स्वाभाविक था और वह पार्टी में सबसे ताकतवर महामंत्रियों में से एक बनकर उभरे।

लोक सभा चुनाव के अनुभव ने इस बात की एक झलक दी कि यदि संघ किसी चुनाव में अपना पूरा संगठनात्मक तंत्र लगा दे तो क्या संभव है।

इसका काम बहुत ही सहज काम था कि मतदाताओं को मतदान केन्द्रों तक निकाल कर लाया जाये। परंतु इस सरल काम,जो राजनीतिक नतीजों

की शक्ल बदल सकता है, में संभावित मतदाताओं की पहचान करना, व्यक्तिगत रूप से उन तक पहुंचना,उन्हें राज़ी करना, अनुकूल राजनीतिक माहौल बनाना, संगठनात्मक सहयोग उपलब्ध कराना,विशेषकर उन क्षेत्रों में जहां पार्टी खुद ही कमज़ोर है और छात्रों, कामगारों तथा आदिवासियों के बीच काम कर रहे संगठनों का इस्तेमाल करके अपने नेटवर्क को सक्रिय करना।

एक और अप्रत्यक्ष भूमिका है—संघ की पारिस्थितिकी व्यवस्था। इसमें वे लोग हैं जो पूर्णकालिक प्रचारक हैं परंतु संघ के प्रति सहानुभूति रखने वाले स्वतंत्र पेशेवर हैं। वे अपने अपने क्षेत्रों में प्रभावशाली हैं और राय का रूझान बदल सकते हैं। वे संसाधन भी लगा सकते हैं।

संघ की मशीनरी और संघ की अपनी व्यवस्था अकेले ही पार्टी को चुनाव नहीं जिता सकती है। परंतु इसके बगैर अक्सर पार्टी चरमराने लगती है। ये विशुद्ध रूप एकदम अलग तरह का समर्थन देती है, ये पार्टी का मनोबल बढ़ाती है और एक परिपूरक की तरह यह अनमोल है। यही भूमिका इसने उत्तर प्रदेश में निभाई है।

*

यह समझने के लिए ज़मीनी स्तर पर संघ परिवार किस तरह काम करता है, मैंने उत्तर प्रदेश चुनाव के अंतिम चरण के लिए वाराणसी की यात्रा की।

बनारस हिंदू विश्वविद्यालय संघ के सबसे पुराने भर्ती स्थलों में से एक है। मोदी सरकार ने यह निश्चय कर लिया था कि अपने कार्यकाल के पहले ही वर्ष में विश्वविद्यालय के संस्थापक पंडित मदन मोहन मालवीय को भारत रत्न प्रदान किया जाए। ऐसे कुलपति के साथ, जो स्वयं के संघ की उपज होने पर गर्व महसूस करते हैं, विश्वविद्यालय ने 2014 के बाद दूसरी अधिकांश भारतीय उच्च शिक्षण संस्थाओं की तरह ही अनेक ऐसे शिक्षाविदों को देखा जो सार्वजनिक रूप से संगठन के व्यापक नजरिए के प्रति अपनी वफादारी ज़ाहिर कर रहे थे।

ऐसे ही एक प्रोफेसर ने, जो स्वयंसेवक भी हैं, बताया कि '101 प्रतिशत' संघ इस चुनाव प्रचार में शामिल था। वह भाजपा केटिकट वितरण से पूरी तरह सहमत नहीं थे और महसूस करते थे कि पार्टी के लिए यह सही नहीं था कि लंबे समय तक टिकटार्थियों को जानबूझ कर लटकाए रखा जाए। वह यह भी महसूस करते थे कि भाजपा ने चुनाव जीतने की खातिर दूसरे सभी तत्वों की बलि चढ़ा दी थी। वह कहते हैं, 'पहले उन्होंने संघ से जानकारी प्राप्त की थी। इस बार भी उन्होंने यही किया परंतु पिछली बार की तुलना में कम। उन्होंने दूसरे दलों से दल बदलने वालों को वैचारिक प्रतिबद्धता की कीमत पर लिया।'

वह ज़ोर देते हैं कि लेकिन इसने पार्टी का समर्थन करने के व्यापक लक्ष्य से विमुख नहीं किया। 'आखिरकार, भाजपा को ही चुनाव लड़ना है हमे नहीं।' शिक्षाविद ने उस भूमिका को रेखांकित किया जो संघ निभा रहा था। वह उन असंतुष्टों को देख रहा था जिनमें टिकट नहीं मिलने के कारण असंतोष था। 'हम उनसे कह रहे थे कि उन्हें अगली बार जगह दी जाएगी और उन्हें समाजवादी पार्टी की सरकार को सत्ता से हटाने के बारे में ही सोचना चाहिए।' उनकी तरह के अनेक स्वयंसेवक अपने मित्रों और परिवार, सहयोगियों और छात्रों तथा विश्वविद्यालय के कर्मचारियों से बात करके उन्हें यह बता रहे थे कि उत्तर प्रदेश में भाजपा की सरकार लाने से किस तरह के लाभ होंगे। 'और हमारे प्रचारक वही कर रहे हैं जो उन्होंने 2014 में किया था और वे मतदाताओं को बाहर ले आने के लिए मतदान केन्द्र स्तर पर काम कर रहे थे।'

समर्थकों के एक दूसरे क्षेत्र को ही ले लीजिए। संघ को आर्थिक ताकत पुराने उद्यमियों और कारोबारियों से मिलती है।

विक्रम मेहरा का दश्वाश्मेघ घाट के निकट गोदौलिया में होटल स्वास्तिक इनहै। होटल संकरी गली के अंदर एक इमारत की दूसरी मंज़िल पर है, यह उन सैकड़ों होटलों में से एक है जिसने वाराणसी को शहरी भूल भुलैया बना दिया है। मेहरा एक पुलिस अधिकारी के साथ बैठे थे जिन्होंने

अपने परिचय में बताया कि वह विश्वनाथ मंदिर ओर आसपास की सुरक्षा के लिए ज़िम्मेदार हैं। वह आरएसएस से सहानुभूति भी रखते थे।

मेहरा तर्क देते हैं कि यह महत्वपूर्ण चुनाव था क्योंकि इसने उन्हें दिल्ली और लखनऊ में एक ही सरकार होने का अवसर प्रदान किया है। "शिक्षित लोगों और व्यापारी समुदाय के बीच यह आम भावना है कि इस बार विकास के लिए उप्र में भाजपा को ही जीतना चाहिए। यही संदेश हम अपने दोस्तों और अपने सर्किल में प्रसारित कर रहे हैं। सब को मौका मिला है तो इस बार भाजपा को क्यों नहीं? यह दलील बहुत से लोगों को जंच रही है।

मेहरा संघ समर्थक परिवार से आते हैं और वह स्थानीय संघ व्यवस्था के साथ घनिष्ठता से जुड़ेहुए हैं।

मेहरा हंसते हुए कहते हैं, 'मेरा इसी में जन्म हुआ है। हम ही संघ हैं। वह बताते हैं कि संगठन और उसके समर्थक किस तरह काम करते हैं।' वह बताते हैं, 'संघ चुपचाप काम करता है। हमारे में से कोई भी प्रचार नहीं चाहता है। मैं आपको एक उदाहरण देता हूं। काशी क्षेत्र के एक प्रचारक ने कल भाजपा के एक सांसद को व्यापारियों से मिलाया। हमारी उनके साथ बातचीत हुई। और फिर हम लोगों ने फोटो खिंचाई। जैसे ही लोगों ने सेल्फी लेना शुरू किया तो प्रचारक चुपचाप एक ओर खिसक गया। आप उन्हें देखेंगे नहीं और इसीलिए ऐसी अनुभूति होती है कि वे उपस्थित नहीं हैं।'

संध के लिए मेहरा सरीखे व्यक्तियों की महत्ता उनकी पुरानी निष्ठा, स्थानीय बाज़ार और समुदाय में उनका महत्व और उनकी आर्थिक स्थिति से आती है। मेहरा और उनके व्यापक परिवार के लिए संघ और उससे संबद्ध राजनीतिक घटकों से यही अपेक्षा है कि वे कारोबार के लिए और बेहतर माहौल तैयार करेंगे। हालांकि प्रदर्शन जैसी बाधा डालने वाली गतिविधि अभी ही हुई है और इसने उनके कारोबार पर प्रतिकूल असर डाला है फिर भी मेहरा की निष्ठा नहीं डिगी है।

मेहरा कहते हैं, 'सिर्फ बेईमान कारोबारी ही नाराज़ होगा। इसने कुछ समय के लिए हमारे कारोबार को प्रभावित किया होगा परंतु यह संकट अब

खत्म हो गया है। आप मुंबई नगर पालिका के चुनावों को ही देखिए। वह तो भारत के कारोबार का केन्द्र है। और भाजपा ने नोटबंदी के बावजूद वहां चुनावों में कितना शानदार प्रदर्शन किया है।'

मेहरा उसी शाम व्यापारियों की एक बड़ी सभा में जाने की तैयारी कर रहे थे। इस सभा को वित्त मंत्री अरुण जेटली संबोधित करने वाले थे और इसके लिए वह अपनी उत्सुकता छिपा नहीं पा रहे थे। वह कहते हैं, 'आप भी आइए। आप खुद देखिए कि व्यापारी समाज किस तरह से मोदी जी के साथ है।'

बनारस हिंदू विश्वविद्यालय के शिक्षाविद और मेहरा संघ के स्वयंसेवकों का प्रतिनिधित्व कर रहे थे जिनकी गणना इसमें नहीं होगी यदि आप बहुत ही सीमित दृष्टिकोण लें कि कैसे आरएसएस ने भाजपा का समर्थन किया। वे अदृश्य समर्थक हैं जिनकी प्रभावशाली होने के साथ ही अपने समुदाय में पैठ है और जो चुनाव में हवा बना सकते हैं।

लोगों को संगठित करने का अधिक प्रत्यक्ष काम संघ की मशीनरी करती है।

वाराणसी में मेहरा के होटल के ठीक सामने आरएसएस का पुराना कार्यालय है।

प्रचारक संगठन के 'हिंदू समाज की एकता' के उद्देश्य की खातिर इसे बनाए रखने और इसके विस्तार के लिए अपनी जिंदगी लगा देते हैं। ये वे लोग हैं जो चुनाव जैसे महत्वपूर्ण अवसरों पर पार्टी को कार्यकर्ता उपलब्ध कराते हैं।

तीन बुजुर्ग एक शांत कमरे में रखी एक बड़ी सी मेज़ के इर्द गिर्द बैठकर अखबार पढ़ रहे हैं। एक प्रचारक अपना परिचय देता है कि वह संघ के साथ 1955 से जुड़ा हुआ है। वह मेहरा की हां में हां मिलाता है: 'इस तरह की भावना है कि केन्द्र और राज्य स्तर पर एक ही पार्टी की सरकार होनी चाहिए। अमीर और गरीब दोनों ही मोदी जी को चाहते हैं। सेना का मनोबल ऊंचा है। विकास का काम आगे बढ़ रहा है।'

उन्होंने चुनावों के बारे में संघ और भाजपा के विचारों में महत्वपूर्ण अंतर को चिह्नित किया। 'संघ एक ऐसा स्कूल है जहां हम लोगों को उनकी योग्यता, कठोर परिश्रम और इसके नतीजे के आधार पर अंक देते हैं। परंतु राजनीति अलग है। एक राजनीतिक दल को जाति, आर्थिक मज़बूती, चुनाव जीतने की संभावना आदि को देखना होता है। आखिरकार, उन्हें तो चुनाव लड़ना है। और हम यहां उनका समर्थन करने के लिए हैं।'

यह वाराणसी में मतदान से छह दिन पहले की बात है। भाजपा के साथ तालमेल करने वाले प्रमुख व्यक्ति,आरएसएस के संयुक्त महामंत्री कृष्ण गोपालवाराणसी पहुंच गए थे और वह विभिन्न ज़िलों के कार्यकताओं की बैठकें बुला रहे थे। पूर्वी उत्तर प्रदेश के प्रत्यक्ष प्रभारी होने की वजह से गोपाल पूरे राजनीतिक परिदृश्य से परिचित थे। बुजुर्ग प्रचारक ने बताया कि इन बैठकों में क्या हुआ। 'वह सभी कार्यकर्ताओं से राजनीतिक माहौल, मतदान केन्द्र स्तर के समीकरण और मतदाताओं के रुझान के बारे में जानकारीप्राप्त करते हैं। वह यह भी स्पष्ट निर्देश देते हैं कि उन्हें मतदान के लिए क्या करना है और बड़ी संख्या में मतदाताओं के मत डालने पहुंचने पर ज़ोर देते हैं। यही जीत सुनिश्चित करेगी।'

लेकिन यह काम चुपचाप किया जाता है और यही वजह है कि संघ की भूमिका अक्सर ही यह पहेली ही बनी रहती है।

प्रचारक ने अपनी बात जारी रखी,'मैं एक और तरह से आपको बताता हूं। पिता अपने बच्चे,उसकी शिक्षा का ध्यान रखता है, उसे जीवन में बसने में मदद करता है, उसे घर मुहैया कराता है परंतु वह चारों ओर गा गा कर लोगों को नहीं बताता है।' संघ के कार्यकर्ता पोस्टर नहीं बांटते हैं, जनसभाओं में कुर्सियां नहीं लगाते और न ही खुद भीड़ जुटाते है। 'ये हमारा काम नहीं है और इसीलिए मीडिया को अक्सर गलतफहमी हो जाती है। वे गलत स्थानों पर देखते हैं। हमतो चुपचाप घर घर जाकर संपर्क करते हैं, लोगों को एक नेता और एक पार्टी को वोट देने के लिए लोगों को प्रोत्साहित करते है जो राष्ट्र के बारे में सोचते हैं, दुनिया भर में भारत की प्रतिष्ठा बढ़ाते हैं, सेना

का मनोबल ऊंचा करते हैं और सबके विकास में विश्वास करते हैं।'

संघ की परिकल्पना और संदेशों में सिर्फ एक ही नेता और एक पार्टी इस कसौटी पर खरी उतरती है। वह नेता नरेन्द्र मोदी हैं। वह पार्टी भाजपा है।

संघ का नया कार्यालय गोदौलिया चौक से महज कुछ किलोमीटर की दूरी पर सिगरा में स्थित है, लेकिन शहर के पुरानी तरह के यातायात का मतलब हमें अपने लिए रेंगते हुए रास्ता बनाना है। इसी कार्यालय से काशी प्रांत के 18 ज़िलों में संघ के कामकाज का प्रबंधन किया जाता है।

भीतर, एक छोटे से कमरे में एक व्यक्ति लगन के साथ एकाउन्ट का काम कर रहा है। उसने मुझसे कहा, 'आप भी बाहर जाइये और आप अपने जिन मित्रों और लोगों को जानते हैं उन्हें मोदीजी को वोट देने के लिए तैयार कीजिए। हमारा सांस्कृतिक संगठन है परंतु विकास के लिए हम राज्य में भाजपा की सरकार चाहते हैं।'

उसने फिर इस तथ्य को रेखांकित किया कि संघ किस तरह से इस लक्ष्य को प्राप्त करने में मदद कर रहा था।

'हम मतदाता जागरूकता मंच नाम के प्लेटफार्म के माध्यम से काम करते हैं। हम अधिक से अधिक मतदान पर ध्यान केन्द्रित कर रहे हैं। आरएसएस का मानना है कि प्रत्येक भारतीय नागरिक का यह कर्तव्य है कि लोकतंत्र में शामिल हो और मतदान करे।' इसका निष्कर्ष यह था कि यह प्रोत्साहन उन मतदाताओं के लिए सुरक्षित था जिनकी बहुत अधिक संभावना संघ से संबद्ध राजनीतिक दल को वोट देने की थी।

लेकिन संघ ने किस तरह से पार्टी की मदद की, इस बारे में सबसे अधिक विश्वसनीय जानकारी प्रमुख राजनीतिक वार्ताकारों ने स्वयं दी। भाजपा का एक प्रमुख नेता, जो रोज़ाना संघ के साथ विचार विमर्श करते थे, घटनाक्रम का पुनर्निर्माण करते हैं।' चुनावों के बारे में संघ के साथ हमारी पहली बैठक नवंबर 2016 में हुई थी। और उस बैठक में ही यह निर्णय हो गया था कि वे ज़मीनी स्तर पर संपर्क पर ध्यान देंगे। चुनावों से पहले

संघ के वरिष्ठ नेता मतदान वाले क्षेत्रों में पहुंचे और स्वतंत्र रूप से बैठकें आयोजित की और मदद की।'

उन्होंने बताया कि हालांकि 2014 और 2017 में राज्य में चुनाव में संघ की भूमिका को लेकर दो बड़े अंतर थे।

''पहला तो यह था कि उत्तर प्रदेश में भाजपा खुद भी कमज़ोर थी और उसे इस तरह की मदद की आवश्यकता थी। 2017 तक अमित शाह, सुशील बंसल और उनके टीम द्वारा किये गये कामों से भाजपा संगठन काफी ताकतवर हो गया था और बाहर से मदद की आवश्यकता कम हो गयी थी। यह निश्चित ही परंतु एक महत्वपूर्ण बिन्दु था जो राष्ट्रीय स्तर पर लागू होता है। जहां भाजपा अपने आप ही ताकतवर थी और उसकी गहरी पैठ थी, वहा पर चुनाव प्रक्रिया में संघ की आवश्यकता कम थी लेकिन जहां भाजपा कमज़ोर थी,परंतु संघ की जडें काफी मज़बूत थीं तो वहां यह अधिक महत्वपूर्ण हो गया था।''

इसका नतीजा दूसरे अंतर में आया। 2014 में आरएसएस के अनेक कार्यकर्ताओं को उत्तर प्रदेश के बाहर से राज्य में सभी गतिविधियों में सहयोग के लिए लाया गया था, चाहें तो सूचना प्रौद्योगिकी हो, फीडबैक और निगरानी हो, घर घर संगठित करने का काम हो या प्रचार प्रबंधन हो। यह नज़रिया कभी कभी उलटा पड़ जाता है। बिहार के चुनाव में राज्य के एक शीर्ष नेता ने मुझे संकेत दिया कि इसने स्थानीय कार्यकर्ताओं में असंतोष पैदा कर दिया था। उप्र में 2017 में भाजपा को बाहर से बड़ी संख्या में कार्यकर्ताओं की आवश्यकता नहीं थी। वास्तव में, स्थानीय नेता जो पहले ही मतदान कर चुके थे उन्हें उन क्षेत्रों में भेजा गया जहां मतदान होना था।

आरएसएस से पुराना रिश्ता रखने वाले एक नेता ने बताया, ''बाहर के आरएसएस के कार्यकर्ता इतना अधिक संलिप्त नहीं थे, परंतु ऐसा इसलिए था क्योंकि इसकी आवश्यकता नहीं थी। वे वही कर रहे हैं जो आवश्यक है। आखिरकार, कृपा करके इसे समझिये कि संघ जहां भी हो हम उसी से आते हैं। वह तो मेरा माई बाप भी है। यह विभेद बनावटी है।''

निश्चित ही, आरएसएस की भूमिका की तलाश में इस तथ्य का छूट जाना सहज था कि समूचा नेतृत्व ही संघ से आया हुआ है।

नरेन्द्र मोदी संघ में ही प्रचारक थे। अमित शाह भी संघ से ही हैं। सुनील बंसल तो सिर्फ तीन साल पहले ही संध से आये थे। केशव प्रसाद मौर्या भी कुछ समय पहले तक विश्व हिंदू परिषद के कार्यकर्ता और पदाधिकारी थे। वरिष्ठता के क्रम में अगर नीचें आयें, चन्द्रमोहन भी भाजपा में आने से पहले अखिल भारतीय विद्यार्थी परिषद और स्वदेशी जागरण मंच में राज्य स्तर के अनेक नेताओं का आधार संघ परिवार के एक या दूसरे संगठन में रहा है। अमित शाह से लेकर नीचे तक भाजपा नेताओं को सहयोग करने वाले सभी कर्मचारी संघ की पृष्ठभूमि से आते हैं।

निश्चित ही भाजपा ही संघ है। कुछ चुनावों में आरएसएस की शेष मशीनरी अधिक सक्रिय हो सकती है और कुछ में यह पीछे रह सकते हैं।

यह खोज बाहरी व्यक्तियों का पता लगाने की भी थी क्योंकि हम कुछ ऐसे रहस्यमयी, गुप्त सेना की तलाश में थे जो चुनावों के दौरान प्रचार के लिए अचानक ही अवतरित होती थी और फिर नदारद हो जाती है। बेशक, यह इस तरह तो काम नहीं करती है।

बनारस हिंदू विश्वविद्यालय के शिक्षाविद संघ थे। वरूण मेहरा संघ थे। हमने सिर्फ प्रचारकों और हमने संगठित करने के काम में उनकी भूमिका पर ही ध्यान केन्द्रित किया जो अपर्याप्त था। संघ में दूसरे सबसे अधिक ताकतवर व्यक्ति भैयाजी जोशी ने *आर्गेनाइज़र* को दिए एक इंटरव्यू में कहा था, "हमारा सारा प्रयास गृहस्थ कार्यकर्ताओं को अपने काम का मुख्य स्तंभ बनाने का है। आज, हज़ारों परिवार इस काम को आगे बढ़ा रहे हैं। गृहस्थ कार्यकर्ताओं की तुलना में प्रचारकों की संख्या बहुत कम है।"

यह व्यापक व्यवस्था थी और प्रत्येक व्यक्ति ने अक्सर चुपचाप ही अपनी तरह से वह काम किए जो चुनाव के दौरान उसे करने थे।

अपनी स्थापना के नब्बे साल बाद संघ अपने अनुयायी नरेन्द्र मोदी के माध्यम से, खुद को और समावेशी बनाने के लिए उपलब्ध करने, आंशिक

और धीरे धीरे, और खामोशी से संगठनात्मक कार्यो के माध्यम से चुनावी सफलताओं के ज़रिये भारत में मैत्रीपूर्ण सरकारें स्थापित करने में मदद कर रहा है। इस प्रक्रिया में, इसका राजनीतिक संगठन पहले से कहीं अधिक ताकतवर हो रहा है। हिंदू एकता और हिंदू राष्ट्र हासिल करने के अपने लक्ष्य के लिए दोनों अविभाज्य हैं।

6

'एच-एम' चुनाव

23 फरवरी, 2017 को इलाहाबाद में एक होटल का प्रबंधक गर्व से अपनी उंगली पर लगी स्याही दिखाता है। 'मैंने मत दिया है ओर साइकिल जीतेगी।' साइकिल समाजवादी पार्टी का चुनाव चिह्न है।

उसने तब मतदान केन्द्र की एक कहानी सुनायी। लाइन में लगा एक व्यक्ति ठीक से देख नहीं पा रहा था और उसने मदद मांगी। "वह कमल का बटन दबाना चाहता था। मैंने कहा कि मैं मदद नहीं कर सकता लेकिन वहां मौजूद पुलिस ने कहा कि उन्हें दिखा दो।" वह थोड़ा रुका और फिर शरारती मुस्कान के साथ बोला, "मैंने कमल की बजाये उसे साइकिल दिखाई और उसने वह बटन दबा दिया। हमारे लिए एक और वोट आ गया।"

होटल के स्वागत कक्ष पर उसके आसपास मौजूद दूसरे लोग हौले हौले मुस्कुराये।

जब वह चला गया तो उसके एक सहयोगी ने कहा, "आपने देखा उसने क्या किया? क्या यह गलत नहीं है? वह मुसलमान है। यह सब लोग ऐसे ही हैं। यह पूरी कौम ही इसी तरह की है। प्रदेश को बर्बाद कर दिया है।" होटल का यह दूसरा कर्मचारी ब्राह्मण था और उसने कहा कि वह बाद में भाजपा के लिए वोट करेगा। भाजपा ही जीतेगी। लेकिन ये लोग भी बड़ी संख्या में है, वे थोक में वोट देते हैं, वे तो ब्रश से अपने दांत

साफ किए बगैर ही वोट देने पहुंच जाते हैं और इसलिए ये एक चुनौती होगी। पर इनको हराना है।"

सपा-कांग्रेस गठबंधन मुस्लिम मतदाता की ऊर्जा और उत्साह देखकर बहुत ही खुश होते। परंतु इसकी प्रतिक्रिया भी भाजपा के लिए बेहद कर्णप्रिय होती क्योंकि इससे पता चला कि चुनाव को धार्मिक पहचान के चश्मे के ज़रिए देखने की प्रवृत्ति बढ़ती जा रही है।

भाजपा अपने वर्तमान वैचारिक रूपरेखा के सहारे उत्तर और पूर्वी भारत में, दिल्ली की सीमा से उत्तर प्रदेश और बिहार होते हुए पश्चिम बंगाल के रास्ते असम तक जबर्दस्त सांप्रदायिक ध्रुवीकरण के बगैर चुनाव जीत नहीं सकती थी। इसकी वजह साफ थी। इन सभी राज्यों में मुस्लिम आबादी 20 प्रतिशत या इससे अधिक है। और पार्टी 20 प्रतिशत के नुकसान के साथ शुरू करती है क्योंकि मुस्लिम न तो पार्टी के लिए वोट करते हैं और न ही पार्टी की उनके वोटों में दिलचस्पी है।

शेष मतदाताओं के बीच अपनी स्थित मजबूत करने के लिए उसे अंदरूनी तरीके से हिंदू जातियों की दरकार होगी जिसके लिए वह कोशिश कर रही है परंतु इसके लिए उसे मुस्लिमों को 'अन्य' बनाकर पेश करना होगा क्योंकि अगर दूसरे जीत गये तो यह समुदाय अकूत ताकत का इस्तेमाल करेगा और उसे 'एक सबक सिखाने' की जरूरत है। उसे मौजूदा पूवाग्रहों का दोहन करना होगा, उसे असंतोष बढ़ाना होगा, उसे हिंदुओं में भय और आक्रोष पैदा करना होगा और इसके लिए संवेदनाओं से खेलने की जरूरत है। अक्सर हकीकत में दूसरों का ध्यान 'मुस्लिम मतदाताओं' को जीतने में लगा होता है।

इसे हासिल करने के लिए भाजपा और उसके वैचारिक संगठनों ने अत्यधिक प्रगतिशील, फिर भी सर्वाधिक भौंडे, प्रचार को आधार बनाया, प्रगतिशील क्योंकि यह नवाचार और प्रौद्योगिकी के इस्तेमाल का था और भौंडा क्योंकि इसके संदेश के लिए सीधे झूठ का सहारा लिया गया था। वे मुस्लिम विरोधी दंगों और हिंसा में सक्रिय रूप से भागीदार रहे हैं और

ऐसे क्षणों से उत्पन्न क्रोध और उत्तेजना से लाभान्वित हुए हैं। उन्होंने कम तीव्रता वाले परंतु सतत तनाव को बढ़ावा दिया और धार्मिक आधार पर दोस्तों, पड़ोसियों, गांवों और श्रमिकों के बीच विश्वास की कमी को और बढ़ाया।

यह विभिन्न जातियों से एकसाथ मतदान कराने के लक्ष्य को हासिल करने और हिंदू समाजको एकजुट करने के व्यापक वैचारिक लक्ष्य को प्राप्त करने में मददगार था। और जब पार्टीचुनाव को 'एच-एम' (हिंदू-मुस्लिम) चुनाव की शक्ल देने में सफल हो गयी तो हिंदू बहुल्य परिदृश्य में उसकी विजय निश्चित हो गयी।

*

"एकता की पहचान, संगीत सोम, हिंदू पहचान संगीत सोम।"

चुनाव प्रचार की गाड़ी पर लगा इस नारे ने घोषणा की कि उप्र के 2017 के चुनाव में संगीत सोम मेरठ की सरधाना सीट से भाजपा के उम्मीदवार हैं। हाल ही में भंग हुईविधान सभा के विधायक सोम को 2013 के मुजफ्फरनगर दंगों में आरोपी बनाया गया था। इन दंगों में करीब 50 व्यक्ति मारे गये थे और 40,000 से अधिक लोग विस्थापित हो गये थे। हिंसा के दौरान ही जाट समुदाय ने एक महापंचायत आयोजित की जिसमें सोम ने कथित रूप से भड़काने वाले भाषण दिए और फर्जी वीडियो अपलोड किए।

इसी तरह के एक वीडियो में जाहिर तौर यह दिखाया गया था कि मुजफ्फरनगर के कावल गांव में मुसलमानों ने किस तरह दो जाट युवकों सचिन और गौरव की हत्या की। इसमें बताया गया कि वे एक मुस्लिम व्यक्ति से अपनी बहनों के सम्मान की रक्षा कर रहे थे और इसके लिए उन्हें अपनी जान गंवानी पड़ी। दंगा भड़कने के बारे में अलग अलग बातें सामने आ रही थीं और सचिन तथा गौरव के साथ झगड़े में शामिल मुस्लिम व्यक्ति की मौत कैसे हुई। परंतु बाद में पता चला कि उन्माद और आक्रोष पैदा करने के इरादे से अपलोड किया गया यह वीडियो क्लिप 2012 पाकिस्तान के एक प्रांत का था।

इन दंगों की घटनाओं की जांच के लिए गठित न्यायमूर्ति विष्णु सहाय आयोग का निष्कर्ष था: ''जब तक इन्हें (वीडियो क्लिप) हटाया गया उस समय तक मुजफ्फरनगर और आसपास के जिलों में इसकी वजह से हिंदू और मुसलमानों के बीच तनाव बहुत अधिक बढ़ चुका था।'' इसके लिए जिम्मेदार ठहराए गए व्यक्तियों में सोम भी शामिल थे। उनके खिलाफ राष्ट्रीय सुरक्षा कानून के तहत मामला दर्ज किया गया। यह फर्जी वीडियो एक अपवाद नहीं था। संघ से संबद्ध संगठनों ने, अपनी यह कहानी गढ़ने के लिए कि किस तरह से मुस्लिम, हिंदू लड़कियों को अपने जाल में फंसा रहे हैं और दंगों में हिंदू लड़कों की हत्या कर रहे हैं, इस तरह की सामग्री व्हाट्सऐप में संदेश और आडियो वीडियो के जरिए प्रसारित की, इनमें अधिकांश फर्जी थे।

गौ रक्षा सहित हिंदू हितों के चरमपंथी संगठनों से संबद्ध होने की वजह से सोम का व्यक्तिगत रिकार्ड भी कम साफ था। मेरठ से हिंदुस्तान टाइम्स नेरिपोर्ट किया था कि सोम मांस के प्रसंस्करण और इसका निर्यात करने वाली एक कंपनी के निदेशक थे। इसके बारे में जब पूछा गया तो उनका जवाब था, ''मैं कट्टरपंथी हिंदू हूं और इसलिए ऐसी किसी गतिविधि में शामिल होने का सवाल ही नहीं उठता जो मेरे धर्म के खिलाफ हो।''

हालांकि यह पाखण्ड उन्हें 'कट्टरपंथी' पृष्ठभूमि से अलग करने में बहुत अधिक मददगार नहीं हुआ। और सोम निरंतर 'हिंदू कार्ड' का इस्तेमाल करते रहे।2017 के चुनावो में, स्थानीय पर्यवेक्षक ने इस बात की ओर इशारा भी किया उनके लिए कड़ी चुनौती है। और सोम एक बार फिर मुजफ्फरनगर को बुरी तरह प्रभावित करने वाले दंगों को भुनाने में लग गए जिसने लोकसभा चुनाव में इस क्षेत्र में पाटी को मदद पहुंचाई थी। चुनाव प्रचार के दौरान उन्होंने दंगों की भड़काने वाली सीडी वितरित कीं और एक बार फिर सांप्रदायिक ध्रुवीकरण करने का प्रयास किया। उनके खिलाफ चुनाव आचार संहिता का उल्लंघन करने के आरोप में मामला भी दर्ज हुआ।

ये दंगे चार साल बाद भी भाजपा की मदद कर रहे थे।

यह भोर का पहर था जो प्रत्याशियों के अपने क्षेत्र के ग्रामीण इलाकों में चुनाव अभियान पर निकलने से पहले मिलने का सबसे उचित समय था। सरधाना में संगीत सोम के घर के बाहर मेरी मुलाकात पार्टी के समर्थक राज कुमार सैनी से हुई।

''इस राज्य में हिंदुओं पर अत्याचार और उनका शोषण होता है। मुजफ्फरनर दंगों के सिलसिले में हिंदू लड़के अभी भी जेल में हें परंतु सभी मुस्लिम मौज कर रहे हैं। उप्र में हिंदू लड़कियों से बलात्कार किया गया लेकिन मुस्लिम लड़कियों को सिर पर बिठाया गया। अब जरूरत यह है कि हिंदू वोट एक साथ पड़ें।'

दंगों के दौरान जो कुछ भी हुआ उसकी अनुभूति और प्रचार हकीकत से बहुत दूर था। दंगों में मुसलमान ज्यादा मारे गये थे। मुसलमानों को बहुत ही तकलीफदेह परिस्थितियों में शिविरों में रहना पड़ा था। मुस्लिम महिलाओं के साथ बलात्कार के बारे में भरोसेमंद रिपोर्टें थीं। फिर भी, हिंदुओं में उनका उत्पीड़न होने का भाव बहुत अधिक था। अनिल सैनी की बातचीत से यह झलकता था।

''यह सरकार उनकी है। उन्होंने ही दंगा शुरू किया। इसके बाद भी आजम खान अपने लड़कों को रिहा करा लिया। और फिर मुआवजा भी लिया, उन्हें बहुत सारा धन मिला। हिंदुओं को क्या मिला?"समाजवादी पार्टी में मुसलमानों के सुप्रीम नेता आजम खान को लेकर यही कहा जाता रहा है कि सचिन और गौरव की हत्या में शामिल मुस्लिम लड़कों को संरक्षण प्रदान करने में उन्होंने अहम भूमिका निभाई। उनकी सांप्रदायिक रूप से भड़काने वाली टिप्पणियों ने भाजपा को अपने समर्थकों को एकजुट करने में मदद की।लेकिन यह विश्वास करना कि मुज़फ्फरनगर में आजम खां की वजह से मुसलमानों को विशेष अधिकार प्राप्त थे, सरासर असत्य था।

परंतु तथ्यों से किसी को कुछ लेना देना नहीं था। हिंदुओं को एकजुट करने के प्रयास में सोम लगातार यह बता रहे थे कि सपा के शासन में किस तरह से हिंदुओं का उत्पीड़न किया गया।

सैनी से बात करने के बाद मैं दरवाजे के बाहर तैनात सुरक्षाकर्मियों के पास से गुजरता हुआ सीढ़ियों के रास्ते छह से होता हुआ एक बड़े से कक्ष में पहुंचा जहां तीन बड़ीबड़ी मेज़ें लगी हुई थीं। लोग दोनों ओर बैठकर इलाके के इस ताकतवर व्यक्ति के साथ बातचीत के लिए अपनी बारी का इंतजार करते थे।

सोम घायल हो गये थे, उनके बाएं हाथ में प्लास्टर लगा हुआ था। इसके बावजूद इस ठाकुर नेता की गतिविधियां धीमी नहीं हुई थीं। उन्होंने फोन से खिलवाड़ करते हुए अपने सहायक को निर्देश दिया कि उसके कार्यक्रम में कुछ और गांवों को शामिल किया जाये। सांप्रदायिकतावाद के बारे में मेरे सवाल के जवाब में सोम को कोई ग्लानि नहीं थी और वे पूरे विश्वास से भरे हुए थे।

सोम कहते हैं, "सपा ने कब्रिस्तान के लिए चाहरदीवारियों का निर्माण क्यों कराया, श्मशान भूमि और राम लीला मैदानके लिए नहीं? उन्होंने गाजियाबाद में हज हाउस के निर्माण पर हजारों करोड़ रुपए क्यों खर्च किए लेकिन कांवड़ियों के लिए, जो उसी रास्ते से यात्रा करते हैं, विश्राम गृह बनाने पर एक पैसा खर्च नहीं किया? सरकार ने सिर्फ़ मुस्लिम लड़कियों के लिए छात्रवृत्ति दी और हमारीलड़कियों को नहीं?मुलायम सिंह यह क्यों कहते हैं कि सिर्फ सपा ही मुसलमानों का ध्यान रख सकती है, क्या अखिलेश यादव ने सिर्फ मुस्लिम वोटों के लिए ही नहीं कांग्रेस के साथ तालमेल किया है? क्या हिंदू इस राज्य में नहीं रहते हैं? वे जो चाहें मुसलमानों को दे सकते हैं, मैं उसके खिलाफ नहीं हूं परंतु उन्हें वही सब हिंदुओं को भी देना चाहिए।"

सोम उसी मुद्दे पर लौट रहे थे जो भाजपा की राजनीतिक कथन का केन्द्र रहा है-यह है 'तुष्टिकरण।' यह इस दावे पर आधारित है कि भारत में धर्म निरपेक्षता की राजनीति का तात्पर्य मुस्लिम समर्थक राजनीति है, धर्म निरपेक्ष दल मुस्लिम समर्थक हैं और इस प्रक्रिया में हिंदू कहीं पीछे छूट चुके हैं। और यही वह मुद्दा है जिसे हम उप्र में चुनाव प्रचार के दौरान बार बार सुन रहे थे।

और इसीलिए देश की राजधानी से करीब सौ किलोमीटर की दूरी पर पश्चिमी उत्तर प्रदेश के इस क्षेत्र में भाजपा का प्रचार अभियान हिंसा के महिमामंडन, उत्पीड़न और पूर्वाग्रहों की कहानियों पर आधारित था। उप्र में सपा की सरकार को एकसमान रूप से कानून लागू करने की बजाए अल्पसंख्यकों के पक्ष में भेदभाव करने वाली सरकार के रूप में देखा जाता था और भाजपा ने इसे भी शामिल कर लिया।

इसने काम भी किया।

11 मार्च को संगीत सिंह सोम सरधाना सीट से विधायक निर्वाचित हुए। उन्हें 97921 मत मिले जबकि उनके सबसे नजदीकी प्रतिद्वंद्वी 20 हजार से भी अधिक मतों से पीछे रहे।

*

संगीत सोम किसी अपवाद का नहीं बल्कि उन्हीं मापदंडों का प्रतिनिधित्व कर रहे थे।

अमरोहा से पूर्व टेस्ट क्रिकेटर खिलाड़ी चेतन चौहान विधान सभा चुनाव लड़ रहे थे। उनके निर्वाचन क्षेत्र में उनके साथ चाय की चुस्कियों के दौरान चौहान ने कहा कि इस क्षेत्र का 'बहुमत वाला समुदाय महसूस करता है कि उसके साथ न्याय नहीं किया गया है। सिर्फ मुस्लिम लोगों का ही काम हुआ है।'उनका आरोप था कि सपा विधायक ने उन लोगों को संरक्षण दिया जिन्होंने जमीन छीनी और लूटपाट की, इनमें से अधिकांश अपराध मुस्लिम समुदाय ने ही किए थे, उनकी गुंडागर्दी के खिलाफ ही प्रतिक्रिया हुई थी, और उन्होंने स्वीकार किया कि भाजपा इस गुस्से को भुनायेगी। पांच साल तक हिंदुओं को तोड़ा गया है।...वे एकजुट होंगे।'

यह एक उल्लेखनीय प्रचार मंच था।किसी प्रत्याशी के लिए इतना खुलकर बोलना कि अपराध के लिएएक समुदाय विशेष जिम्मेदार था, दूसरे समुदाय में (जो ज्यादा प्रभुत्वशाली है) असंतोष पैदा करता है और उम्मीदवार का उम्मीद करना कि इससे उसे फायदा होगा, यह भाजपा द्वारा धर्म की राजनीति के सिनिकल उपयोग को उजागर करता है। मुजफ्फरनगर के

आसपास की घटनाओं के बारे में बताई जा रही बातों के समर्थन में कोई तथ्य और साक्ष्य नहीं थे। व्हाट्सऐप का, और व्यापक संगठनात्मक नेटवर्क का इस्तेमाल करके तस्वीरो और लिखित संदेशो के आधार पर इस निष्कर्ष तक पहुंचना आसान था कि मुसलमान ही अपराधी और हिंदू पीड़ित हैं और दूसरे सभी राजनीतिक दलसिर्फ मुस्लिम समुदाय के लिए ही काम कर रहे हैं और भाजपा हिंदुओं के हितों की रक्षा करने वालीएकमात्र पार्टी हैं।

चुनाव में इसने काम किया।

चेहन चौहान नौगांवा की जनता का प्रतिनिधित्व करने वाले विधायक के रूप में आराम से चुनाव जीत गए। उन्हें 97030 मत मिले। उनकी जीत का अंतर भी संगीत सोम की तरह ही 20,000 मतों से अधिक था।

वह आज देश के सबसे बड़े राज्य के खेल मंत्री हैं और उन्हें कैबिनेट मंत्री का दर्जा प्राप्त है।

*

अनेक लोगों ने भाजपा द्वारा विकास कार्ड, कानून एवं व्यवस्था कार्ड और हिंदू कार्ड इस्तेमाल किए जाने को खांचों में रखा और इसे एकदम अलग प्लेटफार्म के रूप में लिया। इसे नजरअदांज कर दिया कि भाजपा कितनी चतुराई से अक्सर ही तीनों का एक ही कहानी में इस्तेमाल करती है। और इस प्रक्रिया में, वह उस चीज का इस्तेमाल करके खुश है जिसे झूठ कहते हैं। दूसरे मुद्दों को ही लीजिए, जो उसने पश्चिमी उप्र में उठाए।

पार्टी ने दावा किया कि मुस्लिम गैंगस्टरों की वजह से हिंदू कैराना में असुरक्षित हैं, उन्हें इस भय के कारण वहां से भागना पड़ रहा है और कैराना 'नया कश्मीर' बन गया है। वस्तुस्थिति का पता लगाने वाले सभी स्वतंत्र दलों ने इस दावे को असत्य पाया, पलायन बेहतर अवसरों की तलाश के लिए हुआ था। एक बार फिर, जैसे मुजफ्फरनगरमें मुसलमानों को किस्मत वाला या अमरोहा में मुस्लिमों को अपराधी बताने जैसे ही कथानक की पुनरावृत्ति कैराना में हुई जहां मुस्लिमों को गैंगस्टर और हिंदुओं को जबरन विस्थापित बताया गया, हालांकि यह झूठ था। व्हाट्सऐप समूहों और भाजपा

का लखनऊ कार्यालय खुद ही 800 से ऐसे अधिक समूह और सोशल मीडिया, विशेषकर फेसबुक, पर चला रहा था जिसमें हिंदुओं में असुरक्षा की कहानी गढ़ी गई थी।पार्टी के एक नेता से जब इन तथ्यों के साथ कहा गया कि यह सच नहीं है तो उसने मुझसे स्वीकार किया, "भाई साहब, इससे कोई फर्क नहीं पड़ता। सवाल यह है कि हम दिखाना चाहते हैं कि हम उत्पीड़ित हैं। इससे हिंदू नाराज होंगे। उन्हें तभी अहसास होगा कि उन्हें मुसलमानों के खिलाफ एकजुट होना है।"

इसी तरह की एक और कहानी गैरकानूनी बूचड़खानों के बारे में गढ़ी गई और बताया गया कि किस तरह से मुस्लिम समर्थक सपा सरकार में इसे बढ़ावा दिया गया। आधकारिक रूप से इसे कानून एवं व्यवस्था, पर्यावरण और सफाई और स्थानीय निकायों के नियमों के पालन करने से जोड़ दिया गया था। परंतु वही नेता साफ तौर पर अपने गणित पर भी जोर देता हैः "जब आप इन बूचड़खानों के बारे में सोचते हैं तो आपके दिमाग में कैसी तस्वीर बनती है? मै एक मुस्लिम कसाई, गौ वध और सड़कों पर फैले खून के बारे में सोचता हूं। मैं सोचता हूं कि किस तरह से मुसलमानों ने हमारे सार्वजनिक जीवन पर कब्जा कर लिया है, वे कैसे हमारी संस्कृति और जीवन शैली को बर्बाद कर रहे हैं, किस तरह से आज चिकन और मांस की दुकानें हर जगह हैं, और किस तरह से ऐसा करके वे रईस बन गए।ये सवाल उठाकर हम हिंदुओं को जागृत करना चाहते हैं,उन्हें गुस्सा दिलाना चाहते हैं।"

परंतु भाजपा और उससे संबद्ध संगठनों ने उप्र और यहां तक कि देश के दूसरे हिस्सों में जो सबसे अधिक संदिग्ध कहानी गढ़ी वह थी 'लव जिहाद' के बारे में। यह शब्द मुजफ्फरनगर दंगों के दौरान उस समय प्रचलित हुआ जब संघ कार्यकताओं ने इस कहानी को आगे बढ़ाया कि मुस्लिम लड़के हिंदूलड़कियों को अपने जाल में फंसाने के लिए उनसे झूठ बोलकर संबंध स्थापित करते हैं और उनका धर्म परिवर्तन कराते हैं। वे दलील देते हैं कि ये 'जनसांख्यिकी आक्रामकता' थी। यह मुस्लिम जनसंख्या बढ़ाने और हिंदुओं को अल्पसंख्यक बनाने की एक सुनियोजित साजिश थी। पिछले तीन साल

में लव जिहाद की कहानी पश्चिम उप्र के प्रत्येक समागम और बातचीत का हिस्सा बन चुकी थी।

सच्चाई इस दावे से अलग थी। पहली बात तो अंतर-धार्मिक और ऐसी शादियों की संख्या बढ़ने का कोई सबूत नहीं था। दूसरी बात यह कि यदि ऐसी संख्याओं में वृद्धि हुई थी तो भी ऐसा कोई सबूत नहीं था कि यह किसी सुनियोजित मुस्लिम साजिश का हिस्सा था। यह हो सकता है कि यह मिली जुली आबादी वाले क्षेत्र में विश्वविद्यालयों और बाजारों जैसे धर्मनिरपेक्ष स्थानों पर विभिन्न धर्मों के वयस्कों के बीच बढ़ते मेल जोल के कारण हुआ हो। और तीसरी बात यह कि अनेक दर्ज मामलों और आरोपों से पता चलता है कि महिलाओं को ऐसे संबंधों से रोकने के पितृसत्तात्मक प्रयास थे।

लेकिन भाजपा ने मुसलमानों के प्रति असंतोष और संदेह उत्पन्न करने के लिए सफलतापूर्वक इसका इस्तेमाल किया था।उसने सफलतापूर्वक हिंदू माता पिता और हिंदूलड़कियों में भय बिठा दिया था। और पार्टी ने इसे अपने चुनाव अभियान से जोड़ दिया था। भाजपा के राज्य प्रवक्ता चन्द्रमोहन ने स्पष्ट रूप से कहा, ''पश्चिम उप्र में चुनाव प्रचार में हमारा ये एक बड़ा मुद्दा एन्टी रोमियो दस्ता है। यह कानून और व्यवस्था का मसला है।महिलाओं को सुरक्षा वास्तव में एक बड़ा मुद्दा है।परंतु यह 'लव जिहाद' के बारे में भी है।'' लेकिन 2017 में साफ तौर पर इसका इस्तेमाल करने की बजाये भाजपा ने एन्टी रोमियो दस्ते गठित करने का वायदा किया। वह मुस्कुराते हुए कहते हैं,''एन्टी रोमिया दस्ते वास्तव में एन्टी सलमान दस्ते हैं। यह एन्टी नौशाद दस्ता है।''

उप्र में सत्ता संभालने के बाद भाजपा सरकार ने अपनी पहली नीतिगत कार्रवाई में एन्टी रोमियो दस्ते तैनात किये और गैरकानूनी बूचड़खानों के खिलाफ कार्रवाई की।

यह तरीका साफ था। भाजपा ने प्रचार के ही मुद्दे को उठाया था जो हिंदुओं के बीच उत्सुकता और क्रोध को जन्म देगा और मुसलमानों के

प्रति संदेह और नफरत पैदा करेगा। उसके संदेशों में रत्तीभर भी सच्चाई नहीं थी और निश्चित ही उसने मुजफ्फरनगर में मुसलमानों को लाभ वाला समुदाय इंगित करके, अमरोहा में सारे अपराधों के लिए मुस्लिम को जिम्मेदार ठहराकर, कैराना में सारे हिंदुओं को बाहर जाने पर मजबूर करने का आरोप मुस्लिम गिरोहों पर लगाकर, मुस्लिम कसाइयों पर सांस्कृतिक मूल्यों को नष्ट करने और राज्य में मुस्लिम युवकों द्वारा हिंदू महिलाओं को अपने जाल में फंसाने के बारे में सरासर झूठ बोला था। इन सभी में यही कहानी दोहराई गई कि विपक्षी दल मुस्लिम का साथ दे रहे हैं। भाजपा हिंदुओं के हितों, अधिकारों, मूल्यों और संस्कृति की रक्षा करेगी। और इसके लिए उसे उनके वोट चाहिए। यह बहुत ही सोचा-समझा वोट बांटने या राजनीतिक भाषा में कहें तो ध्रुवीकरण करने का प्रयास बहुत ही स्वार्थ भरा और खतरनाक प्रयास था।

⁕

मुसलमानों के तुष्टिकरण का मुद्दा उच्च स्तर पर पार्टी नेतृत्वनेचुना था।

पीलीभीत में ड्रमंड कालेज के मैदान में जब अमित शाह का हेलीकॉप्टर उतरा तो उनका सम्मान शहर के सिख समुदाय ने किया था, उन्होंने शाह को पगड़ी बांधी। प्रधान मंत्री या शाह ने इस तरह की रियायत मुस्लिम टोपी पहनने के लिए नहीं दी थी।

अपने भाषण के दौरान केन्द्र सरकार के रिकार्ड का बचाव और सपा के रिकार्ड की आलोचना के बाद शाह ने हमले की दिशा बदली।

उन्होंने सवाल किया, "क्या आपको अखिलेश के वायदे के अनुसार लैपटाप मिले?" उन्होंने ही जवाब भी दिया, "आपको नहीं मिले क्योंकि आपकी जाति सही नहीं थी। आपको नहीं मिला क्योंकि आपका धर्म सही नहीं था।"

"क्या आपकी लड़कियों को अखिलेश के वायदे के अनुसार छात्रवृत्ति मिली?" साथ ही शाह ने जोड़ा, "नहीं, आपको नहीं मिला क्योंकि आपका

धर्म सही नहीं है।"

इसके समर्थन में जोरदार आवाज केसरिया धारक युवकों के एक छोटे से समूह से आयीजिन्होंने 'जय श्रीराम' का उद्घोष किया।

शाह उन अंतर्निहित भावनवाओं को भुनाने को उभार रहे थे जिन्हें सोम और चौहान ने तैयार और पल्लवित किया था। वह था सपा के शासनकाल में भेदभाव। परंतु सोम और चौहान के दावों की तरह यह पूरी तरह तथ्यों पर आधारित नहीं थे। कुल मिलाकर लैपटाप वितरण निष्पक्ष और भेदभाव रहित था। चुनाव प्रचार के अंतिम क्षणों में अखिलेश यादव ने उन छात्रों के नाम लेने शुरू किए जिन्हें लैपटाप मिले थे और इसमें सभी जातियों और समुदायों के बच्चे और युवा वयस्क शामिल थे।

परंतु शाह की बात लोगों के मन में बैठ गई थी और अनेक लोगों को यह विश्वास हो गया कि सपा सरकार मुसलमानों की हितैषी है। इसके लिए कोई और नहीं बल्कि सपा खुद ही दोषी है क्योंकि पार्टी ने अल्पसंख्यकों के वोटों को आकर्षित करने के लिए मुलायम सिंह के समय से ही बहुत ही गर्व के साथ यह छवि बनाई थी जो अब ऐसे वक्त में उस पर भारी पड़ने लगी, जब एक राजनीतिक ताकत सुनियोजित तरीके से बहुमत के मतों को अपनी ओर करने में जुटी हुई थी।

शाह ने दूसरी जगह भी जनसमूह में यही संदेश गहराई तक पहुंचाया।

पश्चिमी उप्र में भाजपा ने 2014 के चुनाव में सफाया कर दिया था। दंगों के बाद समाज का ध्रुवीकरण हो गया था, हिंदू-मुस्लिम के बीच दूरी बढ़ गई थी और विशेषकर जाटों ने बढ़चढ़ कर भाजपा को वोट दिया था।

परंतु इस बार, ऐसा लग रहा था कि कई कारणों से जाट पार्टी से नाराज हैं। इनमें भाजपा को लेकर यह मानना कि जाट समुदाय को केन्द्री अन्य पिछड़ेवर्गों की सूची में शामिल कराने के प्रति अनिच्छा या असमर्थता, हरियाणा में जाटों के प्रति उसका रवैया और एक गैर जाट को राज्य का मुख्यमंत्री बनाना, दंगों में आरोपी बने जाट युवकों को जेलों से रिहा कराने में उसकी असमर्थता, चौधरी चरण सिंह के प्रति उसका अनादर, जिनकी

जयंती पर प्रधान मंत्री ने ट्वीट नहीं किया था, और जिनके परिवार को दिल्ली में लुटियन क्षेत्र के बंगलों से बेदखल कर दिया गया था।

इसके साथ ही मुस्लिम समुदाय के साथ दरार अभी भी बनी हुई थी। जो कुछ भी हुआ उसके लिए दोनों समुदाय एक दूसरे पर दोषारोपण कर रहे थे। मुस्लिम समुदाय जाटों को हमलावर, हिंसा के लिए जिम्मेदार और हजारों लोगों के विस्थापित होने की वजह से उनके शिविर में रहने के लिए बाध्य करने वालों के रूप में देखते थे। जाटों का कहना था कि मुस्लिम समुदाय ने लड़ाई शुरू की और वे बच कर भी निकल गए क्योंकि लखनऊ में उनकी ही सरकार थी जिसने उन्हें राहत प्रदान करके सिर पर बिठाया और उन्हें ही अपने समुदाय के युवकों की गिरफ्तारी के लिए जिम्मेदार ठहराया।

उप्र में पहले चरण का मतदान होने से एक दिन पहले अमित शाह का एक आडियो टेप लीक हो गया। उन्हें दिल्ली में जाट नेता और केन्द्रीय मंत्री चौधरी वीरेन्द्र सिंह के आवास पर जाट समुदाय के नेताओं से बात करते सुना गया। वह जाट समुदाय से पुरजोर अपील कर रहे थे कि वे भाजपा के साथ ही डटे रहें और वायदे कर रहे थे, उन्होंने उन सभी से एक साधारण सवाल पूछा।

"यदि हम हार गये तो कौन जीतेगा?" लोगों के फुसफुसाहट सुनायी पड़ी कि गठबंधन। शाह ने जवाब दिया, "सपा गठबंधन।" "कौन बनेगा मुख्यमंत्री? और आपको क्या मिलेगा?" इस बार किसी को जोर से यह जवाब देते सुना गया, "मुजफ्फरनगर के दंगे।"

इस रिकार्डिंग में शाह ने कुछ समय बाद फिर सवाल दोहराया, "यदि आप हमें वोट नहीं देंगे तो क्या होगा?" भाजपा हार जायेगी। इस पट्टी पर हम आप पर ही निर्भर हैं। हम आपके बगैर जीतने की बात सोच भी नहीं सकते। लेकिन बिरादरी भी हार जायेगा। उनके बारे में सोचिए जो सत्तासीन होंगे, उन सब के बारे में सोचिए जो उन्होंने बिरादरी के लिए किया, सोचिए कि वह बिरादरी का क्या करेंगे।"

यह अनकहा छोड़ दिया गया परंतु शाह ने यह संकेत जरूर दे दिया कि सत्ता में कौन आ रहा है। और ऐसा नहीं था कि शाह सिर्फ एक पार्टी और एक नेता का जिक्र कर रहे थे। यह जाट समुदाय को फैसला करना था कि वे किसे अधिक नापसंद करते हैंः मुस्लिमों और उन दलों को जिन्होंने उनकी हिमायत की या फिर भाजपा को।

एक अन्य चुनावी सभा में, वह और अधिक मुखर थे और उप्र को कसाब -कांग्रेस (क), समाजवादी पार्टी (सा) और बहुजन समाज पार्टी (ब) - के खिलाफ चेतावनी दे रहे थे। यह न सिर्फ प्रतिद्वंद्वी दलों कोमुसलमानोंके साथ जोड़ता है, बल्कि उस पाकिस्तानी से भी जोड़ता है, जो मुंबई हमले में अपनी भूमिका की वजह से भारत में आधुनिक आतंकवाद कीपरिभाषा बन गया। शाह ठीक वही कर रहे थे जो पार्टी की मशीनरी चुनावी मैदान में कर रही थी। हिंदुओं को उद्वेलित करना और मुसलमानों को संदेह का प्रतीक बनाना और सभी दूसरे दलों को सिर्फ मुस्लिमों और संभावित आतंकवादियों के हितैषी के रूप में दिखाना।

संदेश स्पष्ट था उप्र को मुसलमानों से बचाने और इस तरह उप्र को आतंकवादियों से बचाने के लिएहिंदुओं को जागरूक होना पड़ेगा और भाजपा को वोट देना होगा।

*

यदि प्रतिद्वन्द्वियों को मुसलमानों के मददगार के रूप में पेश करना था तो भाजपा के लिए भी 'शुद्धता' बनाए रखना महत्वपूर्ण है। शाह के नेतृत्व में भाजपा ने एक भी मुसलमान को पार्टी का टिकट नहीं दिया। उदार आलोचकों के लिए यह पार्टी की कमजोरी थी। इससे वह सब परिलक्षित हो रहा था कि पार्टी में क्या गड़बड़ी है और इसलिए यह भाजपा को कठघरे में खड़ा करने की एक वजह भी थी।

पार्टी के निष्ठावान और उसकी वैचारिकता से संबद्ध लोगों का मानना था कि यह पार्टी की शक्ति का प्रतीक है।

पार्टी का आधिकारिक स्पष्टीकरण साधारण सा था। वे प्रत्याशियों

के जीतने की क्षमता के आधार पर फैसला करते हैं, मुस्लिम में कोई भी जीतने योग्य उम्मीदवार नही था, मुसलमानों ने पार्टी को वोट नहीं दिया था, और यह अपेक्षा करना ही गलत और भोलापन होगा कि पार्टी उन्हें टिकट देगी।

2014 के चुनाव के तुरंत बाद मैं अशोक सिंघल के यहां गया था। 88 वर्षीय सिंघल भाजपा से संबंध रखने वाले एक मीडिया उद्यमी के साथ बातचीत कर रहे थे और मेरी उपस्थिति में उनसे कहा, "आपके संबंध तो मुसलमानों से भी हैं। उनसे कह दीजिये कि 2014 ने दिखा दिया है कि मुस्लिम समर्थन के बगैर भी चुनाव जीते जा सकते हैं। यही समय है कि वे इसे समझें और हिंदू भावनाओं का सम्मान करें।"

सिंघल ने विस्तार से कहा, "बहुत लंबे समय तक मुस्लिम यह समझते रहे कि राष्ट्र पर उनका वीटो है। परंतु इसने भी हिंदुओं को संगठित कर दिया है। आज हिंदू एकजुट हो गये हैं। 700 साल बाद एक स्वाभिमानी हिंदू दिल्ली पर राज कर रहा है। और मुस्लिम अब अप्रासंगिक हो गए हैं। यह उनके लिए एक झटका है। अब स्थिति बदल गयी है।"

सिंघल का 2016 में देहांत हो गया लेकिन उनका नजरिया फल-फूल रहा है। 2017 के चुनाव के बीच में भाजपा के एक नेता ने लखनऊ में सिंघल के विचारों को दोहराया। "हम मुस्लिम विरोधी ध्रुवीकरण चाहते हैं। दूसरी तरह का नाटक क्यों? हम मुस्लिम को एक टिकट देकर दिल्लीवालों को खुश करने में यकीन नहीं करते हैं।"

जहां तक मुसलमानों की बात है, वे भी जानते हैं कि वे किसे वोट नहीं कर रहे हैं।

लखनऊ के अहमदनगर पार्क में एक युवा मुस्लिम कहता है कि वह नरेन्द्र मोद को 2002 के लिए कभी माफ नहीं करेगा। देवबंद में एक मुस्लिम छात्र ने कहा कि वह सोचता था कि मोदी में 'सुधार' हुआ है लेकिन योगी आदित्यनाथ ओर साक्षी महाराज के बयानों पर वह नाराज हो जाता है। बरेली में सबसे प्रभावशाली मकतबों में एक दरगाह-ए-आला-हजरतके मौलानाओं

का कहना था कि समान नागरिक संहिता और हाल ही में तीन तलाक के मसले पर भाजपा के रुख ने उन्हें बहुत आहत किया है।

झांसी में एक मुस्लिम कारोबारी ने कहा कि मोदी के सत्ता में आने से वह परेशान नहीं है क्योंकि इस भय के बावजूद कि बहुत खूनखराबा होगा लेकिन उनके प्रधानमंत्रित्व काल में कोई दंगा नहीं हुआ है। लेकिन परेशानी यह है कि जब भाजपा सत्ता में होती है तो मुसलमानों की सरकार तक कोई पहुंच नहीं होती है, कोई सुनवाई नहीं, कोई आवाज नहीं। कानपुर देहात के अकबरपुर बाजार में एक मुस्लिम मैकेनिक ने इस पर विस्तार से बताया और कहा, ''भाजपा हम सभी को मार नहीं सकती। वे हमें पाकिस्तान भी नहीं भेज सकते। वे सिर्फ हमें सत्ता से बाहर रखना चाहते हैं। वे हमें अलग रखना चाहते हैं। वे हमें गुलाम बनाना चाहते हैं।''

विश्व भर में प्रभावशाली एक और इस्लामी मदरसे, पश्चिमी उप्र केदेवबंद मेंएक मुस्लिम धर्मगुरु का एक अलग ही नजरिया था। उनका कहना था कि भाजपा को खुद ही मुसलमानों के वोट नहीं चाहिए। ''क्योंकि वे हमें एक समस्या के रूप में दिखाकर सभी को एकजुट करना चाहते हैं। ऐसी स्थिति में किसी प्रकार की वार्ता कैसे हो सकती है?''

लेकिन जब मुस्लिम यह जानते हैं कि वे भाजपा को वोट नहीं देंगे, इसलिए इसका यह तात्पर्य जरूरी नहीं है कि उन सभी ने एकसाथ वोट देने या भाजपा को हराने की योजना तैयार की है। अब ऐसे अनेक साक्ष्य उपलब्ध हैं कि मुस्लिम समुदाय में भी शहरी-ग्रामीण, जाति, वर्ग और दलीय समीकरण के आधार पर विखंडन होता है। और कांग्रेस और सपा दोनों के गठबंधन तथा बसपा द्वारा मुस्लिम मतदाताओं को लुभाने की कोशिश के कारण मुस्लिम मत बंट गए। मुस्लिम समुदाय का मानना था कि भाजपा को ध्रुवीकरण का अवसर प्रदान करने का खतरनाक और गहरा असर होगा, हिंदू भी संगठित होंगे।

भाजपा के एक रणनीतिकार ने स्वीकार किया, ''हां, बेशक, हमने इसका इस्तेमाल किया। हर कोई मुस्लिम मतदाताओं को लुभा रहा था। हमने हिंदुओं

से कहा, "वे एकजुट हो जायेंगे, क्या हम हमेशा ही बंटे हुए रहेंगे? अमेरिकी चुनाव में ट्रंप ने दिखा दिया कि काले, हिस्पैनिक और मुस्लिम निर्णय नहीं करेंगे कि अमेरिका का राष्ट्रति कौन होगा। श्वेत लोग यह करेंगे। यहां भी, मुसलमान यह निर्णय नहीं करेंगे कि उप्र में शासन कौन करेगा। यह काम हिंदू करेंगे।वे हमें हराना चाहते हैं। हम उन्हें और उनके दलों को पराजित करना चाहते हैं। यह संघर्ष है।"

इस लड़ाई में उनका पक्ष जीता। नयी विधान सभा में मुस्लिम विधायकों की संख्या में जबर्दस्त गिरावट आई और उनकी संख्या 25 ही रह गई जबकि 2012 के चुनाव में 68 मुस्लिम विधायक निर्वाचित हुए थे। देश के सबसे बड़े राज्य में सत्ता पक्ष की सीट पर एक भी मुस्लिम नहीं था जबकि उप्र में इनकी आबादी चार करोड़ से भी अधिक है।

*

प्रधान मंत्री नरेन्द्र मोदी के चुनाव प्रचार में उतरने से पहले उनके कार्यालय को पार्टी से एक ई मेल मिला। इसमें उनकी जनसभाओं से संबंधित क्षेत्र का राजनीतिक महत्व, मुख्य मुद्दे, क्षेत्र की प्रमुख हस्तियों के संक्षिप्त इतिहास के साथ ही भाजपा द्वारा उठाये जा रहे राजनीतिक मुद्दे भी शामिल थे।

प्रधान मंत्री ने इस कागज पर एक नजर डाली और जनसभा में उठाये जाने वाले प्रमुख मुद्दों को आत्मसात कर लिया।

लेकिन इस बात की कोई अपेक्षा नहीं की जा सकती कि प्रधान मंत्री अपने भाषण में किसी पटकथा तक सीमित रहेंगे। प्रधान मंत्री के साथ निकटता से काम करने वाले एक अधिकारी ने उनकी वाकपटुता और विभिन्न मुद्दों को जनता के सामने रखने में उनकी दक्षता की प्रशंसा करते हुए कहा कि वह जनसमुदाय का मूड और उसकी प्रतिक्रिया को देखते हुए बहुत ही सरल शब्दों में अपनी बात रखते हैं। वह चुनिन्दा बातों की जानकारी प्राप्त कर लेते हैं परंतु अक्सर उनका भाषण मूल ही होता है। वह बिना किसी तैयारी के ही भाषण देते हैं और सिर्फ जनसभा में लिए जाने वाले नामों

और स्थानों के अलावा नोट से किसी तरह की मदद नहीं लेते हैं।

इस सबका मतलब यह हुआ कि किसी को नही मालूम होता कि मोदी अपने भाषण में क्या बोलने वाले हैं।

और शायद यह वजह है कि अमित शाह के अलावा किसी को देश के प्रधान मंत्री द्वारा यह कहे जाने की अपेक्षा नहीं थी जो उन्होंने अवध इलाके में तीसरे चरण के मतदान के दौरान 19 फरवरी को फतेहपुर में कहा था।

मोदी ने हमेशा की तरह ही भारत माता की जय के उद्घोष के साथ अपना भाषण शुरू किया। जनता ने भी हमेशा की तरह ही पूरे जोश के साथ इसका जवाब दिया। इसके बाद उन्होंने मंच पर उपस्थित सभी पदाधिकारियों के नाम लिए। यह मंच पर उपस्थित नेताओं के महत्व को दर्शाने का सामान्य तरीका है और जनसमूह को यह आभास दिलाना की मंच पर विभिन्न समुदायों के नेतागणों का प्रतिनिधित्व है। इसके बाद जिले से चुनाव लड़ रहे प्रत्याशियों का परिचय कराया। प्रत्येक उम्मीदवार आगे आया और उनकी बगल में खड़ा हुआ जहांपार्टी का चुनाव चिह्न कमल लहरा रहा था।

प्रधान मंत्री 'विकास की गंगा' का वायदा करते हैं। वह सपा-कांग्रेस गठबंधन का मजाक भी बनाते हुए उनकी अवश्यम्भावी पराजय के बारे में बोलते हैं और सपा पर पुलिस थानों को पार्टी कार्यालय में तब्दील करने तथा अपराधियों को संरक्षण देने का आरोप लाते हैं। वह किसानों का कर्ज माफ करने की प्रतिबद्धता करने और केन्द्र सरकार द्वारा शुरू किए गए दूसरे विकास कार्य के बारे में बोलते हैं।

परंतु मोदी ने अपने 35 मिनट के भाषण में 'तुष्टिकरण' की राजनीति का एक बार भी जिक्र किए बगैर ही अपने ही अंदाज बहुत ही विस्तार से सब कुछ कह डाला।

प्रधान मंत्री ने कहा, ''हम सबका साथा, सबका विकास में विश्वास करते है। सभी के साथ न्याय होना चाहिए। उज्ज्वला योजना के अंतर्गत

हमने रसोई गैस के सिलेण्डर वितरित किये। हमने यह नहीं कहा कि मोदी चूंकि बनारस से सांसद हैं, इसलिए सिर्फ बनारस के निवासियों को यह मिलेगा। नहीं, उत्तर प्रदेश के प्रत्येक कोने कोने में रहने वाले प्रत्येक व्यक्ति को यह मिलेगा। हमने यह नहीं कहा कि सिर्फ हिंदुओं को ही मिलेगा, मुस्लिम लोगों को नहीं मिलेगा। सभी को यह मिलेगा, लाइन में लगे प्रत्येक व्यक्ति को मिलेगा। हमने यह नहीं कहा कि इस जाति को मिलेगा और इस जाति को नहीं मिलेगा। नहीं, नही, गांव की सूची के अनुसार नंबर आने पर प्रत्येक व्यक्ति को यह मिलेगा और प्रत्येक व्यक्ति के अधिकारों को आने वाले दिनों में पूरा किया जायेगा। मेरा-पराया नहीं चलता है। सरकार को ऐसा करने का कोई अधिकार नहीं है।''

और इसी वजह से मोदी ने कहा कि उप्र में भेदभाव पक्षपात उसकी सबसे बड़ी समस्या है। ''अन्याय की जड़ यही पक्षपात है। आप मुझे बतायें यहां पक्षपात है या नहीं?'' जनता ने जोर से कहा, 'हां'।

मोदी ने अपना भाषण जारी रखा, '' मैं हैरान हूं। उप्र में, आप एक दलित से पूछिए और वह कहता है मुझे मेरा हिस्सा नहीं मिलता, अन्य पिछड़े वर्ग उसे ले जाते हैं। ओबीसी कहते हैं कि हमें हमारा हिस्सा नहीं मिलता। यादव उस ले जाते हैं। यादवों से पूछिये और वे कहते हैं कि जो परिवार से जुडे हैं सिर्फ़ उन्हें ही यह मिलता है और बाकी मुस्लिमों में चला जाता है और यहां तक कि हमें भी नहीं मिलता। हर व्यक्ति शिकायत कर रहा है। यह पक्षपात काम नहीं कर सकता। हर एक को उसके अधिकारों के अनुसार मिलना चाहिए। यही है सबका साथ सबका विकास और भाजपा इसके लिए प्रतिबद्ध है।''

और फिर अपनी बात के संदर्भ और दर्शन की भूमिका बांधने के बाद मोदी ने नाक आउट पंच मारा जिसके बारे में निश्चित ही वह जानते थे कि यह 2017 के चुनाव का संघर्ष का नारा बन जाएगा।

''इसीलिए यदि गांव में कब्रिस्तान बनता है तो एक श्मशानघाट का निर्माण भी होना चाहिए। यदि रमजान के अवसरपर बिजली आपूर्ति की

जाती है तो दीवाली पर भी यह उपलब्ध करायी जानी चाहिए। यदि होली के अवसर पर बिजली की आपूर्ति की जाती है तो ईद के मौके पर भी की जानी चाहिए। इसमें किसी प्रकार का भेदभाव नहीं होना चाहिए। यह सरकार का कर्तव्य है कि वह पक्षपात रहित प्रशासन उपलब्ध कराये। न धर्म के आधार पर, न कभी जाति के आधार पर और न ही कभी उंच नीच के आधार पर किसी प्रकार का अन्याय नहीं होना चाहिए। यही है सबका साथ सबका विकास।''

यह एक असाधारण महत्व वाला भाषण था।

इसे पूरा पढ़िये, संदर्भ से हटकर इसका एक भी शब्द नहीं था। मोदी ने इसे धर्म पर बहस के लिए तैयार नहीं किया था, न जाति पर बहस के लिए, न ही भाजपा के अतिप्रिय शब्द 'तुष्टिकरण' के लिए तैयार किया था, बल्कि इसे सरकार के संवैधानिक कर्तव्य को ध्यान में रखकर तैयार किया था कि सभी नागरिकों से एक समान व्यवहार हो। कई लोग यह तर्क दे सकते हैं कि मोदी खुद मुख्यमंत्री के रूप में 2002 गुजरात में ऐसा करने में विफल रहे। परंतु फतेहपुर में उनकी अपील ऐसी भाषा में गढा हुई थी जो अनापत्तिजनक थी।

लेकिन जब इसे उस राजनीतिक परिप्रेक्ष्य में रखते हैं, जिसमें यह कहा जा रहा था, तो मोदी का इशारा एकदम स्पष्ट था। मोदी ने जो कहा था और सरधाना में जो संगीत सोम ने, अमरोहा में चेतन चौहान ने जो कहा था और जो पार्टी के मुखिया अमित शाह पीलीभीत में कहेंगे उनमें कोई विशेष अंतर नहीं था।

इसका मकसद ही हिंदुओं में उसके लिए कड़वाहट पैदा करनी थी जो उन्हें नहीं मिल रहा था, उसमें असंतोष का यह भाव पैदा करना था कि मुस्लिमों को सिर पर चढाया जा रहा है, इसका मकसद बाकी सभी राजनीतिक दलों को धर्म आधारित हितों की हिमायत करने वाले दलों के रूप में पेश करना था। आम नागरिकों और भेदभाव रहित शासन के नाम पर इसका मकसद समुदायों को बांटना था।

और जैसा कि दूसरों ने दावा किया, मोदी के तर्क भी पूरी तरह साक्ष्यों पर आधारित नहीं थे मसलन ऐसा कोई संकेत नहीं था कि सरकार ने जानूबझकर निर्बाध रूप से बिजली की आपूर्ति सुनिश्चित करके ईद को होने दिया और दूसरे त्योहार में ऐसा नहीं करके बाधा डाली।

जैसे ही यह संदेश नीचे तक पहुंचा तो उनकी कब्रिस्तान-श्मशान, रमजान-दीवाली और किस तरह से सरकार दूसरे की कीमत पर पहले की हिमायत कर रही है जैसी तुलना की शब्द रचना सबसे अधिक लोकप्रिय हो गयी। इसकी इस तरह व्याख्या की गयी कि सरकार किस तरह से हिंदुओं की तुलना में मुसलमानों का पक्ष ले रही है। और इसी वजह से इसने सरकार के खिलाफ ही नहीं बल्कि दूसरे समुदाय, इस मामले में मुस्लिम के खिलाफ भी लोगों में गुस्सा पैदा कर दिया।

मिर्जापुर बाजार में एक कुर्मी कारोबारी राम पटेल ने मुझसे कहा, ''मोदी सही कह रहे हैं। सब मुसलमानों के लिए काम हो रहा है।'' मोदी जैसी कुशाग्र राजनीतिक बुद्धि वाला व्यक्ति ही यह जानता था कि इस संदेश को किस तरह सुना जाएगा। इसने काम किया।

*

मोदी का संदेश और भाजपा का वृहद संदेश विशेषरूप से इस विषय पर 2014 और 2017 में दोनों में क्यों अधिक गूंजा?

मैंने 75 दिन से अधिक समय उप्र प्रदेश में बिताया। इसमें पूरा एक महीना चुनाव के दौरान 2016 के अंत और 2017 के शुरू का समय शामिल था। मैंने राज्य के प्रत्येक क्षेत्र का और अक्सर कई बार दौरा किया। और मेरी मुलाकात प्रत्येक निर्वाचन क्षेत्र में सैकड़ों व्यक्तियों से हुई। परंतु अपनी इस पूरी यात्रा के दौरान मैंने एक भी हिंदू से इतने लंबे समय तक राष्ट्रीय राजनीति को परिभाषित करने वाला 'धर्मनिरेक्षता' शब्द बोलते नहीं सुना।

मुस्लिम, हां, लगातार इस शब्द का इस्तेमाल करते थे। वे ललक के साथ 'धर्मनिरपेक्ष दलों' की ओर देखते थे और इसमें कांग्रेस, सपा और यहां तक कि कुछ हद तक बसपा को भी इसमें शामिल करते थे। राजनीतिक

दल भी कभी कभी अल्पसंख्यकों से वोट की अपील करते समय इस शब्द का इस्तेमाल करते थे।

परंतु, यहां तक कि वे हिंदू जो भाजपा को वोट नहीं देते थे, जो सपा परिवार के थे, जो पारंपरिक रूप से बसपा के साथ थे, जो कांग्रेस के साथ थे, के पास अपने दलों का समर्थन करने के लिए अपने अपने कारण थे। इन कारणों में उन्होंने कभी भी धर्मनिरपेक्षता को नहीं गिनाया।

रोजमर्रा की राजनीतिक परिचर्चाओं में 'धर्मनिरपेक्षता' के खत्म होने की वजह जानने के लिए और गहराई में जाकर जांच पड़ताल की आवश्यकता है।यह एक अच्छा विषय बन सकता है कि किस प्रकार संघ का दशकों से चल रहा अनवरत 'सांप्रदायिकता का प्रचार' अंततः अब इसके परिणाम दे रहा है। इसके संकेतों का पैमाना और कई बार सीधे धूर्तता, संदेशों के प्रसार के लिए प्रौद्योगिकी और संगठनात्मक नेटवर्क का इस्तेमाल, ये संदेश आंशिक रूप से ही सही और कई बार एकदम गलत होते थे, और उस व्यवस्थित तरीके ने, जिसमें पार्टी प्रधान मंत्री से लेकर मतदान केन्द्र के कार्यकर्ता काम करते हैं, बातचीत के तरीके को ही पूरी तरह बदल कर रख दिया है।

एक नजरिया यह भी हो सकता है कि यह दलों की प्रशासनिक और शासन की विफलता है जिसने सार्वजनिक रूप से खुद को धर्मनिरपेक्षता के विचार से संबद्ध करके धर्मनिरपेक्षता को ही कलंकित कर दिया। यह भी दृष्टिकोण हो सकता है कि इस शब्द का प्रयोग खत्म होने का तात्पर्य यह नहीं है कि लोगों को सद्भाव, सहिष्णुता के सिद्धांत और धर्म के मामले में सरकार की तटस्थता प्रिय नहीं है या वे 'प्रतिगामी' हो गए हैं।

लेकिन एक सबसे प्रभावशाली तर्क यह भी है कि उप्र जैसे राज्यों में धर्मनिरपेक्ष दलों ने खुद ही अल्पसंख्यकों से वोट की अपील करके धर्मनिरपेक्षता के विचार को ही कमतर कर दिया। जितना अधिक उन्होंने यह किया उतना ही अधिक इसने हिंदुओं को एकजुट करने के लिए भाजपा को अवसर प्रदान किया।

निश्चित ही, बिहार के 2015 के चुनाव के नतीजे दर्शाते हैं कि यदि विपक्ष सही तरीके से अपनी राजनीति करे तो ऐसा नहीं है कि हिंदू कार्ड के आधार पर चुनावी जीत को टाला नहीं जा सकता।

लालू प्रसाद यादव जैसे बिहार चुनाव को 'अगड़े बनाम पिछड़े' की शक्ल देने की उम्मीद करते हैं, वैसे ही भाजपा चुनाव को हिंदू बनाम मुस्लिम बनाना चाहती है। यदि हिंदू एकजुट हो जाते हैं तो खेल खत्म हो जाता है। ईमानदारी से कहा जाये तो धर्म का इस्तेमाल करना उनके लिए कोई नयी बात नहीं थी। नीतीश-लालू-कांग्रेस गठबंधन मुस्लिम मतों की एकजुटता सुनिश्चित करने, न कि 2014 की तरह खंडित करने, के इरादे से ही बनाया गया था।

ऐसा करने के लिए ही पार्टी (भाजपा) ने 'ध्रुवीकरण' की भाषा का इस्तेमाल किया।

अमित शाह ने घोषणा की कि यदि भाजपा चुनाव हार गयी तो पाकिस्तान में दीवाली मनायी जायेगी।

एक पर्यवेक्षक के लिए यह चुनाव के दौरान कही जाने वाली सामान्य बात हो सकती है परंतु इस बयान के कई मायने थे। इसने पहले तो इस तरह से पेश किया कि भाजपा एक पार्टी के रूप में भारत की रक्षा कर रही है, इसमें यह तथ्य भी छिपा था कि चुनाव मैदान में उतरे दूसरे दल 'राष्ट्र विरोधी' हैं।

परंतु इसमें अपने जनाधार को भेजा गया दूसरा छिपा हुआ मतलब और ज्यादा स्पष्ट था। यह कोई छुपी हुई बात नहीं है कि राज्य में पर्याप्त संख्या वाली अल्पसंख्यक आबादी चाहती थी कि भाजपा चुनाव हारे। और इसलिए बिहार के मुसलमान भाजपा की हार का जश्न मनायेंगे, कट्टरपंथी हिंदुओं की परिकल्पना में भारतीय मुस्लमान और पाकिस्तानी एक जैसे थे, और इसलिए भाजपा की पराजय का जश्न पाकिस्तान में मनाया जाएगा। शाह ने संघ की उस तकनीकी व्यवस्था को अपनाया था जिसमें राष्ट्रवाद और धर्म को मिला कर तथा अकेले खुद को राष्ट्र के एकमात्र रक्षक के

रूप में पेश किया जाता है। उन्होंने उप्र के चुनाव में कसाब का जिक्र करके एकदम यही किया था।

भाजपा ने बीफ कार्ड भी खेला। उप्र के दादरी में सितंबर, 2015 में मोहम्मद अखलाक को कथित रूप से गौ मांस का सेवन करने और इसे घर में रखने के कारण उग्र भीड़ ने पीट पीट कर मार डाला था। भाजपा ने दावा किया कि यह कानून और व्यवस्था का मामला था और चूंकि कानून व्यवस्था राज्य का विषय था, इसलिए इसमें वह बहुत अधिक कुछ नहीं कर सकती थी। परंतु उससे संबद्ध संगठन कथित हत्यारों के बचाव में कूद पड़े और उन्होंने सारा ध्यान हत्या की बजाये गौ मांस के मुद्दे पर ही केन्द्रित किया।

इस हत्या के तुरंत बाद लालूप्रसाद यादव ने अपने एक भाषण में कहा था कि हिंदू भी गौमांस खाते हैं और उन्होंने संघ और भाजपा को चेतावनी दी थी कि इस मुद्दे का सांप्रदायीकरण नहीं करें। भाजपा को इसमें मौके की गंध आयी। पार्टी ने तत्काल आकलन किया किमहागठबंधन को गौ वध और इसके मांस के सेवन का बचाव करने वालों के रूप में पेश करने से यह हिंदुओं और यादवों को भी लालू यादव से दूर कर सकता है। मोदी ने स्वयं भी कहा कि इस टिप्पणी ने 'यदुवंशियों' का अपमान किया है। लालू भी तत्काल इस कथन से पीछे हट गए।

फिर भी, इन प्रयासों के बावजूद और जिसे लालू प्रसाद के कैंप में भी अधिकांश लोग बहुत बड़ी भूल के रूप में देख रहे थे, हिंदू कार्ड बिहार में नहीं चला। क्यों?

भाजपा के एक वरिष्ठ नेता ने इसका स्पष्टीकरण दिया। 'पहले तो आपको समझना होगा कि बिहार उत्तर प्रदेश नहीं है। उत्तर प्रदेश में ध्रुवीकरण का इतिहास रहा है। अयोध्या, काशी, मथुरा सभी वहां हैं। भागलपुर के 1989 के दंगों के बाद बिहार में कोई बड़ा दंगा नहीं हुआ है। विभिन्न समुदायों के बीच संबंध बहुत अधिक कटुतापूर्ण नहीं है। हमें इस तथ्य पर ध्यान देना चाहिए था।''

परंतु यह सिर्फ अंतर-समुदाय समीकरण ही नहीं था, यह राजनीति भी थी। नीतीश कुमार हमेशा से चौकस थे कि वह स्वयं को मुसलमानों के नेता के रूप में पेश नहीं करें जो किसी भी कीमत पर उनके हितों की खातिर किसी भी सीमा तक जा सकता है। उन्होंने मोदी से संबंध तोड़कर उनका विश्वास जीत लिया था। किन्तु उत्तर प्रदेश में मुलायम सिंह की तरह उन्हें कभी भी सिर्फ इस समुदाय के नजदीकी के रूप में नहीं जाना गया था। 'इसने तुष्टिकरण की भाषा के प्रयोग और सरकार द्वारा हिंदुओं की तुलना में मुसलमानों का अधिक पक्ष लेने जैसे मुद्दे के इस्तेमाल को भाजपा के लिए बहुत ही मुश्किल बना दिया था। लालू प्रसाद का मामला अलग था। उनकी राजनीति ही मुस्लिम-यादव गठबंधन पर टिकी थी और वह मुस्लिम मुद्दों पर काफी प्रखर भी रहे हैं। परंतु 2015 में उनकी आलंकारिक भाषा में नरमी आ गई थी और चुनाव के अधिकांश समय वह धर्मनिरपेक्ष-सांप्रदायिक की बहस में पड़ने से दूर ही रहे।

राजद के एक प्रमुख नेता ने इस बारे में सफाई दीः "मुस्लिम नेता हमारे पास आये थे और उन्होंने हमसे साफ शब्दों में कहा कि वे महागठबंधन के साथ रहेंगे। हमें उनके बारे में चिंता करने की कोई जरूरत नहीं है। और फिर उन्होंने कहा कि हमारे बारे में बात मत कीजिए। इससे उन्हें हिंदुओं को एकजुट करने में मदद मिलेगी। दूसरे विषयों के बारे में बात कीजिए। हम चुप रहेंगे, आयेंगे और आपको वोट करेंगे।"

भाजपा भी चुनावी मैदान में यह देख रही थी। यही नहीं, पर्याप्त संख्या में मुस्लिम आबादी वाले कटिहार और अररिया जैसे निर्वाचन क्षेत्रों में महागठबंधन ने भाजपा को इस चुनाव को हिंदू बनाम मुस्लिम का रंग देने से रोकने के इरादे से हिंदू प्रत्याशी खड़े किए। इसमें सफलता मिली, मुसलमानों ने गठबंधन के हिंदू प्रत्याशी को वोट दिए। भाजपा के एक नेता ने इसकी प्रशंसा करते हुए स्वीकार किया, "वे इस तरह की चतुराई से मतो के ध्रुवीकरण को रोकने में कामयाब रहे।"

इस सबका नतीजा यह हुआ कि भाजपा की पाकिस्तान और गौमांस

की रणनीति उलटी पड़ गई। वह न सिर्फ हिंदुओं को एकजुट करने में विफल हो गयी बल्कि इसने मुस्लिमों को एकजुट होने और अधिक आक्रामक तरीके से वोट करने में मदद की। इसी भाजपा नेता ने कहा, "वैसे भी वे गठबंधन के साथ ही होते परंतु हमारी आक्रमकता ने उन्हें असुरक्षित बना दिया। वे बड़ी संख्या में मतदान करने आये और वे बड़ी चतुराई से खामोश भी रहे।"

ऐसा कोई निश्चित फार्मूला नहीं है। भाजपा के हिंदू कार्ड ने चुनिन्दा परिस्थितियों में पार्टी के लिए जबर्दस्त काम किया था।

बिहार में ऐसा नहीं हुआ। बिहार के राजनीतिक परिदृश्य की विलक्षणता के अलावा, यह संकेत भी देता है कि सिर्फ हिंदू कार्ड ही पर्याप्त नहीं है और यह बेहद जटिल समस्या का एक अंश हो सकता है।

हालांकि बिहार का अनुभव यह भी बता रहा है कि किस तरह से समाज और राजनीति बदल रही है। बिहार में 'धर्मनिरपेक्ष दल' अपनी धर्मनिरपेक्षता का ढोल पीट कर नहीं बल्कि इसे कम महत्व देकर चुनाव जीते। वे सार्वजनिक रूप से अल्पसंख्यकों की अपेक्षाओं की चर्चा करके नहीं बल्कि खामोशी के साथ इस पर फैसला करके जीते।महागठबंधन को मुस्लिम मतों के बारे में भरोसा दिलाया जा चुका था और उन्हें इसके लिए प्रतिस्पर्धा नहीं करनी पड़ीऔर इसे इसी तरह से चलने दिया। उप्र में, 'धर्मनिरपेक्ष' दलों ने अपने धर्मनिरपेक्षता के मुद्दे को खूब उछाला। दो धर्मनिरपेक्ष गुटों, बसपा और सपा-कांग्रेस, उन्हीं मुस्लिम मतों के लिए प्रतिस्पर्धा कर रहे जिनके लिए उनकी आक्रामक अपेक्षाएं थीं।इसने भाजपा को इसका जवाब गढ़ने का अवसर प्रदान किया।

एक सिद्धांत के रूप में धर्मनिरपेक्षता का अंत होने का अपने आप में एक गंभीर चुनावी निहितार्थ है। और यदि भाजपा की असाधारण सिनिकल बहुसंख्यकपरस्त राजनीतिक परियोजना इसकी एक वजह है तो धर्मनिरपेक्षता को महज अल्पसंख्यक मतों तक सीमित कर देने की धर्मनिरपेक्ष दलों की भूमिका इसकी दूसरी वजह है।

*

उप्र के नतीजों से मजबूत हुए आरएसएस और भाजपा का विश्वास है कि उनकी वैचारिक योजना सही रास्ते पर है। अंदरूनी गतिविधियों से जुड़े भाजपा के एक प्रमुख नेता ने बताया, ''राष्ट्रों का निर्माण बहुसंख्यकों की पहचान पर होता है। भारत एक अपवाद था क्योंकि उदार अभिजात्य वर्ग के पास अकूत ताकत थी। हिंदू संगठित नहीं थे। सच्चाई तो यह है कि यह हिंदूराष्ट्र है। हम जो कुछ देख रहे हैं वह मतपेटियों पर यही दावा है। जो इस प्रारूप में सही नहीं बैठेंगे, जो बहुमत के सिद्धांतों को स्वीकार नहीं करेंगे, वे हाशिए पर चले जायेंगे। यही संघ की पुरानी सोच रही है। हम इसे चुनावी प्रक्रिया के माध्यम से ऐसा होते देख रहे हैं।''

वह जोर देकर कहते हैं कि चुनावों के माध्यम से एक हिंदूराष्ट्र बनने की प्रक्रिया में है।

अनेक लोगों ने भी इस लड़ाई को इसी नजरिए से देखा।

2017 के विधान सभा चुनाव के बाद नई दिल्ली में खान मार्केट के एक कॉफी शॉप में पश्चिमी उत्तर प्रदेश से नवनिर्वाचित एक युवा भाजपा विधायक अपनी जीत के बारे में बताता है।

वह बड़ी प्रसन्नतापूर्वक कहता है, ''यह भारत-पाकिस्तान का चुनाव था।''

भारत जीता। हिंदू2014 में जीते थे, इसके बाद अनेक राज्यों में चुनाव जीते और 2017 में सबसे बड़े राज्य उप्र पर कब्जा किया।

7

मुख्य भूमि से आगे

भारतीय जनता पार्टी आज भारत की प्रभुत्वशाली राष्ट्रीय पार्टी है।

ठीक उसी तरह जैसे यह अब सवर्ण जाति की पार्टी नहीं रह गई है, उसी तरह यह अब उत्तर भारतीय पार्टी भी नहीं रह गई है। हिंदी के केन्द्रीय स्थल में भाजपा का मौलिक वर्ग और जातीय स्वरूप बदल रहा है जो उसे चुनावी सफलता दिला रहा है। मूल कर्मक्षेत्र से आगे ऐसे अनेक स्थानों पर उसका विस्तार तीन मिली जुली रणनीति पर टिका है। ये हैं: मौजूदा राजनीतिक अभिजात्य वर्ग से सहयोग, वैचारिक आधार में नरमी लाना और विशिष्ट वास्तविकताओं की व्यावहारिकता को अपनाना।

भाजपा की पारंपरिक ताकत वाले क्षेत्रों से बाहर पार्टी का विस्तार करना नरेन्द्र मोदी और अमित शाह की सावधानीपूर्वक तैयार की गयी योजना का हिस्सा है। और प्रमुख क्षेत्रों में इस पर आरएसएस के पुराने अनुभवी और आज भाजपा के नेतृत्व में सबसे अधिक प्रभावशाली नेताओं में से एक राम माधव काम कर रहे हैं जो इस समय घरेलू राजनीति की दुनिया, राष्ट्रीय सुरक्षा और विदेश नीति के मामले में मुखिया बने हुए हैं।

*

राम माधव का जब लोक सभा चुनावों के बाद पार्टी में पदार्पण हुआ तो उन्हें पूर्वोत्तर को जीतने का आदेश था।

परंतु इससे पहले ही एक अनपेक्षित काम उनके सामने आ गया।

राजनाथ सिंह ने जब गृह मंत्री के रूप में पदभार ग्रहण किया तो पार्टी को एक व्यक्ति एक पद की अपनी परपंरा बनाये रखने के लिए अध्यक्ष पद के लिए नए नेता को चुनना था। इसके लिए पसंदीदा उम्मीदवारों में थे अमित शाह, जिन्होंने 2014 में उप्र में पार्टी कोशानदार सफलता दिलाकर नाम अर्जित किया था, और जेपी नड्डा, जो संगठन की एक प्रमुख हस्ती थे। संघ के एक बड़े वर्ग ने नड्डा का समर्थन किया परंतु मोदी के समर्थन से शाह अध्यक्ष बन गए। नड्डा को तब यह चुनने का विकल्प दिया गया कि वह पार्टी के संगठन में ही बने रहना चाहेंगे या फिर सरकार में काम करना चाहेंगे। नड्डा ने दूसरा विकल्प चुना और वे भारत सरकार में स्वास्थ्य मंत्री बन गए।

इसने हालांकि पार्टी में एक रिक्त स्थान उत्पन्न कर दिया क्योंकि नड्डा जम्मू-कश्मीर के पार्टी में प्रभारी थे। भाजपा को यह प्रभार संभालने के लिए एक नए व्यक्ति की तलाश थी और शाह ने माधव से कहा, "आप जरा देख लीजिए।" इस बार फिर इस पसंद की वजह थी और वह यह कि माधव ने संघ में बिताये गये अपने वर्षों के दौरान इस राज्य का दौरा किया था और वह गुप्तचर-सुरक्षा प्रतिष्ठान- के बारे में अच्छी तरह जानते थे जो राज्य की राजनीति में महत्वपूर्ण भूमिका निभाती है। समस्या यह थी कि उनके पास राज्य में चुनाव से पहले सिर्फ दो महीने का ही समय था।

माधव ने दोहरी रणनीति तैयार की। जम्मू में स्थिति मजबूत करके पूरा सफाया करो और कश्मीर घाटी में अपनी उपस्थिति दर्ज कराओ जो बहुत ही बड़ा प्रतीक होगा। भारत के इकलौते मुस्लिम बहुमत वाले प्रांत में सरकार बनाने की महत्वाकांक्षा पूरी करो। घाटी में लंबे समय तक अलगाववादी आन्दोलन रहा है, जो कभी अलगाववादियों का गढ़ रहा है वह अलग थलग पड़ रहा है, वहां भी कुछ सीटें जीतने की उम्मीद करना।इसके लिएऊर्जा और विस्तार की ललक जरूरी है जो 2014 से ही मोदी और शाह के अंतर्गत भाजपा में पर्याप्त था।

घाटी में सीटों की चाह के सिलसिले में माधव एक निर्णायक मोड़ के बारे में स्मरण करते हैं और वह था पूर्व अलगाववादी नेता सज्जाद लोन का साथ आना। माधव ने कई हफ्ते इस पर काम किया और अंततः लोन के लिए प्रधान मंत्री मोदी की बैठक की व्यवस्था की। यह पूर्व अलगाववादी साथ आ गया।

वह बताते हैं, ''हमने घाटी में मोदी जी अपील पर भी भरोसा किया। हम चाहते थे कि वह वहां एक रैली करें। सुरक्षा एजेन्सियों सहित अनेक लोग इसे लेकरकाफी असहज थे। परंतु मैं वहां एक सप्ताह रुका, सज्जाद की भूमिका भी काफी महत्वपूर्ण थी और श्रीनगर में प्रधान मंत्री की रैली आयोजित कराने में सफल रहे और अलगाववादियों की अपील के बावजूद लोग उन्हें सुनने आए।'' वह याद करते हैं, ''यहां तक कि मोदी जी को भी इसकी अपेक्षा नहीं थी। जम्मू की रैली खत्म होने और श्रीनगर के लिए रवाना होने से पहले प्रधान मंत्री ने माधव को फोन कियाः ''भीड़ है? आना है क्या?''

पार्टी भी इसे अपनी ताकत में बदलना चाहती थी जो भारतीय लोकतंत्र की दुखती हुई रग रहा था।

जैसा कि शंकर्षण ठाकुर ने *टेलीग्राफ* अखबार में लिखा, मतदाताओं के आने की अपेक्षा मतदाताओं की अनुपस्थिति ने कश्मीर घाटी की सीट के लिए भाजपा को जोर देने पर प्रेरित किया।''भाजपा के पीछे के रणनीतिकारो ने कुछ सीटों पर ध्यान केन्द्रित करना शुरू कर दिया जिनके बारे में उन्हें भरोसाा था कि विस्थापित मतदाताओं की अनुपस्थिति की मदद से वह ये सीट जीत सकती है। इन सीटों में पुराने श्रीनगर की हब्बाकादल और अमीराकादल, उत्तर कश्मीर में सोपोर शहर की सीट शामिल थी। ये वह जगह थीं जहां कभी कश्मीरी पंडित बड़ी संख्या में रहते थे।

इसके बाद भी, माधव स्वीकार करते हैं कि वे अपने मिशन में असफल हो गए। वह बताते हैं, ''मैंने कठोर परिश्रम किया था कि कम से कम एक सीट तो हम घाटी में जीत जाएं, हम ऐसा करने में असमर्थ रहे। दूसरों ने

यह प्रचार किया कि मोदी मत को एकजुट करने आ रहे हैं।"

परंतु यदि कश्मीर हमारे लिएबड़ा झटका था तो जम्मू में भाजपा ने सफाया कर दिया और उसे विधान सभा के इतिहास में सबसे अधिक सीटें मिलीं।

जम्मू के निवासियों के लिए अभी भी मोदी लहर का जबर्दस्त प्रभाव था। जम्मू ने लंबे समय तक घाटी के प्रभुत्व को बर्दाश्त किया था और भाजपा ने इस असंतोष का लाभ उठाया और इस क्षेत्र को सत्ता में उसकी भागीदारी दिलाने का वायदा किया। हालांकि माधव इन्कार करत हैं परंतु स्वतंत्र पर्यवेक्षकों का मानना था कि जम्मू में राष्ट्रवाद से भरपूर जबर्दस्त हिंदू असर था।

चुनाव के नतीजे आये और राज्य में त्रिशंकु विधान सभा बनी जिसमें पीपुल्स डेमोक्रेटिक पार्टी बहुत ही मामूली अंतर से भाजपा से आगे थी। माधव ने पहले नेशनल कॉन्फ्रेस के साथ तालमेल स्थापित करने का प्रयास किया। भाजपा के सूत्रों ने मुझे बताया कि दिल्ली के हैली रोड स्थित एक अपार्टमेन्ट में, इसी परिसर में इंडिया फाउण्डेशन का कार्यालय भी है, अमित शाह और माधव ने उमर अब्दुल्ला से मुलाकात की और उन्हें मुख्यमंत्री पद की पेशकश की। भाजपा ने उमर अब्दुल्ला को तैयार करने के लिए उनके पिता फारुक अब्दुल्ला से भी संपर्क साधा था। परंतु उमर, जिन्होंने भाजपा नेताओं के अनुसार बैठक में उनके साथ प्रस्ताव पर विचार किया, घाटी लौट गए और इस प्रस्ताव को ठुकरा दिया। उमर अब्दुल्ला ने हमेशा इस तरह की किसी भी बैठक के आयोजन से इन्कार किया।

माधव ने इसके बाद ही पीडीपी के साथ बातचीत शुरू की जिसका मुख्य चुनावी मुद्दा भाजपा को बाहर रखना था। यह विडंबना ही थी कि संघ के वैश्विक परिदृश्य के इस व्यक्ति को अब उस पार्टी के साथ एक समझौते के लिए बातचीत करनी थी जिसे अक्सर ही 'अलगाववाद के प्रति नरम रुख' अपनाने के लिएजाना जाता रहा है। लेकिन कई महीनों बाद माधवपीडीपी के वार्ताकार हसीब द्राबू के साथ समझौता करने में सफल रहे।

चूंकि 2016 की गर्मियों और 2017 में घाटी में स्थिति बिगड़ी थी, इसलिए गठबंधन इसे लेकर बढ़ते हुए दबाव में था। पीडीपी और भाजपा के बीच विरोधाभास तथा भाजपा की अपनी व्यापक राजनीतिक योजना और कश्मीरी अपेक्षाओं की वजह से सरकार की विश्वसनीयता खत्म होने लगी थी। अनेक लोग माधव की रणनीति पर सवाल उठाते परंतु पार्टी का तर्क था कि जनादेश में कोई और विकल्प ही नहीं बचा था।

हमारी कहानी के लिए इससे अधिक महत्वपूर्ण यह था कि चुनाव भाजपा की आकांक्षाओं का सबूत था। इसने मोदी लहर पर सवार होने की पार्टी की क्षमता का भी प्रदर्शन कर दिया था। राष्ट्रवाद, और हिंदू, जैसे भाजपा के मुख्य पहलुओं ने जम्मू के हिंदू मतदाताओं के बीच बेहतरीन काम किया। इसने सज्जाद लोन जैसे चरमपंथी नेता को लुभाने और उनके साथ काम करने की पार्टी की व्यावहारिकता का भी प्रदर्शन किया। लेकिन चुनाव ने भाजपा के विस्तार की सीमाओं को भी दिखाया। घाटी ने पूरी तरह से पार्टी को अस्वीकार कर दिया था। शेष भारत में संघ से संबद्ध संगठनों के झगड़ालूपन ने पार्टी की संभावनाओं को ठेस पहुंचा दी थी।

परंतु राम माधव के लिए यह दुःखद अनुभव था। यह पहला मौका था जब वह एक राजनीतिक नेता के रूप में पूरे चुनाव का बन्दोबस्त देख रहे थे।

माधव बताते हैं, "इसका एक बड़ा सबक मेरे लिए यह था कि चुनावों का प्रबंधन भी राजनीति के प्रबंधन जैसा ही होता है। आपको प्रत्येक निर्वाचन क्षेत्र को अच्छी तरह समझना होगा, आपको अपने संसाधनों का प्रबंधन करना होगा, आपको यह भी जानना होगा कि कहां पर क्या इस्तेमाल किया जाये, आपको सावधानीपूर्वक रणनीति, योजना तैयार करने और उन पर अमल करने की जरूरत है।"

यह सब माधव के लिए अच्छा अवसर होने वाला था, जब वे पूर्वोत्तर में भाजपा को प्रवेश दिलाने के लिए अग्रदूत बनने वाले थे।

*

2014 के लोकसभा चुनाव असम में नजदीक थे।

नरेन्द्र मोदी पूर्वोत्तर सहित पूरे देश में लगातार प्रचार कर रहे थे। भाजपा ने महसूस किया कि विशेष रूप से असम चुनावी लाभ के लिए पूरी तरह तैयार है।

राम माधव अभी संघ में ही थे परंतु अक्सर इस राज्य का दौरा करते थे।

चुनाव से ठीक पहले ही ऐसे ही एक दौरे में एक अधिकारी के घर पर उनकी मुलाकात कांग्रेस के नेता और कैबिनेट मंत्री हिमन्त बिस्वास सरमा से हुई। गुवाहाटी में सत्ता के गलियारे में यह किसी से छिपा नहीं था कि सरमा अपने बॉस मुख्य मंत्री तरूण गोगोई और दिल्ली के नेतृत्व से खुश नहीं थे। गोगोई का यह तीसरा कार्यकाल था और सरमा खुद को राज्य में पार्टी के अगले स्वाभाविक नेता के रूप में देख रहे थे लेकिन कांग्रेस इसका वायदा करने की इच्छुक नहीं थी। इसकी बजाय, गोगोई के पुत्र गौरव को आगे बढ़ाया गया और वह लोक सभा का चुनाव लड़ रहे थे।

माधव ने इसे एक अवसर के रूप भांप लिया और वह सरमा के संपर्क में बने रहे थे।

इस बैठक में माधव ने फोन पर सरमा की बात करायी। सरमा ने प्रधान मंत्री पद के उम्मीदवार से कहा, ''मोदी साहेब, चिंता मत कीजिए। आपको अपनी अपेक्षा से तीन या चार सीटें ज्यादा ही यहां से मिलेंगी।''

भाजपा को राज्य में सात लोक सभा सीटें जीतनी थीं और इनमें से कुछ सरमा के खामोश सहयोग से थीं। पार्टी ने 2011 में राज्य में 12 प्रतिशत मत हासिल किए थे। परंतु 2014 के चुनावों में उसे 37 प्रतिशत मत मिले। अब भाजपा जानती थी कि वह विधान सभा चुनाव को लक्ष्य बना सकती है।

डेढ़ साल बाद अगस्त 2015 में 25 किलोमीटर लंबे ग्रैंड रोड शो, जिसमें हजारों लोग शामिल हुए, सरमा भाजपा में शामिल हो गये। वह अपने साथ कांग्रेस विधायकों को भी लाए थे। भाजपा के भीतर और संघ की स्थानीय

इकाई ने इसका प्रतिरोध किया था। परंतु अमित शाह से हरी झण्डी मिलने के साथ ही माधव इस ओर आगे बढ़े।

राज्य में एक साल बाद मई में हुए विधान सभा चुनावों में सरमा पार्टी के लिए सबसे ताकतवर शक्ति के रूप में उभर कर आए।

बहुत कम लोगों को ही इसकी जानकारी थी कि 2014 के चुनावों में सरमा भाजपा के लिए अदृश्य शक्ति की भूमिका निभा चुके थे।

माधव ने इस तथ्य को स्वीकार किया कि असम के लिए उनकी योजनाओं का यह निर्णायक मोड़ था। वह उस सिद्धांत पर काम कर रहे थे जिसपर उनकी पार्टी के अध्यक्ष अमित शाह ने हमेशा विश्वास किया और वह था, जब आप अकेले नहीं जीत सकें तो उस व्यक्ति को साथ लायें जो आपको जिता सके, आपको अपने लिए आवश्यक अतिरिक्त वोट जुटाने चाहिए, विपक्ष को छिन्न भिन्न कीजिए और उन लोगों को विश्वास में लीजिए जो आपके लिए काम कर सकते हैं। माधव जिस व्यावहारिकता में विश्वास कर रहे थे उसमें यह सिद्धांत एकदम सही बैठ रहा था।

केन्द्रीय मंत्री सर्बानंद सोनोवाल, जिन्हें पार्टी ने मुख्यमंत्री पद के चेहरे के तौर पर चुना था, पार्टी की मशीनरी और काडर से अपील करते और सरमा जनता से अपील करते थे। यह पूर्वोत्तर की बाधा को पार करने का सही समय था।

असम ने भाजपा के लिए एक विचित्र विरोधाभास पेश कर रखा था।

यह एक ऐसा राज्य था जहां संघ और पार्टी द्वारा लंबे समय से प्रमुखता से उठाया जा रहाराष्ट्रीय सुरक्षा का मुद्दा राजनीतिक महत्व का था क्योंकि यह सीमा पार से आये बांग्लादेशी विस्थापितों से जुड़ा था। फिर भी पार्टी कभी भी इसका लाभ नहीं उठा सकी थी। यह तो असम गण परिषद थी जिसने 1980 के दशक में इसे प्रमुखता से उठाया और इसके युवा नेता प्रफुल्ल कुमार महंत को मुख्यमंत्री बना दिया। और पहले के 15 साल तक कांग्रेस राज्य में अपना प्रभुत्व बनाये रखने में सफल रही थी।

इस राज्य में उत्तर भारत की पार्टी के लिए संगठनात्मक स्तर पर प्रतिकूल

परिस्थिति रही है क्योंकि लंबे समय से विशेष रूप से उप राष्ट्रवाद की परंपरा हमेशा ही पार्टी का पीछा करती रही थी।

भाजपा वैसे भी संगठनात्मक दृष्टि से कमजोर थी। गोगोई, सरकार विरोधी हवाका सामना कर रहे थे परंतु वह जमीनसे जुड़े नेता थे जिन्होंने मुख्य कल्याणकारी योजनाओं से जनता को लाभ पहुंचाया था। कांग्रेस का यहां पर मतदान केन्द्रों की प्रबंधन व्यवस्था भी बेहतरीन रही है।

चुनाव का समय भी विशेषरूप से अनुकूल नहीं था।

भाजपा नवंबर, 2015 में दिल्ली का चुनाव हार चुकी थी, प्रधान मंत्री नरेन्द्र मोदी के जोरदार प्रचार अभियान के बावजूद पार्टी बिहार चुनाव भी हार गयी थी। यह भावना बढ़ती जा रही थी कि मोदी अपनी राह से भटक गए थे। उनकी विदेश यात्राएं मजाक का विषय बन गयीं थीं। महंगाई बढ़ गयी थी। दाल की कीमतें आसमान छू रहीं थी और 2014 के हर हर मोदी के नारे का स्थान अरहर मोदी ने ले लिया था। इस दौरान, चुनावी दृष्टि से संवेदनशील एक जिले के मजिस्ट्रेट के पद पर कार्यरत एक सरकारी अधिकारी ने टिप्पणी भी की, ''कांग्रेस की जड़ें काफी गहरी हैं। इस बार 2014 की हवा भी नहीं है। इस बार भाजपा के लिए मुश्किल होगी।''

इस पृष्ठभूमि में राम माधव और सरमा भविष्य की रणनीति बनाने के लिए एक साथ आए।

उनका पहला कदम यह सुनिश्चित करना था कि कांग्रेस पूरी तरह अलग थलग हो जाये और अकेले ही चुनाव लड़े। बिहार में महागठबंधन की सफलता के बाद बिहार के मुख्य मंत्री सहित अनेक ताकतें कांग्रेस को असम में भी इसी तरह के भाजपा विरोधी गठबंधन के लिए प्रोत्साहित करने के इरादे से दबाव बना रही थीं।इसे हर कीमत पर रोकना था।और इसमें आल इंडिया यूनाइटेड डेमोक्रेटिक फ्रंट के नेता और धुबरी से लोकसभा सांसद बदरूद्दीन अजमल एक प्रमुख चेहरा थे। अजमल का सशक्त मुस्लिम जनाधार था और कांग्रेस तथा अजमल के बीच गठबंधन स्पष्ट रूप से मुस्लिम मतदाताओं को एकजुट करेगा।

भाजपा हरकत में आ गयी और उसने यह सुनिश्चित करने के लिए कि कांग्रेस और अजमल के बीच इस तरह को कोई तालमेल नहीं हो, सभी संभव तरीके अपनाये। पार्टी को इसमें सफलता हाथ लगी। अजमल ने स्वतंत्र रूप से चुनाव ही नहीं लड़ा बल्कि लगातार कांग्रेस की आलोचना भी की। मुस्लिम मतदाताओं को और अधिक भ्रमित करने के लिए भाजपा ने उन्हें ही प्रमुख प्रतिद्वंद्वी के रूप में पेश कर दिया। चुनाव में सफलता के लिए मुस्लिम मतों का विभाजन जरूरी था।

लेकिन यदि उसकी रणनीति का एक हिस्सा कांग्रेस को अलग थलग करना रहा था तो दूसरा पहलू यथासंभव पार्टी से गठबंधन को विस्तारित करना भी रहा था। और इस अभियान में माधव ने बोडोलैंण्ड पीपुल्स फ्रंट के साथ बातचीत शुरू की जिसके मौजूदा सदन में 12 विधायक थे और यह गोगोई मंत्रिमण्डल का हिस्सा भी था। यह गठबंधन असम गण परिषद के बगैर अधूरा होता और सीटों के बंटवारे को लेकर कड़ी सौदेबाजी के बावजूद असम गण परिषद ने भाजपा के नेतृत्व वाले राजग से हाथ मिला लिया।

माधव की रणनीति के तीनों पहलू अब अपनी अपनी जगह थे। सरमा को पार्टी में शामिल कर लिया गया था, कांग्रेस को अलग थलग कर दिया गया था और भाजपा गठबंधन का नेतृत्व कर रही थी। यह काम इतना आसान नहीं था और गुवाहाटी में यह चर्चा थी कि पार्टी और संघ की स्थानीय इकाई के बीच इस गठबंधन और चुनाव प्रबंधन के मुद्दों को लेकर तनाव स्पष्ट था।परंतु चुनाव प्रचार के लिए नींव रखी जा चुकी थी।

चुनावी एजेंडे के संदर्भ में भाजपा ने मुख्यमंत्री के खिलाफ आक्रामक होने का निर्णय किया। एक समय जब कांग्रेस प्रधान मंत्री नरेन्द्र मोदी और अमित शाह पर बेहद निजी हमले कर रही थी तो माधव के स्पष्ट निर्देश थे कि ये हमले कितने ही भड़काने वाले क्यों नहीं हो, लेकिन पार्टी को इनका जवाब नहीं देना है। कुल मिलाकर गोगोई पर हमले जारी रखना और उनके रिकार्ड को केन्द्र बनाना ही लक्ष्य था। भाजपा ने गोगोई के निर्वाचन क्षेत्र

में उनके खिलाफ एक तगड़ा प्रत्याशी खडा किया था ताकि मुख्यमंत्री को अपने स्थानीय प्रतिद्वंद्वी से निबटने में ही अधिक से अधिक समय लगाना पड़े। यह सुनिश्चित करने के लिए कि सारा ध्यान स्थानीय मुद्दों पर केन्द्रित रहे, माधव ने यह भी फैसला किया कि इसमें केन्द्रीय नेतृत्व की सीमित भूमिका रहे। मोदी ने, जिन्होंने बिहार में ताबड़तोड़ अपनी रैलियां की थीं, सिर्फ तीन बड़ी रैलियां कीं, अमित शाह ने दो जनसभाओं को संबोधित किया। इसका नेतृत्व राज्य स्तर के स्थानीय चेहरों को दिया गया था।

स्वतंत्र पर्यवेक्षकों का मानना था कि इस चुनाव में प्रगति और बदलाव का वायदा ही भाजपा की मुख्य अपील थी।

सेन्टर फॉर पालिसी रिसर्च (सीपीआर) के नीलांजन सरकार, भानु जोशी और आशीष रंजन ने चुनावों के दौरान राज्य का व्यापक दौरा किया था। सीपीआर के दस्तोवज में वे लिखते हैं कि असम को लेकर प्रमुख संचार माध्यमों में भाषाई, विशिष्ट संस्कृति और धार्मिक झगड़ों को अत्यधिक प्रमुखता देकर 'परिभाषित' किया गया। अधिकांश मतदाताओं ने, जिनसे उन्होंने बात की, चुनाव में सामाजिक टकराव को नहीं बल्कि विकास और आर्थिक विकास को ही मुख्य मुद्दे बताया। "कांग्रेस ने इस क्षेत्र में शांति और स्थिरता स्थापित की, परंतु ऐसा लगता है कि असम आर्थिक विकास के मामले में शेष भारत से काफी पीछे है। यही सबसे बड़ा मुद्दा है जिसके लिए मतदाता इस चुनाव में बदलाव चाहते हैं।"

इसी विषय को आगे बढ़ाते हुए सरकार और रंजनने दहिंदू समाचार पत्र में लिखाः "भाजपा विकास और परिवर्तन के उसी मंत्र की ओर लौट आयी है जो 2014 के चुनावों में बहुत ही उपयोगी साबित हुआ था। श्री सरमा को कांग्रेस के लिए एक प्रभावी स्वास्थ्य एवं शिक्षा कैबिनेट मंत्री माना जाता था। मोदी की लोकप्रिय छवि ने असम के विकास के लिए पार्टी के दावे को लेकर भाजपा की स्थिति मजबूत कर दी है।"

परंतु विकास के साथ ही पहचान भी एक प्रमुख मुद्दा था।

इसमें पार्टी के मुख्यमंत्री पद का चेहरा असम गण परिषद के पूर्व

नेता सर्बानन्द सोनोवाल का था, जो विस्थापितों के खिलाफ संघर्ष में सक्रिय थे। सरमा ने भी असमी पहचान और इसके खतरे का मुद्दा जोरशोर से उठाया था। एक के बाद एक रैलियों में उनका इस बात पर जोर रहा कि यह 'अपनी पहचान' बचाने का अंतिम मौका है।' उन्होंने *इंडियन एक्सप्रेस* की पत्रकार शीला भट्ट से कहा, ''हम नहीं चाहते कि बांग्लादेशी हमारी जमीन पर ही नहीं बल्कि हमारी राजनीति में अतिक्रमण करें। इस चुनाव में बांग्लादेशी विस्थापित अपना मुख्यमंत्री चाहते हैं।'' भाजपा ने औपचारिक रूप से भारतीय मुसलमानों और बांग्लादेशी मूल के मुसलमानों के बीच विभेद किया परंतु इस कदम ने हिंदुओं को संदेश देने में मदद की।

शेखर गुप्ता ने 1980 के दशक के प्रारंभ सेअसम की राजनीति को दर्ज किया है, जबवह यहां एक संवाददाता के रूप में कार्यरत थे। इस चुनाव के दौरान *बिजनेस स्टैण्डर्ड* समाचार पत्र में अपने लेख में उन्होंने विस्तार से बताया कि आरएसएस ने किस तरह से भाजपा के लिए अनुकूल राजनीतिक माहौल तैयार किया ताकि उसे इसका लाभ मिल सके। वह लिखते हैं, ''असम का आन्दोलन जातीय समुदाय की भावना से प्रेरित था। यह बाहरियों के खिलाफ आन्दोलन के रूप में शुरू हुआ था जिसका निशाना मुख्य रूप से मुस्लिम और बंगाली हिंदू और मारवाड़ी थे। आरएसएस को इसमें आशा की किरण नजर आई परंतु उसे जातीयता और धर्म के बीच टकराव से भी निबटना था।'' गुप्ता ने इस बात का भी उल्लेख किया कि आरएसएस ने इस आन्दोलन को विस्थापित विरोधी आन्दोलन से विस्थापित मुस्लिम विरोधी की ओर मोड़ने के लिए धैर्यपूर्वक काम किया। इस वैचारिक बदलाव में 'बंगाली' को लेकर व्याप्त नफरत और भय अब मुस्लिम विस्थापित विरोध या 'मियां मानुस' बन गया था।''

इस चुनाव ने भाजपा के लिए चुनाव रणनीतिकारों के एक नए समूह को भी जन्म दिया। रजत सेठी और शुभ्रस्थ अपने आप ही इस चुनाव में आए थे।

दिल्ली की मिराण्डा कालेज से स्नातक शुभ्रस्थ मोदी के प्रचार अभियान

और नीतीश कुमार-लालू प्रसाद के प्रचार में प्रशांत किशोर के सिटीजंस फॉर एकाउण्टेबल गवर्नेन्स का हिस्सा थीं। यहीं पर उन्होंने शोध, मीडिया प्रचार, आंकड़ों पर आधारित फैसले करने और स्थानीय स्तर की वास्तविकताओं को अपनाते हुए केन्द्रीयकृत प्रचार की आवश्यकता को समझा।

उन्होंने यहां प्रचार के दौरान उस समय अधिक असहज महसूस करना शुरू कर दिया जब चुनाव प्रचार के दौरान एक पार्टी द्वारा सालों से संकलित किए गए आंकड़ों को बाहरी लोग मांगने लगे, उन्हें बदलने लगे और पार्टी की मशीनरी को एक तरह से हटाने की ही मांग करने लगे और फिर आगे बढ़ गए। उन्होंने बाद में कहा, ‘‘मेरा तो वास्तव में यही मानना है कि आपको कार्यकर्ताओं की राजनीतिक पूंजी नहीं हथियानी चाहिए। पार्टी की भूमिका के प्रति आभार प्रकट करने की बजाए इसका श्रेय लेने की प्रवृत्ति है। आप एक छोटे समूह में काम कर सकते हैं, पार्टी कार्यकर्ताओं पर भरोसा कर सकते हैं। उस समय तक वह वैचारिक रूप से भाजपा के अधिक नजदीक आ गई थीं।

अब यहां से आगे बढ़ने का समय आ गया था।

रजत सेठी, अपनी साझीदार और भावी पत्नी के उलट, हमेशा ही भाजपा की राजनीति का हिस्सा रहे। भारतीय प्रौद्योगिकी संस्थान में पढ़ाई के दौरान ही उनकी मुलाकात राम माधव से हुई थी और उन्होंने उन्हें हार्वर्ड में भाषण देने के लिए उस समय आमंत्रित किया था जब वह वहां छात्र थे। हार्वर्ड और मैसाच्युसेट्स इंस्टीट्यूट ऑफ टेक्नोलॉजी से डिग्री लेकर सेठी 2015 में स्वदेश लौटे थे।

माधव से सेठी से जानना चाहा कि क्या वह गुवाहाटी चलकर असम चुनाव प्रचार में मदद करना चाहेंगे। सेठी इसके लिए राजी हो गए। बिहार चुनाव खत्म होते ही, शुभ्रस्था भी असम में उनके साथ आ मिलीं।दोनों ने प्रत्येक निर्वाचनक्षेत्र के आधार पर ताकत और कमजोरियों का विश्लेषण तैयार करना शुरू कर दिया। उनका बुनियादी काम जमीनी हकीकत से जुड़ी जानकारियां उपलब्ध कराना और नेताओं के ट्विटर और फेसबुक खातों,

व्हाट्सऐप समूह सहित सोशल मीडिया और विज्ञापन पट तथा होर्डिंग्स और समाचार पत्रों में संदेशों के प्रबंधन तथा चुनाव प्रचार चलाना शामिल था। उन्होंने एबीवीपी और पार्टी काडर के साथ काम किया।

राम माधव बताते हैं, "उन्होंने बहुत ही महत्वपूर्ण भूमिका निभाई और समय के अनुरूप जानकारियां उपलब्ध कराईं। हमें प्रत्येक निर्वाचन क्षेत्र के विवरण की जानकारी मिल रही थी, मसलन आज दोपहर इलाके में मतदाताओं का यह रुझान है। अगले दिन, ताजा स्थिति के बारे में जानकारी उपलब्ध होगी। जमीनी हकीकत की जानकारी देने के लिए हमारे आदमी थे और इसे अंतिम रूप देने के लिए हमारे पास ऐप था। यह बहुत ही संवेदनशील था।"

यह सारी चीजें भाजपा को एकसाथ मिलीं और उसने अपने सहयोगियों के साथ असम चुनाव में विजय हासिल कर ली।

इस चुनाव ने एक बार फिर भाजपा की महत्वाकांक्षा को उजागर कर दिया। इसने दिखाया कि चुनाव जीतने और अपनी निर्मम व्यावहारिकता के लिए पार्टी तरह तरह की रणनीति और हथकंडे अपनाने के लिए तैयार है।

वह सरमा जैसे बाहरी लोगों को अपनाने के लिए तैयार हैं जिन्होंने अपना पूरा राजनीतिक जीवन ही भाजपा की आलोचना करने में लगा दिया था। इसने खुद के एक राष्ट्रीय दल होने और शीर्ष पर मोदी जैसा नेतृत्व होने के बावजूदअपनी कमजोरियों का महसूस किया ओर पूरी विनम्रता के साथ घटक दलों के साथ वार्ता की। वह यह भी जानती थी कि कुछ चुनावों में जहां केन्द्रीय नेतृत्व बहुत ही अहम है वहीं दूसरे चुनावों में स्थानीय नेतृत्व अतिमहत्वपूर्णहै ओर 2016 का असम चुनाव इसमें पूरी तरह सही बैठता है। उसने तरह तरह के हथकंडे अपना कर विपक्ष को तितर बितर करके यह भी दिखा दिया कि वह 30 फीसदी मुस्लिम आबादी वाले राज्य में भी चुनाव जीत सकती है। पार्टी ने नेताओं के बीच संतुलन बनाया, सोनोवाल को नेतृत्व की कमान सौंपी तो सरमा को भी पर्याप्त महत्व दिया - यह

ऐसा गुण है जो अक्सर नजर नहीं आता है और इस वजह से दलों में अंदरूनी गुटबाजी जन्म लेती है, चुनावी संभावनाएं बर्बाद होती हैं। भाजपा विकास और पहचान के मुद्दे को साथ ले आई।

असम चुनाव में भाजपा की जीत के नतीजे असम से भी आगे निकल गए।

ऐसी पार्टी जिसने 2015 में बिहार और दिल्ली में जबर्दस्त आघात झेला था, वह पूरे जोश के साथ वापस आयी। इसने नेतृत्व और काडर में नया भरोसा और जोश बढ़ाया। इसने पूर्वोत्तर राज्यों में भाजपा के प्रवेश को भी इंगित करके इसे सही मायने में राष्ट्रीय दल बना दिया।और इसने राम माधव की स्थिति को भी मजबूत बना दिया क्योंकि इससे चुनावी रणनीतिकार और राजनीतिक सोच वाले व्यक्ति के रूप में उनकी प्रतिष्ठा बढ़ाई।

लेकिन यह समय आराम करने का नहीं था क्योंकि अगला पड़ाव मणिपुर था।

*

सितंबर, 2015 में एन बीरेन सिंह एक असंतुष्ट व्यक्ति थे।

कांग्रेसी नेता और पूर्व मंत्री सिंह इम्फाल में अपने घर के लॉन में बैठे थे। मादी सरकार ने हाल ही में नेशनलिस्ट सोशलिस्ट काउन्सिल ऑफ नगालैंड (इसाक मुइवा) (एनएससीएनआई-एम) के साथ एक फ्रेमवर्क समझौते पर हस्ताक्षर किए थे।

मणिपुर की दुखती हुई रग घाटी और पहाड़ों के बीच के अंतर्विरोध हैं। घाटी में मैतेई समुदाय, जो मुख्य रूप से हिंदू हैं, का प्रभुत्व है और पहाड़ों में आदिवासी, खासकर नागा और कुकी हैं, जो ईसाई हैं। नागा विद्रोही समूहों की पुरानी मांग है कि मणिपुर के नागा भाषी इलाकों को मिलाकर ग्रेटर नगालैंड का सृजन किया जाए। यह घाटी के मैतेई समुदाय को स्वीकार नहीं है। उनका सत्ता के ढांचे पर प्रभुत्व है।

और इसी वजह से जब फ्रेमवर्क समझौते के विस्तृत विवरण की

जानकारी दिए बगैर ही जब इस पर हस्ताक्षर हुए तो इम्फाल की राजनीतिक सत्ता और सिविल सोसायटी भाजपा की मंशा को लेकर सशंकित थी। केन्द्र ने मणिपुर को पुनः यह भरोसा दिलाने का प्रयास किया कि इसका बंटवारा नहीं होगा लेकिन इसके बावजूद संदेह बना रहा।

क्या अखिल नागा सांस्कृतिक परिषद,जो राज्य की सीमा को प्रभावित नहीं करती है, स्वीकार्य होगी?

सिंह ने फौरी तौर पर इसे अस्वीकार कर दिया।

वह सवाल करते हैं, ''यह सांस्कृतिक परिषद क्या है? पंजाबी तो भारत और पाकिस्तान दोनों ही में हैं, क्या दिल्ली उन्हें सांस्कृतिक परिषद बनाने की अनुमति देगी? क्या दिल्ली पाकिस्तानी झण्डे की कश्मीर में इजाजत देगी? हम नागा को क्यों बर्दाश्त करें जिनकी निष्ठा मिलीजुली है और अपनी सीमा में नागा ध्वज की अनुमति दें?'' वह दलीलें देते रहे कि दिल्ली, जिसका मतलब केन्द्र में भाजपा सरकार से है,'ईसाई आदिवासियों' का समर्थन कर रही है जो अलग राज्य का एजेण्डा आगे बढ़ा रहे हैं।

डेढ़ साल बाद, मार्च 2017 में एन बीरेन सिंह उस पार्टी में शामिल हो गये जिसकी वह आलोचना कर रहे थे। उन्हें मणिपुर में भाजपा के प्रथम मुख्यमंत्री के रूप में शपथ दिलाई गई। यह सब कैसे हुआ?

*

राम माधव जानते थे कि मणिपुर उन्हें सौंपा गया अब तक का सबसे कठिन काम हो सकता है।

जम्मू कश्मीर में काम शुरू करने के लिए पार्टी का आधार था। जम्मू राजनीतिक दृष्टि से स्वागत करता हुआ इलाका था। असम में भाजपा ने लोक सभा चुनावों में काफी अच्छा प्रदर्शन किया था और वहां भी काम आगे बढ़ाने के लिए कुछ बुनियाद थी।

परंतु मणिपुर में तो पार्टी के पास कुछ भी नहीं था।

विधान सभा में उसका कोई प्रतिनिधि नहीं था। राज्य से उसका कोई सांसद नहीं था। पिछले चुनाव में उसे दो प्रतिशत मत मिले थे। पार्टी का

कोई संगठन नहीं था। उसका कोई नेता नहीं था। उसके पास कोई ताकतवर उम्मीदवार भी नहीं था। वे एकदम शून्य से शुरू कर रहे थे।

लेकिन उनके पास केन्द्र में सत्ता थी और इसने मनौवैज्ञानिक और राजनीतिक बढ़त प्रदान की। मणिपुरके समाचार पत्र फ्री इम्फाल प्रेस के संपादक और राज्य के एक प्रभावशाली व्यक्ति प्रदीप फणजोबाम ने बताया, "पूर्वोत्तर के सभी छोटे और कमजोर राज्यों में यह माना जाता है कि राज्यों को अधिक आसानी होगी यदि वे केन्द्र में सत्तारूढ़ दल के साथ गठबंधन करके चलेंगे। राज्य के राजनीतिकों और मतदाताओं दोनों का ही यही दृष्टिकोण है। पहले जब केन्द्र और राज्य में अलग अलग सत्तारूढ़ दल थे तो राज्य को जबर्दस्त आर्थिक संकट का सामना करना पड़ा था और ये संभवतः आंशिक रूप से संयोगात्मक हो, परंतु मुझे यकीन है कि इसकी वजह ढांचागत भी है।"

फणजोबाम बताते हैं कि निश्चित ही जब अटल बिहारी वापजेयी प्रधान मंत्री थे तो भाजपा ने पहली बार मणिपुर विधान सभा में चार विधायकों के साथ अपना खाता खोला था।जब एनएससीएन (आई-एम) के साथ युद्धविराम का समझौता 2001 में बढ़ाया गया तो मणिपुर में इसी तरह की आशंकाओं को जन्म दिया था जिनके बारे में हमने पहले एन बीरेन सिंह सुना था। इसके बाद भाजपा लगातार चुनाव हारी और फणजोबाम कहते हैं कि इन सालों में केन्द्र में कांग्रेस के सत्तारूढ़होने ने ही 'यहांपहुंचने' में मदद की।

लेकिन जहां भाजपा को यह बढ़ता हासिल थी, वहीं चुनाव तो जमीन पर ही लड़ना होता है। ऐसा कोई स्वचालित,आसान रास्ता नहीं था और केन्द्र में सत्ता होना मददगार तो था परंतु जीतने की कोई गारंटी नहीं थी। और इसी वजह से माधव को वही हथकंडे अपनाने पड़े तो उन्होंने दूसरी जगह अपनाए थे।

एक बात के बारे में पार्टी भलीभांति जानती थी कि उसे यहां नेताओं का पूल तैयार करना होगा।

माधव ने स्वीकार किया, ''हम जानते थे कि सशक्त संगठन के अभाव में हम मोदीजी की छवि और स्थानीय उम्मीदवार की ताकत पर ही निर्भर थे और इसलिए इसे हासिल करना महत्वपूर्ण था।''कश्मीर में सज्जाद लोन को तैयार करने और असम में हिमन्त बिस्वास सरमा को अपनाने की तरह ही माधव किसी बाहरी व्यक्ति की तलाश में थे। फुटबॉल खिलाड़ी से राजनीतिक बने एन. बीरेन सिंह ऐसे ही एक नेता थे जिन्हें कांग्रेस के दूसरे लोगों के साथ पार्टी में शामिल किया गया था।

दूसरी बड़ी चुनौती एक सुसंगत और सुस्पष्ट पार्टी का मंच और एजेंडा तैयार करने की थी और इस काम में भाजपा ने चीजों को अंगीकार करने में उल्लेखनीय क्षमता का प्रदर्शन किया।

सबसे पहले तो उसे मैतेई-नागा मतभेदों के बीच रास्ता बनाना था। मैतेई के प्रभुत्व वाली घाटी में विधान सभा की 40 सीटें हैं जबकि आदिवासी बहुल पर्वतीय क्षेत्र में 20 सीटें हैं। भाजपा उस फ्रेमवर्क समझौते से पल्ला नहीं झाड़ सकती थी जिस पर केन्द्र में उसकी ही सरकार ने हस्ताक्षर किए थे और जिसने सिंह को 2015 में इतना अधिक उद्वेलित कर दिया था। फिर भी उसे सफलता के लिए घाटी में मैतेई समुदाय की राय को जीतना था।

नागा प्रभुत्व वाले इलाकों में केन्द्र में राजग के घटक छोटे नागा संगठन अलग अलग चुनाव लड़ रहे थे क्योंकि यदि भाजपा को उनके सहयोगी के रूप में देख लिया गया तो वो मैतेई समुदाय से हाथ धो बैठेगी। माधव ने अपनी गणना में अनुमान लगाया कि यदि आवश्यक हुआ तो ये समूह इम्फाल में चुनावों के बाद भी भाजपा का समर्थन करेंगे। सारा ध्यान मैतेई समुदाय पर केन्द्रित करना था और 40 सीटों में पर्याप्त संख्या प्राप्त करनी थी।

कांग्रेस प्रचार के एक प्रमुख स्तंभ ने आरोप लगाया था कि भाजपा राज्य का बंटवारा कर देगी। भाजपा ने फैसला किया कि अधिकांश समय वह इस जाल में फंसने से बचेगी और यही कहेगी कि वह मणिपुर की एकता के लिए प्रतिबद्ध है। और जब प्रधान मंत्री ने इन्फाल में एक जनसभा को

संबोधित किया तो पार्टी ने उनसे कहा कि वह भी मंच से इस स्थिति के लिए प्रतिबद्धता दोहरा दें। मोदी ने जब मणिपुर की सीमा की अखण्डता बनाये रखने के प्रति खुद अपनी प्रतिबद्धता दोहराई तो मैतेई समुदाय के बीच पार्टी का हौसला बढ़ गया। फणजोबाम पुष्टि करते हैं, "स्वयं प्रधान मंत्री सहित भाजपा के केन्द्रीय नेताओं के आश्वासन ने इस आशंका को काफी हद तक दूर कर दिया था।"

भाजपा को अभी एक और मुश्किल मुद्दे का सामना करना था, जहां आफ्सपा के नाम से चर्चित सशस्त्र बल विशेष अधिकार कानून के मामले में उसका पारंपरागत रुख मणिपुर में व्यापक स्तर पर लोकप्रिय समझी जा रही राय के ही विरूद्ध चला गया था।

इरोम शर्मिला ने हाल ही में अपना उपवास खत्म किया था और उन्होंने चुनाव लड़ने की अपनी इच्छा की घोषणा की थी। भाजपा हालांकि शर्मिला के चुनाव लड़ने से चिंतित नहीं थी परंतु जानती थी कि आफ्सपा को हलका करना या उसे निरस्त करने के खिलाफ उसका दृष्टिकोण उसके विरुद्ध जा सकता है। माधव जानते थे कि यह मुद्दा कितना संवेदनशील है क्योंकि उन्होंने कश्मीर में इसी मुद्दे पर पीडीपी के साथ भी वार्ता की थी। भाजपा अपनी स्थिति पर अड़ी रही थी और उसने आफ्सपा पर पीडीपी की मांग नहीं मानी थी।

परंतु सौभाग्यवश जब पार्टी ने एक सर्वे कराया तो पता चला कि मणिपुर के चुनाव के प्रमुख मुद्दों में आफ्सपा काफी नीचे है। यह चुनाव में शर्मिला के अपने प्रदर्शन से भी परिलक्षित हुआ। मानवाधिकार के लिए संघर्ष करने वाली शर्मिला को चुनाव में एक सौ से भी कम मत मिले। भाजपा भी इस मुद्दे पर बहस करने से दूर ही रही।

भाजपा को इस सर्वे से पता चला कि जनता के लिए विकास और मुख्यमंत्री ओकराम इबोबी सिंह के तहत भ्रष्टाचार सबसे बड़े मुद्दे हैं।और इसीलिए भाजपा ने असम की तरह ही सरकार विरोधी और स्थानीय मुद्दों पर ही चुनाव में ज्यादा ध्यान केन्द्रित किया। उसने मुख्यमंत्री को लक्ष्य करके

जबर्दस्त विज्ञापन अभियान चलाया जिसमें उन्हें मिस्टर दस प्रतिशत मुख्यमंत्री बुलाया गया। इससे हताश मुख्यमंत्री ने संपादकों को बुलाकर उन्हें चेतावनी दी।

भाजपा को इस सर्वे के माध्यम से यह भी पता चला कि 'मुठभेड़ में होने वाली मौतों' का मसला भी यहां के लोगों की चिंता के विषयों में काफी प्रमुख है। राष्ट्रीय स्तर पर भाजपा को 'नागरिक स्वतंत्रता' के स्थान पर 'सुरक्षा' को प्राथमिकता देने वाले दल के रूप में देखा जाता है और उसे कुछ उल्लघनों की कीमत पर भी इसमें कटौती करने की इच्छुक पार्टी माना जाता है। हालांकि मणिपुर में इसे लेकर उठ रही आवाजों को देखते हुए भाजपा ने इसे एक प्रमुख मुद्दा बनाया और कांग्रेस को बचाव की मुद्रा में ला खड़ा किया। पार्टी ने बार बार इस बात को प्रमुखता से उठाया कि राज्य में हाल के समय में हुई मुठभेड़ों या न्यायेत्तर हत्याओं में 1528 व्यक्ति मारे गये हैं, पार्टी ने एक पूर्व पुलिस अधिकारी को टिकट देने से इन्कार कर दिया क्योंकि इन मुठभेड़ों में शामिल अधिकारियों के रूप में उसकी पहचान हुई थी और पार्टी ने ऐसे मामलों की सीबीआई जांच कराने का वायदा किया था। उसने स्थानीय मानव अधिकार समूहों के साथ मिलकर खुद को नागरिक स्वतंत्रता की चौंपियन पार्टी के रूप में पेश किया।

एक और उदाहरण में पार्टी की आत्मसात करने की क्षमता नजर आती है। ईसाई आदिवासी उम्मीदवार पर्वतीय क्षेत्रों में जाकर जनता से मजाक-मजाक में कह रहे थे कि भारतीय जनता पार्टी वास्तव में भारतीय जीसस पार्टी है ताकि भाजपा के हिंदू स्वरूप को लेकर उनकी चिंताओं को शांत किया जा सके।

निश्चित ही, पूर्वोत्तर में भाजपा ने एक अपवाद किया और अपने गौ रक्षा और गौ मांस सेवन विरोधी जैसे मुद्दों को आगे नहीं बढ़ाया। माधव ने एकदम साफ शब्दों में कहा, "हम इस क्षेत्र की सांस्कृतिक विविधता का सम्मान करते हैं।" यहां वैचारिक आस्थाओं और चुनावी जरूरतों के बीच उसका तनाव स्पष्ट है और पार्टी ने दूसरे विकल्प को चुना। फणजोबाम

इससे सहमत होते हुए कहते हैं कि भाजपा ने इस क्षेत्र में उत्तर भारतीय सांस्कृतिक प्रभुत्व को यहां आगे नहीं बढ़ाया। वह बताते हैं, ''बीफ आज भी यहां खुलेआम बिकता है, बालीवुड फिल्में प्रतिबंधित हैं, पूजा के तरीके में कोई बदलाव नहीं आया है। परंतु अभी भी कोई स्पष्ट फैसला सुनाना जल्दीबाजी होगा।''

माधव के साथ एक बार फिर रजत सेठी और शुभ्रास्था की टीम काम कर रही थी। उन्होंने 2016 खत्म होने के करीब ही इम्फाल में अपना ठिकाना बनाया और करीब छह महीने वहां व्यतीत किये। उन्होंने चुनावी मुद्दों की पहचान करने के लिए विस्तार से लोगों के इंटरव्यू करे, यात्राएं कीं और सर्वे किए और रणनीति में मदद की। उन्होंने संवाद की रणनीति को भी आकार दिया जिसे अंततः माधव ने मंजूरी दी थी।

परंतु मणिपुर के चुनाव सिर्फ मुद्दों और संवाद के ही बारे में नहीं थे।

राज्य में दर्जनों भूमिगत संगठनों की मौजूदगी जिनका प्रदेश के महत्वपूर्ण हिस्सों पर प्रभाव था और वे यह निर्धारित कर सकते थे कि कौन और कैसे वोट करेगा, भाजपा ने ऐसे ही कुछ भूमिगत संगठनों यानी 'यूजी' के साथ वार्ता का रास्ता खोला। राज्य में इन्हें इसी नाम से जाना जाता है। उन्हें कई तरीकों से 'मनाया गया' और आसानी से यह माना जा सकता है कि इसमें धन का प्रलोभन, भविष्य में पुनर्वास का वायदा और राजनीतिक समाधान तथा और भी बहुत कुछ शामिल था।

चुनाव में हर जगह धन का बोलबाला होता है। परंतु इम्फाल में राजनीतिक सूत्रों ने मुझे बताया कि जिस तरह की सौदेबाजी की राजनीति यहां हुई वह चौंकाने वाली थी। यहां पर एक हजार रुपए से लेकर पांच हजार रुपए तक में वोट सीधे खरीदे जाते हैं। इसका मतलब यह हुआ कि भाजपा को भी बहुत अधिक संसाधनों का इस्तेमाल करना पड़ा होगा जो कुछ हद तक दिल्ली से और कुछ पूर्वोत्तर के उन राज्यों से आए, जहां वह शासन कर रही थी।

यह सवाल करने पर कि क्या लोगों के लिए पैसा लेकर और फिर

अपनी इच्छा के मुताबिक वोट देना संभव था? मणिपुर के एक नेता ने कहा, ''यह आसान नहीं है। हमारे यहां छोटे छोटे निर्वाचन क्षेत्र और मतदान केन्द्र हैं। यह अनुमान लगाना आसान है कि किस परिवार ने किस तरह से मतदान किया है।''

एक और अंदरूनी चुनौती थी।

भाजपा में कई सत्ता केन्द्र थे जो मणिपुर के चुनावों में अपना दखल रखने का प्रयास कर रहे थे। ''इस वजह से टिकट वितरण और रणनीति को लेकर टकराव भी हुआ और भाजपा में कई लोगों का मानना था कि यदि असम की तरह ही स्पष्ट रूप से अधिकारों का विभाजन हुआ होता और राम माधव को पूरा अधिकार मिला होता तो हो सकता है कि पार्टी और अधिक सीटें जीती होती।

जब चुनाव के नतीजे आए तो भाजपा को सबसे अधिक मत मिले लेकिन उसे कांग्रेस की 28 सीटों की तुलना में काफी कम अर्थात21 सीटें ही मिलीं।

फिर भी, मैदानी हकीकत में जनादेश ने कांग्रेस को ठुकरा दिया था, भाजपा ने तत्काल ही गठबंधन तैयार किया। राजग के घटक दलों, जिन्होंने अलग अलग चुनाव लड़ा था, और कांग्रेस से पाला बदल कर आए कुछ लोगों के समर्थन से पार्टी ने बहुमत हासिल कर लिया था।

भाजपा सही मायने में एकता सरकार बनाने में कामयाब हो गयी थी जिसमें नागा पार्टी, नागा पीपुल्स फ्रंट गठबंधन में शामिल थे। माधव तर्क देते हैं, ''जिस तरह से पीडीपी और भाजपा को साथ लाना ऐतिहासिक घटना थी, मेरा मानना है कि हमने मणिपुर में जो हासिल किया है वह भी समान रूप से ऐतिहासिक है। दो प्रमुख ताकतें मैतेई और नागा, जो अलग अलग राजनीतिक दलों का प्रतिनिधित्व करते हैं, एक साथ आ गये।'' दो समुदायों के बीच राज्य में चल रही राजनीति कुल जमा शून्य का खेल हो गयी और राजग इसे तोड़ने में सफल रहा था।

शपथ ग्रहण समारोह में राम माधव एक और विजय के सेहरे के साथ

पहली पंक्ति में बैठे थे। यदि असम के नतीजों के बाद वह और हिमंत सरमा व्यक्तिगत रूप से तरूण गोगोई को शपथ ग्रहण समारोह के लिए आमंत्रित करने गए थे तो इस बार, इम्फाल में वह कांग्रेस के निवर्तमान मुख्यमंत्री इबोबी सिंह के बगल में बैठे थे।

2015 के एंग्री मैन एन बीरेन सिंह ने नए मुख्यमंत्री के पद की शपथ ली। रजत सेठी को उनका सलाहकार नियुक्त किया गया था।

मणिपुर चुनावों ने भाजपा की निरंतर व्यावहारिकता और दूसरे संगठनों से नेताओं को, जिनका समुचित प्रभाव था,अपनाने के प्रति अपनी इच्छा मंशा जाहिर कर दी थी। अधिकांश लोगों का मत था कि यह वास्तव में भाजपा के कांग्रेसीकरण का प्रतीक हो सकता है। सिंह भाजपा के एकमात्र मुख्यमंत्री हैं जो पुराने कांग्रेसी हैं।परंतु पार्टी को पूरा भरोसा है कि ये उसके वैचारिक मूल्यों को हलका किए बगैर ही उसकी ताकत बढ़ाएंगे।

वास्तव में, चुनाव ने यह दिखाया कि चुनावी सफलता की तलाश में भाजपा में वैचारिक रुख के मामले में लचीलापन है। उसने इतिहास में एक दूसरे से टकराव में उलझे दो पक्षों, मैतेई और नागा को एकसाथ किया और दोनों से ही समर्थन प्राप्त किया और खुद को नागरिक अधिकारों और अल्पसंख्यक अधिकारों की चौंपियन की तरह पेश किया।और इससे यह भी नजर आता है कि इम्फाल की जबदस्त रैली के साथ मोदी की अपील प्रांतों में नीचे तक पहुंची और यह चुनाव का एक निर्णायक बिन्दु था।

परंतु इस जीत का प्रतीकवाद काफी नीचे तक गया।

एक राज्य जिसने देखा कि विभिन्न आन्दोलनों के जरिये भारत में उलझा सबसे ताकतवर अलगाववादी संगठन स्वयंभू 'राष्ट्रवादी' की प्रतिज्ञा करने वाले संगठन के लिए वोट कर रहा था। वैचारिकता में लचीलेपन, अनुकूलन और सहयोग का यह मिश्रण भाजपा को सबसे ऐसे क्षेत्रोंमें अपना विस्तार करने में मदद कर रहा था जो एकदम संभव नहीं था।

8

आधिपत्य का भविष्य

समकालीन भारतीय राजनीतिक परिदृश्य में भारतीय जनता पार्टी की अजेय बढ़त में इजाफा होता ही दिख रहा है। अधिकांश टीकाकार और यहां तक कि कुछ विपक्षी नेता भी यह मानते हैं कि यह अवश्यंभावी है कि 2019 में नरेन्द्र मोदी फिर सत्ता में लौटेंगे।जुलाई के अंत में बिहार के मुख्यमंत्री नीतीश कुमार ने, जिन्हें मोदी को चुनौती देने के लिएराष्ट्रीय नेता के रूप मेंपेश किया गया था,पाला बदल लिया और भाजपा के साथ हो गए और सार्वजनिक रूप से यह घोषणा कर डाली कि अगले चुनाव में प्रधान मंत्री को हराना असंभव है। निश्चित ही मौजूदा परिदृश्य में फिलहाल तो ऐसा ही होने की संभावना लगती है।

परंतु भारतीय राजनीति के बारे में कोई भी भविष्यवाणी नहीं की जा सकती है। और राजनीति के भीतर ही लोकतंत्र के पास चीजों को संतुलित संतुलन करते रहने का अपना ही तरीका होता है। कोई भविष्यवाणी किए बगैर ही, रिकार्ड के आधार पर, विभिन्न पहलुओं पर गौर करना उपयोगी होगा जो भाजपा के भविष्य का निर्धारण करेंगे।

चार ऐसे व्यापक पहलू फैसला करेंगे कि क्या भारत में भाजपा का व्यापक विस्तार और अधिपत्य जारी रहेगा या क्या भाजपा का विजय अभियान रोक लिया जाएगा?

*

यदि भाजपा की सफलता एक बार और मुख्य रूप से नरेन्द्र मोदी की व्यापक अपील वजह से हुई तो मोदी ब्राण्ड का भविष्य ही व्यापक रूप में भाजपा के भविष्य का निर्धारण करेगा। मोदी की सबसे बड़ी सफलता सभी वर्गों में उनकी अपील थी, हालांकि आमदनी के स्तर में गिरावट होने की वजह से इस समर्थन में भी कमी आई। राजनीतिक वैज्ञानिक ई. श्रीधरन के अनुसार 2014 के चुनावों में 38 प्रतिशत उच्च मध्यम वर्ग, 32 प्रतिशत मध्यम वर्ग,31 प्रतिशत निम्न मध्यम वर्ग और 24 प्रतिशत गरीबों ने भाजपा को वोट दिए थे।[10]

एक बार सत्ता में आने के बाद मोदी धनवानों और कार्पोरेट हितों के काफी नजदीक आ गए थे लेकिन उन्होंने शीघ्र ही स्वयं के लिए नई छवि तैयार की। और आज उनके प्रति मध्यम वर्ग का समर्थन बरकरार है लेकिन गरीबों के समर्थन के मामले में उन्हें ऐसा नजर नहीं आ रहा है।

निश्चित ही मोदी इस बात को समझते हैं कि यह सही तरीके से संतुलन रखना जरूरी है। उत्तर प्रदेश विधान सभा चुनाव के नतीजों के बाद 12 मार्च को दिल्ली में पार्टी मुख्यालय में अपने भाषण में प्रधान मंत्री ने नए भारत के दृष्टिकोण की घोषणा करते हुए गरीबों के कल्याण की बातें कीं। उन्होंने कहा, ‘‘मैं गरीबों की क्षमता देख सकता हूं। मैं उनकी ताकत देख सकता हूं। यदि गरीब शिक्षित हो जाये तो वह समाज को ही नतीजे देगा। यदि उसे काम मिलता है तो वह देश के लिए और अधिक सेवा करेगा। गरीब देश की सबसे बड़ी ताकत हैं।’’

लेकिन इसके तुरंत बाद उन्होंने भाषण का प्रवाह बदला, ऐसा लगता है कि वह अपने मूल जनाधार को फिर से भरोसा दिलाने के प्रति जागरूक थे और इस बात का उल्लेख किया कि मध्यमवर्ग ही अक्सर भारी जिम्मेदारी वहन करना है। ‘‘उन्हें ही कर देना पड़ता है। उन्हें नियमों का पालन करना पड़ता है। उन्हें ही समाज के मानदण्डों का पालन करना होता है। उन्हें ही मात्रा के लिहाज से सबसे अधिक आर्थिक बोझ वहन करना पड़ता है। मध्यम वर्ग के इस बोझ को कम करना होगा। मध्यम वर्ग में क्षमता है और

वह सिर्फ यही चाहता है कि इसमें कोई अड़चन नहीं आए और इससे वह पल्लवित होगा।'' पार्टी मुख्यालय में भाजपा के अधिक प्रखर समर्थकों और संगठनात्मक ढांचे का हिस्सा रहे लोगों ने इस बयान का'मोदी मोदी' के नारे लगाकर स्वागत किया।

मोदी ने इसके बाद दोनों को एकसाथ जोड़ते हुए कहा, ''एक बार जब इस देश के गरीब के पास अपना भार उठाने की क्षमता आ जाएगी तो मध्य वर्ग का बोझ स्वतः ही पूरी तरह खत्म हो जाएगा। यदि हम गरीबों की ताकत और मध्यम वर्ग के सपनों को जोड़ सके तो कोई भी भारत को नयी बुलंदियों पर पहुंचने से रोक नहीं सकता।''

इस भाषण में निहित संदेश स्पष्ट है। मोदी इस बात को मानते हैं कि वह मध्यम वर्ग की अपेक्षाओं को पूरा नहीं कर पाए परंतु वह कोई अतिरिक्त वायदा भी नहीं करते हैं, वह यह भी स्वीकार करते हैं कि गरीबों के लिए बहुत कुछ करना है परंतु उनकी उम्मीदों को यह कहते हुए ढाढ़स बंधाते हैं कि प्रगति होने ही वाली है।

क्या मोदी 'सबका साथ सबका विकास' के नारे के साथ बहुवर्गीय सघनता को बनाए रख पाएंगे और क्या वह धनवानों, मध्यम वर्ग और गरीब तबके के नेता बने रहेंगे? अथवा यह विभिन्न समुदायों के बीच शून्य जमा खेल बन कर रह जाएगा? क्या असंतोष का स्वर सबसे पहले उस वर्ग से उभरेगा जो पहले उन्हें सत्ता में लाया और वह है मध्यम वर्ग, भारत का व्यावसायी समाज और युवा? अथवा वह किसानों जैसे तुलनात्मक रूप से वंचित वर्ग से उभरेगा? 2017 के मध्य में हुआ किसानों का आन्दोलन इसी ओर कुछ संकेत कर रहा है।

भाजपा के एक प्रमुख नेता, जो संगठन और सरकार दोनों को ही देखते हैं, संभावित गड़बड़ी वाले क्षेत्र की बात स्वीकार करते हैं।

''हम जो देख रहे हैं वह यह है कि प्रधान मंत्री नए आधार की ओर आगे बढ़ गये हैं। और यह पार्टी के लिए बहुत अधिक लाभ ला रहा है। लेकिन पार्टी के संगठन ने अभी तक खुद को नहीं बदला है। इस समय

सभी एकजुट हैं। परंतु पार्टी का स्वरूप और प्रधान मंत्री का मूल आधार धीरे धीरे छितरा सकता है। और इसीलिए पार्टी को अपने मौजूदा स्वरूप को बदलना होगा। यदि आप का लक्ष्य गरीब मतदाता हैं तो एसयूवी गाड़ी चलाने वाले संपन्न ठेकेदार को आप अपना जिला अध्यक्ष नहीं बना सकते।''

उन्होंने आगाह किया, ''अन्यथा, दो नावों के बीच गिरने और एक अस्थायीआश्चर्य बन कर रह जाने का पूरा खतरा है क्योंकि गरीब हो सकता है शायद न आयें और धनवान और मध्यम वर्ग तथा व्यावसायी समाज कोई विकल्प खोजेगा। इस समय हमें जो मदद कर रहा है वह है राष्ट्रीय स्तर पर कोई चुनौती उपलब्ध नहीं होना।''

यदि गरीबों, निम्न मध्यम वर्ग और कम प्रभुत्व वालों पर ध्यान केन्द्रित करने का सिलसिला जारी रहा तो क्या उच्च मध्यम वर्ग और मध्यम वर्ग का भाजपा का पारंपरिक आधार मोदी को पीछे धकेलेगा?

सेवानिवृत्त नौकरशाह शक्ति सिन्हा राजनीति की परख और शैक्षणिक दिलचस्पी वाले व्यक्ति हैं। सिन्हा ने 1990 के दशक के अंत में प्रधान मंत्री कार्यालय में अटल बिहारी वाजपेयी के साथ काम किया है और उन्हें संस्थान के भीतर और नेता की कार्यशैली की बेहतर जानकारी है। वह अब नेहरू स्मारक संग्रहालय और पुस्तकालय के मुखिया हैं।

वह बताते हैं, ''आज क्या हो रहा है कि भले ही पारंपरिक समर्थक पहले की तरह उपलब्ध नहीं हैं लेकिन उनके विचार आज भी प्रचलित हैं। भारत राष्ट्र का विचार, अखिल भारतीय पहचान, एक सशक्त राष्ट्र, विरोधियों के सामने खड़े होने की इच्छा, अंतरराष्ट्रीय स्तर पर भारत का उदय, आर्थिक विकास, आधुनिकता और बुनियादी संरचना आदि जैसे सारे विचार उनके विवेक का हिस्सा हैं और यह दर्शाता है कि उन्होंने कैसे भारत की कल्पना की है।और मोदी का व्यापक संदेश और एजेण्डा इन्हीं विषयों के इर्दगिर्द घूमता है।' सिन्हा कहते हैं, मोदी की समाज के विभिन्न वर्गों से की गई अपील ने ही उन्हें 'इतना ताकतवर बना दिया जैसा जनसंघ या भाजपा ने अपने इतिहास में पहले कभी नहीं देखा था।'

मूलरूप से, यह सवाल कि क्या मोदी अपनी अपील को कायम रख सकेंगे,उनकी नीतियों, उनके निष्पादन और शासन पर निर्भर करता है।

2017के मध्य में देश की अर्थव्यवस्था ने गंभीर चुनौती पैदा की। विकास दर कम हो गई, माल एवं सेवा कर (जीएसटी) व्यवस्था लागू होने से भी देश भर में व्यावसायिक गतिविधियां अव्यवस्थित हुई हैं, राजेगारों का सृजन नहीं हो रहा है, निजी निवेश भी कम हो गया है, सूचना प्रौद्योगिकी (आईटी) जैसे प्रमुख क्षेत्र में नौकरियों में कटौतियां हो रही हैं, नोटबंदी के बाद के असर नजर आने लगे हैं, अच्छे कृषि सत्र के बावजूद मुख्य राज्यों में किसान आन्दोलनरत हैं। प्रमुख नीति निर्धारक स्वीकार करते हैं कि बेरोजगारी में हो रही वृद्धि राजनीतिक और आर्थिक दोनों ही तरह की परेशानियों का प्रतिनिधित्व कर रही है, क्योंकि हर महीने करीब दसियों लाख युवा श्रमशक्ति में जुड़ रहे हैं। 2019 के चुनाव नजदीक आ रहे हैं,पर 'अच्छे दिन' का वायदा पूरा करने के दावे की संभावना क्षीण हो रही है। सरकार को जल्द ही जनता में पनप रहे असंतोष को शांत करना होगा, मध्यम वर्ग के सपनों को साकार करना होगा, सिर्फ रोजगार के अवसर प्रदान करने के साथ ही गरीबों के उत्थान पर ध्यान केन्द्रित देना होगा ताकि मोदी की अपील बरकरार रहे।

*

राजनीति, विरोधाभासों के प्रबंधन की कला है। और यदि मोदी की अपने समर्थकों के विभिन्न वर्गों के बीच व्याप्त अस्थिर विरोधाभासों के साथ सामन्जस्य स्थापित करने का कौशल एक अहम कारक है तो भाजपा की विभिन्न जातियों के बीच - जो अक्सर ही सीधे एक दूसरे के साथ टकराव की स्थिति में होती हैं - विरोधाभास से समझौता करने का कौशल एक दूसरा कारक होगा, जो चुनावी सफलता को तय करेगा।

उप्र को ही ले लीजिए।

जैसा कि इस पुस्तक में दर्ज किया गया है, भाजपा की असली सफलता उसका अपने सामाजिक आधार का विस्तार करने में सफल रहने में था।

यह उसके पुराने जनाधार की कीमत पर नहीं हुआ था। ब्राह्मण और ठाकुर सरीखी सवर्ण जातियां 2014 और 2017 के चुनावों में पार्टी के साथ एकजुट होकर खडी थीं। परंतु वह इनसे आगे निकल कर पिछड़ेवर्गों, खासकर, यादवों के प्रभुत्व से असंतुष्ट समूहों और दलितों, खासकर, जाटवों के प्रभुत्व से आहत 'नजर नहीं आने वाली जातियों' तक़ पहुंचने में कामयाब रही थी।

क्या यह व्यापक गठबंधन टिकाऊ होगा?

सरकार के संरक्षण, संसाधनों, सत्ता तक पहुंच के लिए ये जाति समूह एक दूसरे से प्रतिस्पर्धा करते रहते हैं। चूंकि सीमित अवसर ही उपलब्ध हैं, इसलिए कुछ जातियों के समूह और जाति समूह के अंदर के कुछ व्यक्तिअपने हिस्से ज्यादा स्थान हथियाने में कामयाब हो जाते हैं।विभागीय नीतियां भी, जिस तरह से इन पर अमल होता है, अक्सर इसी तरह के खेल का शिकार हो जाती हैं यानी एक सड़क का निर्माणया फिर योजनाओं पर कारगर तरीके से अमल इस बात पर निर्भर करता है कि क्या उस गांव के लोग सत्तारूढ़ दल के समर्थक हैं। संस्थागत कमजोरियों की वजह से राजनीतिक सत्ता तक पहुंच ही अक्सर यह भी तय करती है कि क्या एक जाति विशेष के व्यक्ति की स्थानीय थाने में पहुंच है और क्या थाना उसकी शिकायतों को महत्व देता है।

इसी दोषपूर्ण राजनीतिक शासन के मॉडल ने ही वास्तव में भाजपा के सत्ता में आने का रास्ता तैयार किया। समाजवादी पार्टी और बहुजन समाज पार्टी के शासनकाल के दौरान सत्ता के दायरे से बेदखल महसूस करने वाली जातियां 'सबका साथ, सबका विकास' के मोदी के नारों की वजह से उनके पीछे एकजुट हो गईं।

परंतु वायदों को पूरा करने के लिए भाजपा के सामने शासन के समूचे मॉडल को ही नया रूप देने की जरूरत है। उसे ऐसी संरचना का सृजन करना है जिसमें शिकायतकर्ता की जाति पर ध्यान दिए बगैर ही स्थानीय पुलिस अधिकारी उस पर ध्यान दें और सत्ता के समीकरण में उस जाति की क्या स्थिति है। उसे सक्षमता के आधार पर व्यक्तियों की प्रमुख पदों

पर नियुक्ति करनी होगी न कि इसलिए कि अमुक व्यक्ति उस जातीय समूह का है जिसने चुनावों के दौरान भाजपा का समर्थन किया था। उसे विकास कार्यों वाली संस्थाओं को इस तरह से रास्ते पर लाना होगा कि उससे पक्षपातपूर्ण संबद्धता के आधार पर नहीं बल्कि सभी को लाभ मिले।

यह एक बड़ा काम है।

और यही वजह थी कि विरोधाभास अवश्यंभावी हो जाते हैं। उप्र में अनेक लोगों का मानना हैकि योगी आदित्यनाथ सरकार के पहले सौ दिन की मुख्य बात 'ठाकुरवाद' है, यह ठाकुरों की सत्ता की राजनीतिक और प्रशासन में अपनी स्थिति मजबूर करने के संदर्भ में है जो योगी की अपनी जाति का समूह है। आंकड़ों से पता चलता है कि यह पूरी तरह सही नहीं है। हालांकि सच्चाई यह है कि सवर्ण जातियों की सत्ता में सबसे अधिक हिस्सेदारी हो गई है। योगी सरकार के सत्ता में सौ दिन के बाद जून, 2017 तक पुलिस में नियुक्तियों के बारे में कराए गए एक सर्वेक्षण से पता चला कि पुलिस के 75 जिला अधीक्षकों में 42 सवर्ण जातियों के थे। इनमें 20 ब्राह्मण और 13 ठाकुर थे। योगी सरकार के 46 मंत्रियों में से 25 सवर्ण जातियों के थे। सहारनुपर में ठाकुरों और दलितों के बीच झड़प हुई और दलितों के बीच कड़े शब्दों में यही कहा जा रहा है कि पुलिस ने अब अपना ही आदमी मुख्यमंत्री होने की वजह से ठाकुरों का साथ दिया। पिछड़े समुदायों में अधिकांश अब यह महसूस करने लगे हैं कि हालांकि उनके मतों से ही भाजपा सत्ता में आयी परंतु उन्हें अभी तक लाभ में अपना हिस्सा नहीं मिला है।

व्यापक गठबंधन के आधार पर चुनाव जीतने की अपनी राजनीतिक चुनौतियां होती हैं। उत्तर प्रदेश में भाजपा की पहली प्राथमिकता '60 प्रतिशत'–सवर्ण जातियों, गैर यादव पिछड़े और गैर जाटव दलितों–को एकजुट रखना होगी।उसे उन शेष 40 फीसदी मुस्लिम, यादवों और जाटवों को भी संभालना होगा जो भाजपा के नेतृत्व में जीतने वाले गठंबधन से बाहर थे, परंतु वे व्यवधान पैदा करके सरकार के समक्ष चुनौतियां खड़ी करने

वाला ताकतवर सामाजिक समूह हैं।

लेकिन यह सिर्फ सभी सामाजिक समूहों को खुश रखने के बारे में नहीं है। भाजपा और उसके असली वैचारिक गुरु आरएसएस की असली परीक्षा तोयह है कि क्या वह भरोसे और सोच में बदलाव लाने के साथ ही अपने सवर्ण जाति के मूल आधार का सामंजस्य अधीनस्थ लोगों की दावेदारियों के साथ स्थापित कर सकेगा।

संघ बदल रहा है। वह जानता है कि हिंदू एकता की उसकी तलाश उस समय तक अधूरी रहेगी जब तक वह यह स्वीकार नहीं कर ले कि हिंदू समाज में भेदभाव, असमानता और वर्गीकरण रहा है। वह इस सिद्धांत को स्वीकार करने में सहज है परंतु वह इसके अंतिम परिणाम के प्रति सचेत है और वह है सामाजिक रिश्तों को दर्ज करने की आवश्यकता।अतः जाति के सवाल पर संघ का नजरिया न्याय के लिए स्वीकार करने की आवश्यकता और किसी भी तरह कीउथल-पुथल से बचने की आवश्यकता के बीच झूल रहा है। कांग्रेस पार्टी की तरह ही उसका अपना सवर्ण जाति का चरित्र,विशेषकर नेतृत्व के स्तर पर, स्वयं की पैतृक स्थिति, ऊपर से नीचे सुधार की धारणा प्रदान करता है जो अब सशक्त पिछड़े समुदायों के लिए अरुचिकर है।

यही वह चिंता है जो बिहार चुनाव के दौरान मोहन भागवत के बयान में झलक रही थी। यही वह रवैया है जो भाजपा में अधिकांश लोगों में व्याप्त है और यही पिछड़े समुदायों और दलितों, खासकर आंबेडकरवादियों में पार्टी की इस मंशा के प्रति गहरा संदेश पैदा करता है जिसे वे सवर्ण जातियों की अपना वर्चस्व बनाए रखने की साजिश के रूप में देखते हैं। बिहार से भाजपा के एक प्रमुखा नेता स्वीकार करते हैं, ''हम अभी भी पिछड़ों और दलितों की स्वाभाविक पार्टी नहीं हैं। अभी सिर्फ यही बदला है कि हम उनके लिए अछूत नहीं है। अभी यह कमजोर है। वे अभी देख रहे हैं। और जब तक 'सबका साथ सबका विकास' जमीनी हकीकत में नहीं बदलता है और जब तक वे अपने नेताओं के लिए पार्टी में सभी स्तरों पर महत्वपूर्ण स्थान नहीं देखते हैं और जब तक वे हमे सवर्ण जातियों के खिलाफ संघर्ष में

अपनी ओर नहीं देखते हैं, वे हम पर पूरी तरह विश्वास नहीं करेंगे। यही हमारे लिए असली परीक्षा है।''

यह परीक्षा ही निर्धारित करेगी कि भाजपा एक समेकित हिंदू पार्टी बनेगी या एक फिर सिकुड़ेगी। यही यह भी निर्धारित करेगा कि क्या भाजपा लगातार चुनाव जीतेगी या वापस विपक्षी सीटों पर आ जाएगी जहां उसने अपना अधिकांश राजनीतिक जीवन गुजारा है।

*

चूकिए मत। अपनी हिंदू पृष्ठभूमि पर जोर देने और साथ ही मुसलमानों और 'धर्मनिरपेक्ष' राजनीतिक दलों, जो मुसलमानों की ही हिमायत करते हैं, के प्रति असंतोष पैदा करने की प्रक्रिया ने भी भाजपा की मदद की। इसी तलाश में पार्टी जानबूझ कर छल-प्रपंच के हथकंडों का इस्तेमाल करने की इच्छुक रहती है। वह सांप्रदायिक सद्भाव को भंग करने की भी इच्छुक है। यही नहीं, वह छोटे स्तर पर टकराव और यहां तक कि दंगा भड़काने के लिए भी तैयार है।

अधिकांश लोग भाजपा को हिस्सों में देखते हैं, ऐसी पार्टी जो विकास और संपन्नता में विश्वास करने वाला एक आधुनिकतावादी संगठन है और एक एक हिंदू पुनर्जागरण पार्टी है जो नफरत की राजनीति में भरोसा करती है। और वे पहले वाली दृष्टि की सराहना करते हुए आशा करते हैं कि दूसरा रूप विलुप्त हो जाएगा या दलील देते हैं कि इसी वजह से भाजपा पीछे रह जाती है।

यह एक नकली और गलत बंटवारा है। भाजपा दोनों ही है। वह एक हिंदू पार्टी है। इसके नेताओं और समर्थकों में मुसलमानों के प्रति बहुत गहराई तक असंतोष व्याप्त है। वह राजनीतिक सत्ता की चाहत में हिंदू-मुस्लिम में दूरी बढ़ाने के लिए अपना हमला तेज करने में भी संकोच नहीं करती है। वह इसमें भी विश्वास करती है कि भारत को विश्व मंच पर महत्वपूर्ण स्थान दिलाने के लिए बुनियादी संरचना, निवेश और आधुनिक अर्थव्यवस्था भी जरूरी है।

इस फार्मूले ने उसके लिए बढ़िया काम किया है। "2014 के चुनावों में दोनों ही पहलू थे। उप्र चुनाव में भी, जैसा कि इस पुस्तक में दर्ज किया गया है, हिंदुत्व के प्रखर तत्व के साथ ही भाजपा ने सभी के लिए विकास का वायदा भी किया था। वास्तव में, अक्सर ही ये दोनों पहलू एक दूसरे से जुड़े थे, पार्टीदावा करती थी कि सपा के शासन में मुस्लिम समुदाय को आवश्यकता से अधिक लाभ पहुंचाया गया और अब वह समानता बहाल करेगी।

परंतु सिर्फ मुस्लिम विरोधी राजनीति अपने आप में अकेले ही भाजपा को चुनाव जिताने के लिए पर्याप्त नहीं है।

और इसीलिए पार्टी का भविष्य इस बात पर निर्भर करता है कि वह किस तरह से हिंदुत्व कार्ड का उपयोग करती है। उप्र के मुख्यमंत्री पद पर योगी आदित्यनाथ की नियुक्ति, कुछ हद तक, जनादेश के 'हिंदू' स्वरूप और हिंदू एकता, जो उसका हिस्सा है, के प्रति कृतज्ञता व्यक्त करती है। गैरकानूनी बूचड़खानों के खिलाफ कार्रवाई हो सकता है कि कानून और पर्यावरण विनियमनों के दायरे में की गयी हो परंतु यह मुस्लिम समुदाय के लिए एक संकेत था। और गौ रक्षा के नाम पर 2015 में मोहम्मद अखलाक की भीड़ द्वारा पीट पीट कर की गयी हत्या से लेकर 2017 में पहलू खान की हत्या तक हमने हिंदुत्व के नाम पर सबसे अधिक हिंसक रूप देखा है। भाजपा और संघ की अपनी व्यवस्था भले ही इससे दूरी बना ले और इसके लिए हाशिए के तत्वों को जिम्मेदार ठहराए, परंतु इस बात से इन्कार नहीं किया जा सकता कि राजनीतिक नेतृत्व इससे पूरी गंभीरता से नहीं निबटा जिससे यह निष्कर्ष निकाला जा रहा है कि उसकी इसे मौन स्वीकृति है।

गौ रक्षा की राजनीति, वास्तव में, भाजपा के लिए हिंदुत्व की राजनीति में संलिप्तता की ओर ही इशारा करती है।

पार्टी में अधिकांश लोग न तो इस तरह की हत्याओं को लेकर चिंतित हैं और न ही इसकी आलोचना कर रहे हैं जो आमतौर पर ऐसी घटनाओं के बाद होती है। उनका मानना है कि यह हिंदुओं को संगठित करने में

पार्टी के लिए मदद कर रहा है। पार्टी के नेता कहते हैं, "हिंसा गलत है। परंतु मूल प्रश्न यह है कि क्या हमें गाय का सम्मान करना चाहिए या नहीं?क्या हमें इस देश के हिंदुओं की भावनाओं का सम्मान करना चाहिए या सिर्फ अल्पसंख्यकों की भावनाओं और अधिकारों का सम्मान होना चाहिए? क्या हिंदुओं की भावनाओं को आहत करते हुए बीफ के सेवन की अनुमति दी जानी चाहिए?"

इस विचारधारा वाले वर्ग का तर्क है कि ये घटनाएं इस मुद्दे पर अभिप्राय का धुव्रीकरण करती हैं। और जब धुव्रीकरण होता है तो यद्यपि इसकी समीक्षा हो सकती है, फिर भी समाज का एक वर्ग ऐसा है जो इस मुद्दे पर संगठित हो जाता है। "गौ रक्षा हमारा पुराना एजेण्डा है। परंतु आज, देश इस बारे में बात कर रहा है। आपको हो सकता है कि यह पसंद नहीं हो, परतु सड़कों पर हिंदुओं के लिए यह हिंसा नहीं बल्कि गौ रक्षा का मुद्दा है जो महत्वपूर्ण है।"

लेकिन यह कोई सीधी सुस्पष्ट पटकथा नहीं है, और यहां तक कि संघ-भाजपा की व्यवस्था के भीतर भी इस बात को स्वीकार किया जा रहा है कि इसी तरह की लड़ाई की राजनीति ही उसे मंहगी पड़ी है।

पहली बात भाजपा की राष्ट्रीय महत्वाकांक्षा है।

भाजपा की 2019 की रणनीति पूर्वोत्तर और दक्षिण के राज्यों में अपनी उपस्थिति के विस्तार पर टिकी हुई है। वास्तव में, पूर्वोत्तर एक एक ऐसा क्षेत्र है जहां भाजपा ने गौ संरक्षण और बीफ के सेवन के बारे में कुछ भी नहीं बोला है। वह जानती है कि इस तरह के उसके किसी भी कदम को इस क्षेत्र में उत्तर भारतीय हिंदू आचार विचार थोपने के रूप में देखा जायेगा जहां उपराष्ट्रवाद की भावना बहुत ही बलवती है और यह चुनावी दृष्टि से आत्मघाती हो सकती है। परंतु क्या इस क्षेत्र को देश के शेष हिस्से में जो कुछ भी हो रहा है उससे अलग रखा जा सकता है? उत्तर प्रदेश में भाजपा से जुड़े तत्व जो कुछ भी कर रहे हैं, उसको केरल में भाजपा के विस्तार की योजनाओं से, जहां बीफ महोत्सव का आयोजन होता है, कैसे अलग किया जा सकता है? इस मुद्दे पर मेघालय जैसे राज्यों में भाजपा नेताओं

द्वारा पार्टी छोड़ने की घटनाएं हो चुकी हैं।

दूसरी बात, उसके अपनी ताकत वाले मुख्य इलाकों में, ऐसा प्रतीत नहीं होता है कि इस तरह की गौ राजनीति वास्तव में हिंदुओं को संगठित कर रही है। वास्तव में, यह 2014 में भाजपा के साथ जाने वाले शहरी, मध्यम वगीय हिंदू मतदाताओं के एक वर्ग को उससे दूर कर रही होगी।

मुंबई बैंकरों से लेकर गुरुग्राम के उद्यमी तक सभी मोदी के प्रबल समर्थक हैं। लोगों ने गौ रक्षा के तरीके को अस्वीकार किया है और इसे रोकने के लिए भाजपा द्वारा पर्याप्त कदम नहीं उठाने पर निराशा भी जताई है। 2014 के चुनावों के दौरान पार्टी का समर्थन करने वाले दक्षिणी पक्ष के टीकाकारों ने भी पार्टी के रुख की निरंतर आलोचना की है। क्या वे इस तरह की राजनीति से असहज महसूस कर रहे थे या उन्हें इतना पीछे धकेल दिया गया था कि भाजपा के खिलाफ हो गए, यह स्पष्ट नहीं है। परंतु पार्टी को 2014 के चुनाव में उसे मिले अधिक मतों पर इस तरह की अतिवादी राजनीति के परिणामों पर पैनी निगाह रखनी होगी।

और तीसरी बात, यह भाजपा के व्यवस्था और शासन बहाल करने दावों को खोखला बना रही है। भीड़ की हिंसा, बल पर राज्य के एकाधिकार की बुनियाद पर चोट कर रही है। यह असुरक्षा को जन्म देती है। यह बड़े पैमाने पर अराजकता फैला सकती है और बड़ी हिंसा को जन्म दे सकती है।

निश्चित ही, प्रधान मंत्री नरेन्द्र मोदी, जिनकी महत्वाकांक्षा एक वैश्विक नेता के रूप में पहचाने जाने की है, ऐसा लगता है कि इस तरह की गौरक्षा के नाम पर हिंसा और हिसा के खतरों को समझते हैं। जून महीने के अंत में अहमदाबाद में स्थित साबरमती आश्रम में मोदी ने 'गौ भक्ति' के नाम पर इस तरह की हिंसा की सार्वजनिक रूप से निन्दा की और कहा कि समाज में हिंसा के लिएकोई जगह नहीं है और उन्होंने महात्मा गांधी को, जो गौ रक्षा में विश्वास करते थे, यह कहते हुए उद्धृत किया कि वह कभी भी इसे स्वीकृति नहीं देते।

भाजपा वैचारिक और चुनावी कारणों से हिंदू कार्ड लगातार खेलती

रहेगी। इसके नेता अक्सर दावे करते हैं कि हिंदुओं को संगठित करना जहां उसका चुनावी हथकण्डा भले है, उसकी सरकार की रणनीति सबका साथ, सबका विकास की ही है। यह बहस का विषय है। परंतु एक बात स्पष्ट है कि भाजपा की भावी राजनीति इस पर टिकी हुई है कि वह कैसे हिंदुत्व की राजनीतिक को बढ़ाती है, क्या यह राजनीति पार्टी को ही डुबो देगी या क्या पार्टी परिस्थितियों, समय और संदर्भ के अनुसार इसका इस्तेमाल करेगी और क्या यह भाजपा के सही मायने में राष्ट्रीय पार्टी बनने की उसकी योजना में सहयोगी होगी अथवा उसे कमजोर बना देगी।

*

अंतिम कारक जो भाजपा के भविष्य का फैसला करेगा उसका इससे कोई संबंध नहीं है कि उसने क्या किया और क्या नहीं किया। आप हमेशा ही सिर्फ अपने दम पर चुनाव नहीं जीतते हैं। दूसरा पक्ष चुनाव हारता है। और 2014 से ही इसमें कोई संदेह नहीं है कि भाजपा के उदय में विपक्ष की स्थिति का भी योगदान रहा है। क्या कांग्रेस एकजुट होकर काम करने, क्या क्षेत्रीय 'धर्मनिरपेक्ष' और 'समाजवादी न्याय' वाले दल अपनी जमीन पुनः हासिल करने और क्या गैर भाजपा दल एकजुट होकर यह निर्णय करने में बड़ी भूमिका निभाने में सफल होंगे कि मोदी कितने समय तक प्रधान मंत्री आवास में रहेंगे जिसका हाल ही में नया नामकरण लोक कल्याण मार्ग, नयी दिल्ली कर दिया गया है।

कांग्रेस में, परिवार और पार्टी के बीच पुराना करार सरल था कि परिवार वोट लाएगा और पार्टी उसके प्रति वफादार बनी रहेगी। परिवार अब मतदाताओं को आकर्षित करने में सक्षम नहीं है परंतु कांग्रेस अभी भी टिकी हुई है। परिवार के एक सदस्य के शीर्ष पर काबिज रहे बगैर यह एकीकृत पार्टी नहीं रह सकती क्योंकि दूसरे नंबर के किसी भी नेता को अन्य कोई नेता पार्टी के बॉस के रूप में स्वीकार्य नहीं होगा। और इसीलिए उसे इंतजार है कि एक न एक दिन राहुल गांधी इसकी कमान लेकर परिणाम दिलाएंगे। ऐसा कुछ होने के कोई संकेत नहीं हैं।

क्षेत्रीय दल जिन्होंने धर्मनिरपेक्षता और सामाजिक न्याय के नाम पर चुनाव लड़ा था, लगातार भाजपा के दबाव में हैं। और इसी वजह से पार्टी यह कहानी गढ़ने में सफल रही है कि धर्मनिरपेक्षता का मतलब ही अल्पसंख्यकों को बढ़ावा देने और सामाजिक न्याय का तात्पर्य एक या दो पिछड़ी जातियों को दूसरी जातियों की कीमत पर सत्ता सौंपना है। भले ही यह उचित या प्रासंगिक नहीं हो परंतु निश्चित रूप से ये इन गठबंधनों पर खुद पर नये सिरे से आत्मनिरीक्षण करने के लिए दबाव तो बनाती हैं। जब तक वे ऐसा करने में सफल नहीं होंगे, वे भाजपा के निशाने पर रहेंगे।

और अंततः, भाजपा को हटाने और उसके भविष्य का निर्धारण विपक्षी एकता के इंडेक्स पर निर्भर करेगा।

बिहार में, नीतीश कुमार-लालू प्रसाद-कांग्रेस के महागठबंधन ने काम किया और भाजपा मतों में सम्मानजनक हिस्सा प्राप्त करने के बावजूद इस गणित को मात नहीं दे सकी जब चतुर्कोणीय चुनाव में तीन अन्य दलों ने मिलकर चुनाव लड़ा। उत्तर प्रदेश में, अखिलेश यादव और राहुल गांधी का गठबंधन था परंतु यह महागठबंधन नहीं था। मायावती, जिनके पास 20 प्रतिशत वोट थे, गठबंधन से बाहर ही थीं। भाजपा विरोधी मत बंट गये और मोदी सहजता से विजय की ओर बढ़ गये।

पहला, एक बार फिर सभी दलों को एकजुट करने के प्रयास किए जा रहे हैं। नीतीश कुमार के पाला बदल कर राजग में जाने से इन योजनाओं को करारा झटका लगा है। परंतु अन्य के लिए राजनीति में बने रहने की लालसा उन्हें एकजुट किए हुए है। ये राजनीतिक दल जानते हैं कि अलग अलग रहकर वे मोदी के विजय रथ को नहीं रोक पाएंगे, इसलिए सामूहिक कार्रवाई ही उनकी उम्मीद का सहारा है। निश्चित ही यह भाजपा के लिए एक कड़ी चुनौती पेश करेगा।

हालांकि, एकजुट विपक्ष को भी चार चुनौतियों से रूबरू होना पड़ेगा। पहली तो यह कि नेतृत्व को लेकर इनमें कोई आम सहमति नहीं है। क्या राहुल गांधी किसी क्षेत्रीय नेता का नेतृत्व स्वीकार करेंगे? क्या ममता बनर्जी

जैसी ताकतवर क्षेत्रीय नेता राहुल गांधी को स्वीकार करेंगी? राष्ट्रपति पद जैसे चुनाव की तरह, खासकर नरेन्द्र मोदी के खिलाफ, पहले ही एक सर्वमान्य चेहरा खोजना जरूरी है। परंतु इस मुद्दे पर किसी भी तरह की एकराय बनाना ऐसे किसी भी गठबंधन के लिए सबसे बड़ी चुनौती है और हां, यह इसके अस्तित्व में आने से पहले ही ढहने का संकेत भी हो सकता है।

दूसरा, इस विपक्षी गठबंधन के पास एक भरोसेमंद मकसद का होना आवश्यक है। यदि 'मोदी हटाओ' ही एकमात्र संदेश हो और वे एकसाथ बंधे रहें तो उनके सामने चुनौती है। मोदी इसे ठीक उसी तरह पेश करेंगे जैसे इन्दिरा गांधी ने किया था। वह इसे भारत से गरीबी हटाने और विकास के लिए प्रतिबद्ध व्यक्ति और छोटे, इधर उधर बिखरी और हताश दलों के गठबंधन के बीच संघर्ष के रूप में पेश करेंगे जो सिर्फ उनके खिलाफ नफरत फैलाने के लिए एकजुट हुए हैं।

तीसरा, एक महागठबंधन अपने आप में सफलता की गारंटी नहीं है। सभी नागरिकों के पास साधन होते हैं। प्रत्येक व्यक्ति स्वतंत्र रूप से अपने मत के बारे में निर्णय लेता है।और यहां तक कि पूरा समुदाय ही नहीं बल्कि परिवार के सदस्य भी एकसाथ मत नहीं देते हैं। इसका तात्पर्य यह हुआ कि मतों का मिलना अब आसान नहीं है। कोई भी गठबंधन उन्हीं परिस्थितियों में जीतेगा यदि उसके विश्वसनीय संदेश, जमीनी स्तर पर संगठनात्मक सामन्जस्य और स्वाभिवक हित मिलते हों। शीर्ष स्तर से फरमान काम नहीं करता है।

और अंत में, यह इस समस्या को हल नहीं करता कि द्विपक्षीय स्थिति में, जहां भाजपा की सीधे कांग्रेस से प्रतिस्पर्धा है और उसने बहुत ही शानदार प्रदर्शन किया है। कांग्रेस राजस्थान, गुजरात और मध्य प्रदेश राज्यों में पिछले लोक सभा चुनावों में बुरी तरह पराजित हो गई। विपक्षी एकता इन राज्यों में कांग्रेस को पुनर्जीवित नहीं कर सकती है। और इसलिए, विपक्ष एक बार फिर किस तरह अच्छा करता है यह इस बात पर निर्भर करता है कि कांग्रेस प्रदर्शन कैसा करती है और यही भाजपा के भविष्य का निर्धारण करेगी।

*

भारतीय लोकतंत्र में भारतीय जनता पार्टी का उत्थान परिवर्तनकारी की तरह हुआ है। यह ताकतवर बनी रह सकती है, यह वर्चस्वशाली भी हो सकती है या फिर यह उतनी ही तेजी से नीचे आ सकती है, जिस तरह से उसका उत्थान हुआ। परंतु मिली जुली रणनीतियों के माध्यम से पार्टी ने भारत में राजनीतिक मुकाबले के स्वरूप को ही बदल दिया है और वह यह पुनर्परिभाषित करने की राह पर है कि भारतीयता का मतलब क्या होता है।

अब यह स्पष्ट हो गया है कि भाजपा ने सत्ता कैसे प्राप्त की। परंतु चुनाव जीतना शासन करने से आसान है। भारतीय जनता पार्टी द्वारा इतनी मेहतन से हासिल की गयी राजनीतिक ताकत के इस्तेमाल का तरीका ही यह निर्धारित करेगी कि क्या नरेन्द्र का 'नए भारत' का सपना पूरा हुआ।

नोट्स

1. 'बीजेपीज 2014 रीसर्जेन्स', प्रदीप छिब्बर और राहुल वर्मा, *इलेक्टोरल पॉलिटिक्स इन इंडियाः रीसर्जेन्स ऑफ द भारतीय जनता पार्टी,* सुहास पल्शीकर, संजय कुमार और संजय लोढ़ा द्वारा संपादित : राउटलेज, 2017।
2. आईबिड।
3. 'हर हर टु अरहर मोदी : ए क्राइ इन फीफ ऑफ लालू क्लान', शंकर्षण ठाकुर, *टेलीग्राफ,* 26 अक्तूबर, 2015।
4. 'टु सेक्योर 2019....मोदी टार्गेट्स रूरल इकोनॉमी', सुभद्रा चटर्जी, *हिंदुस्तान टाइम्स,* पांच मई, 2017।
5. 'विल योगी आदित्यनाथ मार्च टू बीजेपीज़ बीट ऑफ क्लास बेस्ड पोलिटिकल इनसेक्युरिटी?' प्रणब ढल सुमंत, *इकोनॉमिक टाइम्स,* 21 मार्च, 2017।
6. 'हाउ द रिस्क टेकिंग अमित शाह वेन्ट फॉर ब्रोक इन महाराष्ट्र', शीला भट्ट, www.rediff.com, 16 अक्तूबर, 2014।
7. 'हाउ मोदी हैज चौन्ज्ड बीजेपीज गेम टु विन बिग', स्वपन दासगुप्ता, www.rediff.com, 21 अक्तूबर, 2014।
8. 'द न्यू नाइन क्रोर बीजेपी', संजय सिंह, *फर्स्टपोस्ट,* दो अप्रैल, 2015।
9. 'फेयरवेल टु मराठा पॉलिटिक्स', सुहास पल्सीकर, *इकोनॉमिक एण्ड पोलिटिकल वीकली,* 18 अक्तूबर, 2014।
10. ई श्रीधरन,'मिडिल क्लास वोट्स फॉर बीजेपी', *इलेक्टोरल पॉलिटिक्स इन इंडिया : रीसर्जेन्स ऑफ द भारतीय जनता पार्टी,* सुहास पल्शीकर, संजय कुमार और संजय लोढा द्वारा संपादित : राउटलेज, 2017।

आभार

चिकी सरकार—पुस्तक की रूपरेखा तैयार करने के लिए, मुझे केंद्रित प्रश्न देने, और उनके निर्मम तथा तीक्ष्ण संपादकीय हस्तक्षेप के लिए, जिसने इस पुस्तक को वह बना दिया जो यह है।

जयश्री राम मोहन—बहुत ही सावधानीपूर्वक कॉपी संपादन और अंतिम चरण तक इसे देखने के लिए।

बॉबी घोष, राजेश महापात्रा, रूबेन बनर्जी—हिंदुस्तान टाइम्स में मेरे संपादक, मुझे चुनाव मैदान से राजनीति को दर्ज करने की खुली छूट देनेऔर इस पुस्तक में शामिल अधिकांश रिपोर्टों के लिए संस्थागत जगह उपलब्ध कराने के लिए।

निक दावेस और संजय नारायण—मुझे *हिंदुस्तान टाइम्स* में लाने और परंपरागत दायरे से बाहर जाकर मुझे अपनी पत्रकारिता करने की अनुमति देने के लिए।

सिद्धार्थ वरदराजन और एम. के.वेणु—द *हिंदू* में संघ, उप्र और बिहार पर लेख लिखने की जिम्मेदारी देने के लिए जिन्होंने इस यात्रा का शुभारंभ किया।

समूचे फलक पर दर्जनों राजनीतिकों, और कार्यकर्ताओं को, इनमें से कुछ को पुस्तक में उद्धृत किया गया है, इनमें से अधिकांश गुमनाम हैं, चुनाव के व्यस्त कार्यक्रम के बीच समय निकालने और अपने अनुभव साझा करने के लिए।

अनुपम मिश्रा, सुधाकर यादव, सतीश प्रकाश–उप्र में राजनीति और समाज के विभिन्न आयामों से मेरा परिचय कराने के लिए।

चंद्रमोहन–अपनी ड्यूटी से आगे जाकर उप्र में भाजपा में मेरा मार्गदर्शन करने में मदद के लिए।

मेरठ में एस.राजू, बरेली में चंदन कुमार और सुहैल खान, गोरखपुर में मनोज कुमार सिंह, दरभंगा में प्रमोद गुप्ता और पूर्णिया में आदित्य नाथ झा, मैदानी स्तर पर अपनी दक्षता और संपर्क साझा करने के लिए।

बेतिया में अभय मोहन, गर्मजोशी से मेजबानी करने, उत्कृष्ट साथी और देर रात के साथ के लिए।

विश्वनाथ पाण्डे और गौरव तिवारी–बीएचयू में अपने बसेरे से पूरा ज्ञान देने के लिए।

प्रदीप फणजोबाम–मणिपुर की जटिलता से भरी राजनीति में मेरामार्ग दर्शन करने के लिए।

द इंडिया फाउण्डेशन टीम–सही मायने में लोकतांत्रिक होने और मेरे जैसे बाहरी व्यक्ति के लिए वैकल्पिक इकोसिस्टम खोलने के लिए।

प्रताप भानु मेहता–भारत के सबसे बुद्धिमान और साहसी सार्वजनिक बुद्धिजीवी, बहुत ही भरोसे वाले शिक्षक,उनकी मित्रता तथा उदारता के लिए।

देवेश कपूर–यूनिवर्सिटी ऑफ पेन्सिलवानियामें दो महीने से अधिक समय तक उनके संरक्षण के लिए जिसने मुझे भारतीय राजनीति के बारे में नए तरीके से सोचने की राह दिखाई, उसी समय से उनके संपूर्ण पांडित्य, स्नेह और विश्वास तथा लिखित लिपि की बड़ी कमियों को दूर करने में मदद के लिए।

माधव खोसला–एक असाधारण उदार मित्र, और अधिक परिमाण में रचना के लिए लगातार प्रेरित करने, स्वयं अपना व्याख्यान लिखते हुए ही प्रारंभिक मसौदे को पढ़ने, पुस्तक के नाम के चयन में मदद और लेखन तथा प्रकाशन की प्रक्रिया के दौरान हर कदम पर सलाह देने के लिए।

मिलन वैष्णव–उप्र चुनाव के दौरान हर सप्ताह मुझे डीएम नाम के

ट्विटर के माध्यम से मुझे बताना, यह पुस्तक के लिए समय था और सावधानीपूर्वक इसके मसौदे को पढ़ना और पन्ना दर पन्ना विस्तार से टिप्पणी करने के लिए।

शक्ति सिन्हा–कई सालों में भाजपा में हुए बदलाव के बारे में अपने विश्लेषण, जाति के बारे में उनका ज्ञान, और संजो कर रखी गयी जानकारियों के संग्रहालय तीनमूर्ति से मुझे रूबरू कराने के लिए।

शंकर्षण ठाकुर–उत्तर भारत में राजनीतिक खबरों के संकलन की कला से मुझे अवगत कराने के लिए।

शिवम विज–उप्र और भारतीय राजनीति के छिद्रान्वेषण में मेरे साझीदार, चुनाव अभियान के दौरान कुछ हिस्सों की यात्रा में मेरे साथी और उस बड़े सवाल के बारे में चिंता साझा करने के लिए जिसे चुनाव के दौरान रिपोर्टर पूछते हैं: कौन जीतने जा रहा है।

कुमार उत्तम–निःसंदेह शहर में भाजपा बीट के सर्वश्रेष्ठ संवाददाता। उनकी जानकारी, पुस्तक का मसौदा पढ़ने और शर्मिंदा करने वाली त्रुटियों से मुझे बचाने के लिए।

एजाज अशरफ, प्रदीप मैगजीन, नीलांजन सरकार–ज्ञान वर्द्धक वार्तालाप के लिए।

आमीष मुल्मी–पुस्तक की अवधारणा से लेकर इसके अंतिम संपादन तक हर कदम पर निरंतर आगाह करने, बार बार बन रहे ड्राफ्ट को पढ़ने, उनकी तीक्ष्ण, अनुभवी जानकारी, और नार्थ कैम्पस से नेपाल और दिल्ली के प्रकाशकों के गलियारे में बिताये गये सालों के लिए।

आदित्य अधिकारी–अंतिम व्यक्ति जिनके साथ मैंने इस पुस्तक पर चर्चा की, एक बुद्धिजीवी व्यक्ति और भी इससे अधिक बहुत कुछ।

थॉमस मैथ्यू–मुझे अपनी अंगली परियोजना के लिए प्रोत्साहित करने और फासले के विचार से परिचय कराने के लिए।

भास्कर गौतम–आलोचनात्मक फासले के सुझाव और एक असंबद्ध पाठक के रूप में हस्तक्षेप के लिए।

काठमांडू और मधेस के समूह राकेश मिश्रा, तुला नारायण साह, दीपेन्द्र झा, विजय कांत कर्ण, खगेन्द्र संगरौला, उज्ज्वल प्रसाई, अनुभव अजीत, कशिश दास सुरेन्द्र, सुबेल बहादुर, अनंग नीलकंठन और अमरेश सिंह मुझे जमीन से जुड़ा रखने के लिए।

विजय कुमार पाण्डेय–उनके स्नेह के लिए, अशोक गुरूंग–उनके प्रोत्साहन के लिए, और सी के लाल, हमेशा उनकी बुद्धिमत्ता के लिए।

जयंत प्रसाद, रंजीत राय, विनय कुमार, जावेद अशरफ, अभय ठाकुर, शंभू कुमारन, जयदीप मजूमदार और अंशुमन गौड़–उनके सौहार्द, और लंबी वार्ताओं के लिए जिसने राजनीति, उनके देश और मेरे अपने देश के बारे में गहराई से जानकारी दी।

यश गांधी–उनकी मित्रता और विश्वास और उनके परिहास के लिए।

ज्योत्सना और अनुज अग्रवाल–लखनऊ में परिवार की तरह।

गौरव कपूर–गर्मजोशी वाले शहर वाराणसी में सबसे जोशभरे मेजबान के लिए, अशोक कपूर 2014 के चुनाव में उनके मार्ग दर्शन के लिए।

फरेहा अहमद खान–सभी मनोरंजन और मेरी पत्नी की किसी भी अन्य से कहीं बेहतर तरीके से देखभाल के लिए।

मोयुख चटर्जी–करीब 20 साल के रिश्तों, दिल्ली से पूर्वी उप्र की सड़क मार्ग से यात्रा, इलाहाबाद में मेरा ध्यान रखने और पुस्तक का शुरुआती मसौदा पढ़ने के लिए। और अब निखिल के लिए।

ए-32 सुविधा–खासकर संबुधा और प्रियंका दत्त और समर नारायण–उन शामों के लिए जब कोने में लैपटाप में व्यस्त एक व्यक्ति को सहने के लिए।

श्रेयांश और श्लोक–खुशी होने और भविष्य होने के लिए।

छाया और परीक्षित झा–उनकी देखभाल करने, मेरी अनुपस्थिति को क्षमा करने और हमेशा उनके पास रहने के लिए।

परिमल झा–हमारे लिए हर दिन हर क्षण जुझारू बने रहने के लिए।

रूही तिवारी–मेरा सहारा बनने, मेरी लंबी अनुपस्थिति को बर्दाश्त करने, एकांत में लेखन के दौर, और मूड में तेजी से होने वाले बदलाव तथा

प्यार के लिए। और हां, राजनीतिक सहज ज्ञान के लिए जो मुझसे भी कहीं ज्यादा है।

नानीमा, मधुरानी झा—उनके साहस, जिंदगी के प्रति उनके उत्साह, वार्षिक काठमांडु यात्राओं और पटपड़गंज के सालों, उनके आशीर्वाद और हां ड्रिंक्स के लिए।

और तात्ता, डॉ. जोगेन्द्र झा—जब 1942 में बीएचयू में एक सुबह अपना घर बनाने वाले उनके परिवार की सफलता को मैंने दर्ज किया तो अतीत में झांकने और मुस्कुरा कर यह देखने के लिए कि जिंदगी किस तरह पूरा चक्कर लगाती है।

लेखक

प्रशांत झा *हिंदुस्तान टाइम्स* में एक पत्रकार हैं और प्रशंसित किताब *बैटल्स ऑफ द न्यू रिपब्लिक : अ कंटेंपररी हिस्ट्री ऑफ नेपाल* के लेखक हैं।

अनुवादक

अनूप कुमार भटनागर तीन दशकों से भी अधिक समय से कार्यरत वरिष्ठ पत्रकार हैं। इस समय वह पीटीआई भाषा के साथ जुड़े हुए हैं। इससे पहले *हिन्दुस्तान* और *नई दुनिया* समाचार पत्र में महत्वपूर्ण पद पर काम कर चुके हैं। वह दो पुस्तकों का अनुवाद कर चुके हैं।